個體經濟學入門
考試全攻略・快速上手

石川秀樹 著

徐先正 譯

從零開始，快速上手個體經濟學！

五南圖書出版公司 印行

課程開始前
―有效率學習的重要事項―

1. 本書的目的與特色

本書的目的乃是「僅憑這1冊，就可從零開始達到理解個體經濟學的合格水準」。期以「最短」距離達到「合格」的目標。

本書具備以下幾個特色。

【1】理解容易

特色 1　不使用難解的數學式
特色 2　運用日常會話使理解容易
特色 3　徹底詳細地解說圖形
特色 4　先提示經濟學的思考模式

因此，
即使初學者也
不用擔心！

本書為《超圖解個體經濟學入門》，在標題中含有「考試全攻略」的詞語。此乃強烈地期望讀者使用本書後，能順利通過學系考試、公務員考試、會計師考試、中小企業顧問考試、不動產估價師考試、證券分析師考試，研究所考試等測驗。

然而，雖然本書帶有「考試全攻略」的標題，卻並非以學會考試技巧為首要目標，也並非僅止於經濟學的外貌，而是以期望能夠獲得「原來如此!」的真實體驗之程度，進而理解為首要目標。這才是取得經濟學合格分數的捷徑。

即使是為了考試而學的經濟學，也並不存在專為考試特有的經濟學，而是和在大學裡所學習到的經濟學之內容相同。然而，僅會因考試的不同，出題趨勢或多或少有所差異。因此，本書一方面將大學裡所教的經濟學內容融入考試出題趨勢中，並藉由上述4個特色使其容易理解地進行說明。

希望無論是應試者還是非應試者，能夠有效率地學習經濟學，並覺得「用此書學習，很容易理解！」，筆者喜悅莫過於此。

【2】為了「快速上手！」而網羅了個體經濟學的主要論點「就此1冊」

特色5 統整考試及格所必要的內容「就此1冊」

（1）為了短時間內學習的編排方式

要將此書整本快速學會仍不容易。因此，在本書中，將1頁分為左右2部分，左側為本文，在右側則準備了「理由」、「舉例」、「陷阱」、「數學入門」、「徹底解說」、「用語」、「補充」、「考試對策」、「技巧」、「圖形化」、「復習」、「時事」和「對後續的影響」等圖示，再者，藉由將圖示所說明的本文反黑，讓讀者一看即可清楚分辨。

此外，在本文中重要的文句也使用**粗體字**，一目瞭然。

（2）揭露各個考試的出題可能性與難易度

另外，因為各個考試中出題可能性不同，故將各個考試的出題可能性與難易度揭露如下（編註：下表考試難易度是以日本各種考試為例，供想到日本唸書或就業的讀者參考）：

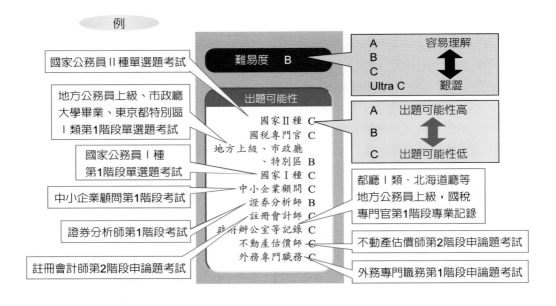

我們試著將其難易度以縱軸、出題可能性以橫軸表示，畫出圖形如圖表 序－1。如此一來，可以區分成〈Ⅰ〉〈Ⅱ〉〈Ⅲ〉〈Ⅳ〉4個象限。

〈Ｉ〉難易度低，出題可能性高的論點

由於難易度低，因而能夠在短時間內學會，且因爲出題可能性高，所以是得分效率高的論點。基於這層意義，可說是重要度最高的部分。

〈Ⅱ〉難易度高，出題可能性也高的論點

由於難易度高，因此需要花費時間學會，惟出題可能性高，所以是無法放棄的論點。這部分能學習到哪種程度，將成爲勝負關鍵。

〈Ⅲ〉難易度低，出題可能性也低的論點

雖然是出題可能性低的論點，但因爲難易度低，所以能夠在短時間內學會。因此，不會嚴重影響得分效率。

〈Ⅳ〉難易度高，出題可能性低的論點

由於難易度高，因此需要花費時間學會，而且因爲出題可能性低，所以是屬於得分效率差的範圍。可說是在沒有時間就全部都不會時，最應該放棄的範圍。

圖表 序－1　難易度×出題可能性

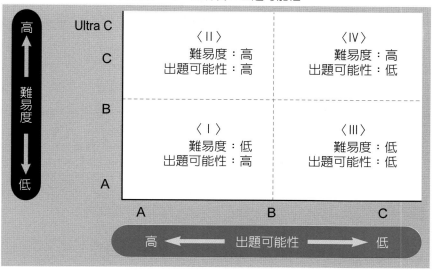

（3）活用網路充實售後服務

①當發現誤謬之處時，迅速地提供資訊

雖然對讀者難以啓齒，不限於本人的著作，在書中誤謬之處所在多有。包括本人，儘管也有人公開著作的勘誤表，惟仍屬極少數，事實上大多書籍並不會出勘誤表。然而，這並不表示沒有錯誤，只是沒有公開罷了，大多會在私底下做出更正。

由於本書以「僅憑這1冊，就可從零開始達到理解個體經濟學的合格水準」為目的，所以必須避免因誤謬造成大家誤信而導致失敗。

當然，因為如此，在書籍製作過程中，會比一般的書籍花費更多工夫進行核對，期努力減少誤謬等錯誤發生。然而，很遺憾地，即便如此仍無法斷言完全不會出錯。因此，在本人的網頁上登載了勘誤表。

經濟學入門塾　http://www.hideki123.com/

關於此勘誤表，因為收到「若不特意去看的話就不會知道，頗為麻煩」的意見，所以已經做了改進，只要進一步在該網頁登錄電子郵件雜誌「經濟學入門塾」的話，一旦有了新的更正時，將會通知所有讀者。

②提供課程、摘要等免費內容（由於課程以日文解說，不適用臺灣的讀者，有興趣的讀者請自行上網學習。）

本書乃將本人的課程加以精簡而成之書籍化作品。由於如此，期藉由影像與聲音，至少一次視聽本人的課程狀況與節奏，並隨著漸進閱讀本書的同時，可以加深對本人課程的印象，並能兼具臨場感的學習。

因此，和Free-Learning LLP合作，在網路上可以免費視聽數十小時的課程。在那裡除了以本書為教材之大約20小時的基本課程外，還考慮將增加徹底解說各個考試的趨勢與對策之摘要和課程的影片等內容，並持續免費公開。

詳細資訊請連結以下網頁。

如此一來，
將能夠在短期間合格！

2. 依類型考取計畫範例　你屬於哪種類型？

儘管本書的目的為「僅憑這1冊，就可從零開始達到理解個體經濟學的合格水準」，但這樣將考試所必要的知識學會，在資格考試的世界中稱為「累積實力」。

然而，只有這種「累積實力」並不足夠，有必要配合考試，將累積的知識加以整理，作為解答而表現出來。舉例來說，若為申論題的話，有必要學會申論題的寫法，當選擇題的時候，則有必要掌握選擇題的要領，並在短時間內進行處理。這些稱為「展現實力」，為了有效率地提升「展現實力」的能力，本身有必要磨練臨場感，解答近幾年考試曾經出過的題目（稱為「歷屆試題」）。

另外，在申論題考試的時候，由於理解申論題的寫法甚為重要，因此如果有時間的話，建議合併使用「新・經濟學入門塾〈Ｖ〉申論題精通篇」。再者，當有複雜的計算題出題時，則建議合併使用「新・經濟學入門塾〈Ⅵ〉計算精通篇」。

※ 總體經濟學的考取計畫請參閱本書的姊妹作《超圖解總體經濟學》。

類型1 ◆有志於公務員考試（國家公務員Ⅱ種、國稅專門官、地方上級公務員、市政廳職員、法院事務官Ⅰ種·Ⅱ種、勞工標準檢查官A、眾議院·參議院事務職職員Ⅰ種·Ⅱ種等）考試及格者

　　藉由活用本書與《超圖解總體經濟學》，可以達到名列前茅的合格水準。因為考慮到沒有時間，而有志於有效率地達到合格水準的人，以及花時間想要將經濟學當作得分來源的人，提出了考取計畫。

〈考取計畫範例－1〉花最少的時間，只要達到經濟學及格標準即可的人

〈考取計畫範例－2〉花時間下工夫，想要將經濟學當作得分來源並拉開差距的人

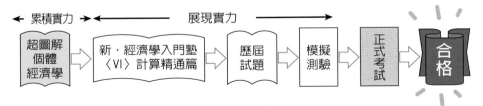

類型2 ◆有志於中小企業顧問第1階段考試及格者

〈考取計畫範例〉

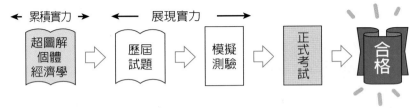

類型3 ◆有志於證券分析師考試（第1階段）及格者

　　證券分析師考試所出題的論點為固定。首先，看過了歷屆試題之後再讀本書的

話，可以更有效率地學習。

〈考取計畫範例〉

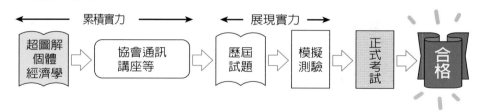

類型4 ◆有志於國家公務員Ⅰ種（法律類別、行政類別）考試及格者

雖然也曾出過難易度非常高的題目，惟若要確保合格水準的話，應該和類型1的人使用相同學習方法即可。

〈考取計畫範例〉花最少的時間，只要達到經濟學及格標準即可的人

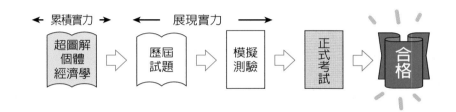

類型5 ◆有志於通過學系考試或研究所入學考試及格者

由於依大學的不同，出題內容、出題形式（或有申論題形式，也可能有計算題）也有所差異，所以首先蒐集歷屆試題，掌握大致的概念相當重要。

考試題目若為填空與申論題形式的話，應該照以下的計畫即可。然而，如果是複雜的計算題出現較多的情況，也請學習作為展現實力對策的「新・經濟學入門塾〈Ⅵ〉計算精通篇」。

〈考取計畫範例〉

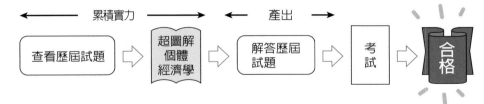

類型6 ◆想要當作學習，對經濟學有所瞭解的人

　　由於本書網羅了正規的個體經濟學論點，所以可以在短時間內對個體經濟學有所瞭解。

　　另外，想瞭解總體經濟學相關經濟理論的發生背景，以及經濟理論與實體經濟之間的關係等內容的人，建議也可閱讀《超圖解總體經濟學入門》。

那麼，現在開始，
一起努力吧！

目　次

Part 1

經濟學的學習方法與概觀
—瞭解經濟學的祕訣

所謂「個體」，英文寫成MICRO，也稱為微觀。乃「細微、微小」的意思。縮微膠片稱為microfilm、小的巴士稱為micro bus時的「micro」。所謂個體經濟學，乃是就細微的項目加以分析的經濟學，用來分析個別企業與家計單位的行為，以及某財貨、勞務市場。相對於此，總體經濟學乃就大方向加以分析的經濟學，具體而言即是分析國家整體的經濟。

個體經濟學對汽車或蘋果這類特定的財貨之需求量‧供給量與價格的關係、某企業的生產行為及某家計單位的消費行為等等進行分析。具體而言，乃思考「消費者如何決定消費量呢」、「一天要工作幾小時呢」、「企業的生產量應該要多少個呢」等等問題。

此外，個體經濟學為經濟學這門學問中的範疇之一，因為有經濟學特有的思考方法（思考模式）與說明方法，要是不習慣該方法的話，便無法理解。

無論什麼事物都有其效率地學習祕訣，唯有經濟學特有的思考方法（思考模式）與說明方法，才是「有效率地學習經濟學之祕訣」。在第1部中，便將傳授此「祕訣」。

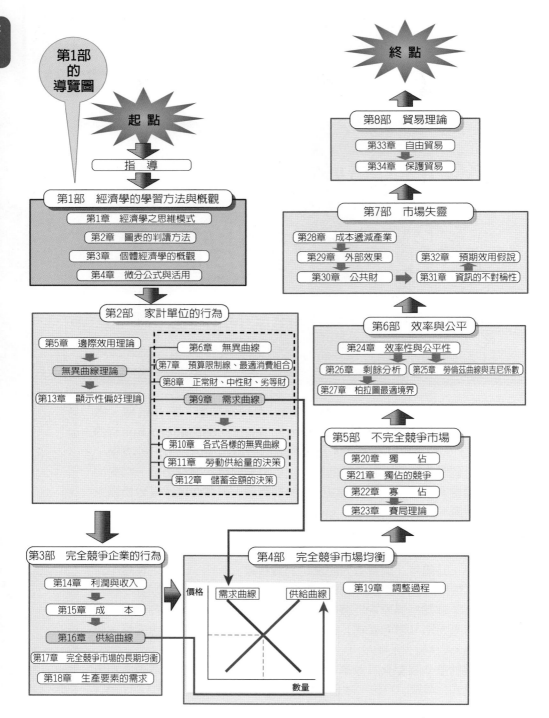

第1部
的
導覽圖

起　點

終　點

指　導

第1部　經濟學的學習方法與概觀
第1章　經濟學之思維模式
第2章　圖表的判讀方法
第3章　個體經濟學的概觀
第4章　微分公式與活用

第8部　貿易理論
第33章　自由貿易
第34章　保護貿易

第7部　市場失靈
第28章　成本遞減產業
第29章　外部效果
第30章　公共財
第31章　資訊的不對稱性
第32章　預期效用假說

第2部　家計單位的行為
第5章　邊際效用理論
無異曲線理論
第13章　顯示性偏好理論
第6章　無異曲線
第7章　預算限制線、最適消費組合
第8章　正常財、中性財、劣等財
第9章　需求曲線
第10章　各式各樣的無異曲線
第11章　勞動供給量的決策
第12章　儲蓄金額的決策

第6部　效率與公平
第24章　效率性與公平性
第26章　剩餘分析
第25章　勞倫茲曲線與吉尼係數
第27章　柏拉圖最適境界

第5部　不完全競爭市場
第20章　獨　佔
第21章　獨佔的競爭
第22章　寡　佔
第23章　賽局理論

第3部　完全競爭企業的行為
第14章　利潤與收入
第15章　成　本
第16章　供給曲線
第17章　完全競爭市場的長期均衡
第18章　生產要素的需求

第4部　完全競爭市場均衡
第19章　調整過程

價格
需求曲線　供給曲線
數量

個體經濟學的登場人物與故事

登場人物（經濟主體）

在個體經濟學中，家計單位、企業、政府、海外（外國）等角色相繼登場。

家計單位：所謂家計單位，乃指進行財貨消費、作為勞動供給之經濟主體稱之，具體而言，如一般所說的「家計簿」一樣，以一般人的家庭為概念即可。

企業：所謂企業，乃指有勞動需求，並使用該勞動從事財貨的生產‧供給之經濟主體稱之。作為具代表性的企業，以公司為概念即可。

政府：地方政府（省市縣區與市鎮村）和中央政府（國家）統稱為政府。政府乃對財貨加以課稅並徵收稅金；相反地，對於有利於環境的財貨給予支援等，亦有提供補貼的情況。

外國（海外）：：雖然在外國同樣有外國的家計單位、外國的企業、外國的政府，但為免複雜起見，統稱為「外國」。考慮外國的話，在財貨市場裡，外國一旦成為需求者，財貨將對外國供給而引發出口，而外國一旦成為財貨的供給者，對外國商品有所需求將導致進口之發生。

用語

在經濟學中從事經濟活動的人與組織（登場人物）稱為經濟主體。

用語

所謂財貨乃指有形的財貨（有形的物品）與無形的服務之合計。
財貨＝物品＋服務

圖表0-1　在舞台上主要登場人物所扮演的角色

舞台	需求者	供給者
財貨市場	家計單位 海外（出口）	企業 海外（進口）
勞動市場	企業	家計單位

故事的進展（構成）

在經濟學中，經濟學派有其思考方法（思維模式）。若想有效率地理解經濟學的理論，首先要理解經濟學的思維模式，並依循該模式漸次學習相當重要。誠如「入境隨俗」的道理。因此，一開始的第1章中將學習「經濟學的思維模式」。

此外，在經濟學中，利用圖表進行說明的情況很多為其特色。正因為如此，有必要確實地學會如何判讀圖表。因此，在第2章中將徹底地從基本復習圖表的判讀方法。

其後，若是驟然進入個別的論點，恐將「見樹不見林」而不知道該從整體中的何處著手學習，反而導致學習效率變差。因此，在第3章中，在切入個別的論點之前，先要理解經濟學的概觀（森林整體的概括印象）。然後對於要學習什麼樣的內容，給予概括的印象。

接著，在第4章中，將說明當解答個體經濟學的計算題時，常會運用到的「微分」之數學知識。由於「微分」是解答計算題時的技巧，所以要應付計算題較多考試的考生，請確實地學習（至於並無計算需求的人，亦可直接跳過不讀）。

✚ 補 充

為了從「考試全攻略：圖解個體經濟學入門」開始學習的讀者，第1章與第2章的部分內容與「考試全攻略：圖解總體經濟學入門」所載內容相同。已讀過「考試全攻略：圖解總體經濟學入門」且「已理解」的人，亦可跳過不讀。

第1部的導覽圖
─瞭解經濟學的祕訣─

第1章　經濟學之思維模式
─經濟學的法則─

↓

第2章　圖表的判讀方法
─經濟學中圖形最為重要！─

↓

第3章　個體經濟學的概觀
─首先要對森林整體具備概括印象─

↓

第4章　微分公式與活用
─細微分解以求出斜率─

Chapter 1

經濟學之思維模式
一入境隨俗！〈經濟學的法則〉

難易度　A

Point

1 經濟學裡有所謂「定義→假設→分析→結論→優點‧缺點」的思維模式。

2 有鑑於依循經濟學的思維模式學習便易於理解，因此務必活用。

3 在論文考試、專業筆試等場合，依循此思維模式書寫答案。

出題可能性

雖然不會在考試中直接出題，但在學習所有經濟學的論點上卻是必要的。

　　經濟學有所謂經濟學派的思考方法（思維模式）。若想有效率的理解經濟學的理論，首重要務乃瞭解經濟學的思維模式，並依循此模式漸進學習。正是所謂「入境隨俗」的道理。

　　此外，無論是論文還是專業書寫形式的考試，也會要求依循此思維模式論述，因此一開始就以此思維模式學習的話，寫作論文將變得容易。

1. 何謂經濟學？
─經濟學中有經濟學的法則「思維模式」

所謂「經濟學」，即分析實體經濟的學問。因為如此，首先要觀察實體經濟，然後分析其乃以什麼樣的機制在運作。

然而，由於實體經濟複雜，無法就其原貌加以分析。因此，經濟學藉由「定義→假設→分析→結論→優點・缺點」的思維模式創建出理論。我們姑且將此稱為「經濟學的思維模式」。

有鑑於經濟學的理論乃依循「經濟學之思維模式」所構築而成，我們將「經濟學之思維模式」確實地理解，依循此模式學習經濟學的話，理解經濟學可以是出乎意料之外地容易。

因此，在開始說明經濟學的具體論點之前，先就「經濟學之思維模式」加以解釋。

用語

雖然各學者對於經濟學的定義有不同見解，但廣為人知的是萊昂內爾羅賓斯（Lionel Charles Robbins）在《論經濟科學的性質和意義》一書中之論述。他指出「經濟學是研究人類行為的科學，該人類行為與各種目的及具有替代用途的稀缺手段有關」。儘管看似頗為艱澀的表現方式，總言之即是為了達成某個目的，決定採用何種手段這樣的選擇問題上之處理。如果是以此定義，舉凡勞動、生產、所得、消費等等公認為一般的經濟問題，乃至除此之外的結婚、交友等等，皆為廣域經濟學的研究對象。

補 充

反過來說，花費許多時間也無法理解經濟學的人，大部分是未能活用此「經濟學之思維模式」，而是採用自己的方式學習，以致不能心領神會。

Point!

這並非如前言般無關緊要，而是為了理解經濟學最重要的觀察，因此請仔細閱讀。

2. 觀察實體經濟
─創建經濟學理論上的問題點為何

比方說某位經濟學者正在思考消費的理論。因而首先，何者稱之為消費便很可能是個問題。購買商品並不一定等同消費。購屋並非消費而被稱為投資。

再者，儘管統稱為消費，也有各種不同的消費模式。例如，購買150日圓的保特瓶裝茶飲，是因為該茶飲具有超過150日圓的價值才去購買的這種情況。因為能獲得超過所支付金額的滿足感，這是購買商品最主要的動機。此乃冷靜且合理的消費模式。（模式1）

其他還有為了不想被周遭的人比下去而購買商品（模式2）、受到折扣贈品的引誘而購買商品（模式3）、順應風潮而購買商品（模式4）的情況也有。也就是說，實體經濟是相當複雜的。

讓我們來討論要如何分析如此複雜的實體經濟。

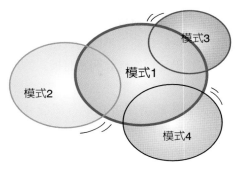

圖表1-1　複雜的實體經濟

Step 1　定義的明確化

首先，讓用語涵義清楚明確！

或許一般認為「所謂消費不就是指購買商品與勞務罷了」，但購買商品與勞務並不僅僅是消費，也可能是投資，因此有必要加以區別。

經濟學中所指消費，是說利用財貨（商品與勞務）滿足人們的欲望，投資則是指為了生產‧供給人們消費的財貨，而擴增機械‧建築物等設備與店鋪存貨。

而且，模式1到模式4所代表的消費行動模式，由於是完全不同的東西，所以創建出足以統一概括說明所有模式的理論是不可能的。

舉　例

儘管說買東西是為了滿足在便利商店購買飯糰這種「想吃飯糰」的欲望，此種購買是一種消費行為，但企業添購機器乃是一種投資。

再者，若是購屋以滿足「想住在這個家！」的欲望為考量的話，雖然似乎被認為像是消費，卻是被歸類為住宅投資。若是住宅基於勞動者休息恢復精神的場所，以「為了生產而必需的建築物」為考量，則與「投資是為了生產‧供給人們消費的財貨，而擴增機械‧建築物等設備與店鋪存貨」的定義相符。

Step 2 訂定假設

創建單純化實體經濟的模型（model）

實際的消費行動有各種不同的模式，模式1到模式4所代表各自的消費行動模式，由於是完全不同的東西，所以無法創建出足以概括說明所有模式的理論。

因此，經濟學者在進行消費分析時，假設沒有模式2到4，而是創建出一個單純只有模式1的世界（稱為單純化實體經濟的「模型」），可被多數所認同，便可以此模型為考量。藉此作為可使分析變得容易。

Step 3 分析單純化模型

若有了所謂只有模式1的單純模型，聰慧的經濟學者便可從事各種分析，進而創建出理論。

Step 4 導出結論

藉由模型的分析，便可以導出「消費行為是以如此機制運作的！」這樣的結論。

Step 5 現實適切性的確認

創建的理論究竟是好是壞，取決於能否解釋實體經濟。再怎麼看起來漂亮的理論，要是無法解釋實體經濟的話便無任何意義。

如果欠缺現實適切性的話，要對為何無法解釋的情況加以檢視。欠缺現實適切性的原因，有可能是訂定的假設不合理，以至於創建了與現實背離的模

用語

所謂的 m o d e l 乃塑膠模型（plastic model）的model，表示模型的意思。因為是為了理論而將現實加以單純化所創建的模型，所以也稱為理論模型。

Point!

由於現實經濟複雜，無法就其原貌加以分析。因此，才會訂定假設並創建單純化的模型進行分析。

＋ 補 充

就這樣，一個理論誕生。

理 由

是因為經濟學是分析實體經濟的學問之故。

用語

理論是否可以解釋實體經濟，亦即可否通用於現實世界，稱為「現實適切性」。

型，或是分析本身不合常理。

考試中所出的理論，由於不存在分析本身不合常理的情況，故欠缺現實適切性的原因，即為訂定的假設中有問題，以至於該模型與現實有所背離。

如圖表1-2所示，整理了本章所具體說明的「經濟學之思維模式」。

舉　例

　　若是僅以為折扣贈品而購買的模式3當做分析對象作成模型的話，分析的結論將是「無論商品是什麼都好，只要折扣贈品有吸引力的商品就買」。

　　這樣的結論，由於僅是以模式3當作分析對象，雖然並任何錯誤，但只能適用於現實社會中的極少數人，而無法解釋現實中的大多數，所以作為理論將不太具有意義。

Point!

　　因此，此後雖然還會出現各種不同的理論，惟理論是否正確，請以通常哪個理論能夠合理地解釋實體經濟的觀點為考量。

圖表1-2　經濟學之思維模式

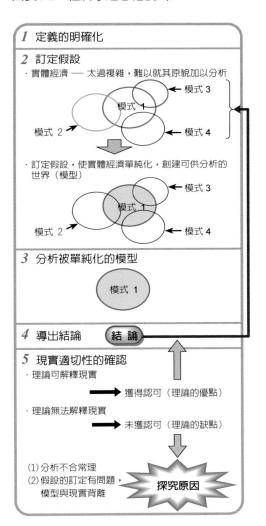

1 定義的明確化

2 訂定假設
・實體經濟 ── 太過複雜，難以就其原貌加以分析

模式3
模式1
模式2
模式4

・訂定假設，使實體經濟單純化，創建可供分析的世界（模型）

模式3
模式1
模式2
模式4

3 分析被單純化的模型

模式1

4 導出結論　　結　論

5 現實適切性的確認
・理論可解釋現實
　　　　→　獲得認可（理論的優點）

・理論無法解釋現實
　　　　→　未獲認可（理論的缺點）

(1)分析不合常理
(2)假設的訂定有問題，模型與現實背離

探究原因

3.　假設並非前言，而是最重要的步驟！

此思維模式最重要的步驟為「假設」。藉由訂定「假設」，雖然將複雜的實體經濟加以單純化易於分析，但同時也有可能存在作為分析對象的理論模型與現實背離的風險。因此，經濟學當中，如何訂定良好的假設乃成敗關鍵。「長久以來，對學習經濟學感到棘手」的人當中，有覺得「經濟學的前言很多，由於遲遲未切入正題，所以不喜歡」的人存在。個人認為，儘管聽到「前言」似乎指的就是「假設」，但因為「假設」不能只當作「前言」看待，所以才會成為經濟學令人棘手的原因。

就「假設」而言，在考量「並非前言，而是攸關理論優劣的重要事項」，以及「藉此假設的訂定，可能達到何種單純化、易於分析的效果」的同時，請留意「藉此假設成就的單純化是否與現實所有背離」。

Chapter 2

圖表的判讀方法
―經濟學中圖形最為重要！

1 藉由5個步驟確實判讀圖形。「①橫軸・縱軸為何→②曲線是表示何者與何者之間的關係→③圖形呈現出什麼樣的關係→④為何呈現出這樣的關係→⑤從圖形可以瞭解什麼」。

2 勿搞混曲線上的移動與曲線的位移。
曲線上的移動：縱軸（橫軸）的變動造成橫軸（縱軸）的變動
曲線的位移：縱軸（橫軸）以外的數量變動造成橫軸（縱軸）的變動

3 直線圖形：
$$y=ax+b \quad \text{其中a為斜率，b為截距}$$

4 $斜率＝邊際＝\dfrac{縱的變動量}{橫的變動量}$

5 $平均＝\dfrac{縱的總量}{橫的總量}$

6 直線的交點之值即為聯立方程式的解

難易度　A

出題可能性

國家Ⅱ種	A
國稅專門官	A
地方上級、市政廳、特別區	A
國家Ⅰ種	A
中小企業顧問	A
證券分析師	A
註冊會計師	A
政府辦公室等記錄	A
不動產估價師	A
外務專門職務	A

各種不同的狀況下，皆有其必要性。

　　在本章裡，將精通圖形的判讀方法與畫法，這在理解經濟學上非常重要。未能正確判讀圖形，被認為是無法讀懂經濟學的主要原因之一。因此，所有人在開始學習經濟學的內容之前，請確實地理解圖形的判讀方法。

1. 何謂圖形？

所謂表，指的是如圖表2-1中A一樣的東西，所謂圖形，則是如圖表2-1中B一樣的東西，這應該不難理解。

附帶一提，學院系所與公務員考試‧資格考試程度的圖形，多以2個數值關係為主，不太會去處理3個以上的數值關係。原因在於處理3個以上數值的話，必須畫3個以上的軸，圖形變成立體後處理起來亦變得複雜。由於大家此後利用的圖形為2個數值關係，只需縱軸與橫軸2個即足夠，所以在平面上可以整齊地畫出。

接下來，在圖表2-1中，讓我們具體地說明2個數值關係的圖形。

圖表2-1的A、B，乃將每個100日圓的糖果個數與支付金額的關係，分別用表和圖形的方式表現出來。

支付金額＝個數×100日圓

以上關係無庸置疑。

此算式中，支付金額與個數稱作「函數」。

這裡互有關係的2個數值是個數和支付金額。這2個數值，當個數從0開始增加時，支付金額隨之變化，整理列表後即為A表，而將該關係以圖的方式表現，即為B圖形。

圖表2-1的B圖形中，以橫軸為個數，以縱軸為支付金額。橫軸的個數為0時，支付金額亦為0日圓，1個時100日圓、2個時200日圓以此類推地表現。也

圖表2-1　表與圖形

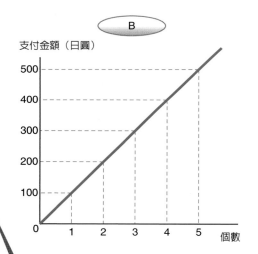

個　數	0	1	2	3	4	5
支付金額	0	100	200	300	400	500

13 **數學入門** Mathematics

聽到函數，或許想到數學頭就痛起來，但總之即是**數與數之間的關係**。因此，簡略地用「函數」來稱呼而已。

就是說，所謂圖形乃表現出橫軸的數值與縱軸的數值之關係。由於如此，在判讀圖形上，

① 首先，要瞭解橫軸與縱軸分別代表何種數值，

② 必須瞭解其中一方數值改變時，另一方的數值是如何隨之變化的。

因此，接下來，我們將利用經濟學中最有名的供需圖形，來解釋如何正確判讀圖形的5個步驟。

Point!

可能你會說「這些東西在中學就學過所以知道」。可是，即使知道卻不會實用的話，仍無法理解經濟學。看似理所當然的事，卻無法將其實用而對經濟學感到棘手的人很多。

至少在學院系所考試、公務員考試與資格考試的程度上，經濟學並不需要天賦與才能，我認為要求的是能確實地處理好理所當然事情的能力，所以請認真地努力學習。

2. 判讀圖形的5個步驟
─謹慎判讀乃成功之道

圖表2-2是某商品的供需圖形。因為是經濟學中最有名的圖形，說不定知道的人也不少。

補　充

需求與供給的關係，除了是經濟學的基本之外，同時也是最重要的事項，僅僅只是「知道」是不行的，請務必「完全理解」。

Step 1　**確認橫軸、縱軸**

橫軸是數量（個數），縱軸是價格（日圓）。

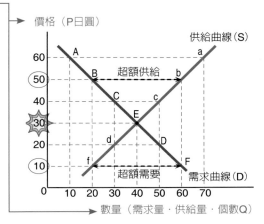

圖表2-2　需求與供給圖形

Step 2 確認曲線爲何者與何者之間的關係

以需求曲線（D）的情況來說，橫軸的數量代表需求量，縱軸是價格，所以是表示需求量與價格的關係。也就是說，需求曲線（D）的圖形，在橫軸上用數量（需求量）、在縱軸上用價格標記，表示價格與數量（需求量）這2個數值的關係。

就供給曲線（S）而言，橫軸的數量代表供給量，縱軸是價格，所以是表示供給量與價格的關係。也就是說，供給曲線（S）的圖形，在橫軸上用數量（供給量）、在縱軸上用價格標記，表示價格與數量（供給量）這2個數值的關係。

Step 3 理解曲線所表示的關係究竟是什麼樣的關係

表示需求量與價格關係曲線的需求曲線（D）呈現負斜率的狀態。所謂負斜率，可知就是隨著（60日圓→50日圓→40日圓→30日圓）縱軸的價格減少，連帶（10→20→30→40）橫軸的需求量上升的這種關係。

再者，表示供給量與價格關係曲線的供給曲線（S）呈現正斜率的態勢。所謂正斜率，可知就是隨著（10日圓→20日圓→30日圓→40日圓）縱軸的價格增加，連帶（20→30→40→50）橫軸的供給量上升的這種關係。

用 語

所謂需求量乃在某一價格下願意購買的數量稱之。此外，因爲需求在英語爲Demand，所以需求曲線略稱爲D。

用 語

所謂供給量乃在某一價格下供應（＝有意出售）的數量稱之。此外，因爲供給在英語爲Supply，所以需求曲線略稱爲S。

補 充

儘管需求曲線（D）、供給曲線（S）兩者皆被畫成直線，卻都稱為「曲線」。這是因為圖表2-2偶爾畫成直線，卻也有以曲線呈現的時候。還有，曲線的線條偶爾是筆直的線，因而稱為直線，可見直線乃曲線的特例，即使是筆直的直線也可稱為「曲線」。

補 充

由於在E點的價格30日圓時，需求量與供給量相等，因此不構成超額供給、超額需求。

Step 4 思考爲何會形成步驟3的關係

負斜率的需求曲線乃指價格一減少，需求量就上升的關係。大略而言，由於價格下降而變得容易得到，因此需求量增加。

再者，正斜率的供給曲線乃指價格一增加，供給量就上升的關係。大略而言，由於商品價格走揚而使企業可賺得比以往更多的錢，所以會想要提供更多的數量。

Step 5 理解圖形所表達的意涵

從圖表2-2負斜率的需求曲線與正斜率的供給曲線來看，價格是需求量與供給量相等時而得到的價格，以圖表2-2來說，可以看出需求曲線與供給曲線的交點E，其所決定的價格為30日圓。接著，讓我們來思考一下30日圓是如何決定出來的。

從圖表2-2中，當價格是30日圓時，無論需求量還是供給量都是40個，兩者相等。若價格高於30日圓，來到50日圓時，會造成超額供給（供給量高於需求量的狀態），在50日圓的價格下，商品將無法賣完而剩下，所以市場上的價格將逐漸下滑。只要超額供給（賣不完、商品過剩）存在，價格便會下降，所以結果將導致E點的價格下滑到30日圓為止。

相反地，當價格低於30日圓，來到10日圓時，會造成超額需求（需求量高於供給量的狀態）。這種狀態下，市場上的價格將逐漸上漲。只要超額需求（商品不足）存在，價格便會上漲，所以會上升到E點30日圓為止，直到超額需求消失。

➕ 補 充

確切內容將在個體經濟學的消費理論及生產理論中解釋。

略 語

該需求曲線（D）與供給曲線（S）的交點通常被標記爲E。究其原因，該E表示「Equilibrium（均衡）」的"E"，亦含有Equal「等於，相等」的意思，該E點的價格30日圓，乃因需求量=供給量之故。

用 語

價格爲50日圓時，相對於需求量爲B點的20個，供給量爲b點的60個。供給大於需求量達到60-20=40個。這樣供給量超過需求量的情況稱爲超額供給。想要出售商品的人很多，商品呈現未完售而剩下的狀態。

用 語

價格爲10日圓時，雖然需求量爲F點的60個，但供給量只有f點的20個。這樣需求量超過供給量的情況稱爲超額需求。想要購買商品的人很多，商品呈現缺貨狀態。

👆 Point!

在這裡並未直接回答「爲何決定是30日圓？」的問題，而是提供「若非30日圓的情況下，將回到30日圓價位」的解釋方法。今後這種解釋方法也將頻繁使用，因此非常重要。

3. 曲線上的移動與曲線的位移

　　圖形判讀時，容易搞錯的是曲線上的移動與曲線本身的位移。

　　接下來，單以剛才圖表2-2的需求曲線，在圖表2-3中解釋此道理。

　　該需求曲線（D）由於是負斜率，所以表示價格下跌時需求量上升的關係。也就是說，價格下跌導致需求量增加，乃需求曲線所表示的關係，因此以A→B→C→E→D→F點的路徑在需求曲線上移動。

　　相對來看，試想縱軸‧橫軸兩者為無相關的數值，例如，不景氣造成所得下滑的情況。所得減少的話，通常即使價格不變，需求量也將會減少。

　　現在，受所得減少的影響，價格60日圓時的需求量從30個減少至10個，價格50日圓時的需求量從40個減少至20個。因此，價格與需求量的關係，不是A和B，而是以A'和B'的方式向左移動。同樣地，C、E、D、F亦分別以C'、E'、D'、F'的方式移動。因為如此，所得減少後的需求曲線，亦即價格與需求量的關係，不是ABCEDF而成了A'B'C'E'D'F'，需求曲線本身從D左移到D'。這稱為「向左位移」。

　　像這種藉由縱軸、橫軸以外的數值變動，而造成橫軸變動時，圖形(曲線)便會位移。

用 語

　　曲線本身的移動，稱為曲線的位移。

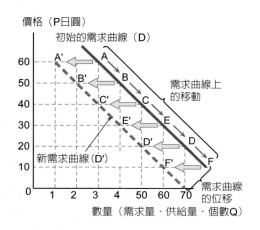

Point!

　　所謂圖形，乃縱軸數值與橫軸數值的關係，亦即表示因縱軸數值變動而使得橫軸數值產生相對應的改變。因此，藉由縱軸的價格變動造成的橫軸需求量變動，就是曲線本身。也就是說，因為這是曲線上的移動，所以曲線本身並不會移動（位移）。

圖表2-3　曲線上的移動與曲線的位移

價格（P日圓）

初始的需求曲線（D）

需求曲線上的移動

新需求曲線（D'）

需求曲線的位移

數量（需求量‧供給量‧個數Q）

曲線上的移動：因縱軸（橫軸）的變動而造成橫軸（縱軸）的變動
曲線的位移：因縱軸（橫軸）以外的數值變動而造成橫軸（縱軸）的變動

接下來，讓我們來解決與曲線位移與曲線上移動有關的問題。

【問題2-1】

需求曲線位移的情況（A圖），以及未發生位移而是點在同一需求曲線上移動的情況（B圖），兩者務必區分清楚。請從下列選項中選出與B圖相符的答案。

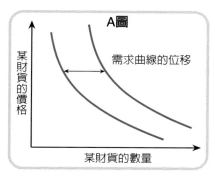

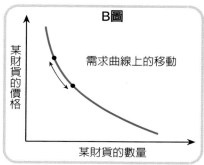

A 其他財貨的價格發生變化時　　B 所得減少時
C 對財貨的喜好程度發生變化時　D 該財貨的價格發生變化時
E 所得增加時

（中小企業顧問）

解答

D的「該財貨的價格發生變化時」的需求量（數量）變化，乃縱軸「某財貨的價格」與橫軸「某財貨的數量（需求量）」之關係。這的確是需求曲線表示的意思，並且形成需求曲線上的移動（B圖）。除D以外，由於縱軸的「某財貨的價格」之外的因素(「其他財貨的價格」「喜好」「所得」)的變化，導致橫軸「某財貨的數量（需求量）」變動，因而形成需求曲線的位移（A圖）。

正確解答　D

4. 直線圖形的畫法
一掌握截距和斜率

在這裡，讓我們學習直線構成的圖形與數學式之關係。

我想大家應該都學過y=ax+b（a，b為常數）的圖形是直線。

數學裡多用x，y代表變數，但經濟學中多半以變數的第1個字母表示。例如，消費的英文為Consumption，所以用C表示，所得為Yield則用Y表示。因此，名為凱因斯的學者，將消費與所得的關係表示為C=a+bY（a，b為常數）。由於用a、b不易瞭解，所以令a=100，b=0.7，來思考C=100+0.7Y這個算式。

當Y＝0的時候，算式將為C=100+0.7×0=100，縱軸截距為100（A點）。

當Y=100時，C=100+0.7×100=170（B點）
當Y=200時，C=100+0.7×200=240（C點）
當Y=300時，C=100+0.7×300=310（D點）

當連結A、B、C、D這些點時，就可畫出C=100+0.7Y的圖形。

再者，隨著Y從0→100→200→300以每次增加100的方式遞增（橫軸Y的變動量△Y為+100），C將由170→240→310以每次增加70的方式遞增（縱軸C的變動量△C為+70）。此意味著，橫軸的Y每增加1時，縱軸的C就增加0.7，這不外乎是C=100+0.7Y的Y前面有0.7之故。

圖表2-4　C＝100＋0.7Y的圖形

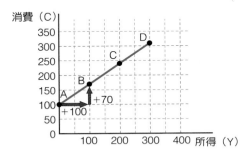

數學入門 Mathematics

所謂縱軸截距乃線與縱軸的交點。圖表2-4中A點即縱軸截距。

補充

△讀作delta，代表變動量。Y從200增加到300時，只會以+100的方式變動。有時以△Y（Y的變動量）＝+100表示。

斜率：在橫軸上以+1變動時，
　　　　縱軸上只會發生怎樣的變化

$$斜率 = \frac{+70}{+100} = 0.7$$

圖表2-5　何謂斜率

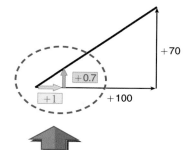

因此，經濟學中該「在橫軸上（Y）以+1變動時，縱軸上（C）只會發生怎樣的變化」即定義為斜率。

$$C = 100 + 0.7Y$$

縱軸截距　斜率

由上可知，只要知道截距與斜率，就可以畫出圖表2-6一樣的直線圖形。

理　由

　　從角度來看，只知道大概是45度、90度左右，而用此種方式的話則較容易表現。例如，圖表2-4的斜率無法用角度來表現，卻可以用0.7來表示。

圖表2-6　縱軸截距100，斜率0.7的圖形

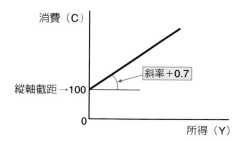

5. 邊際與平均
──應注意變動還是全體（總量）

　　經濟學裡斜率以「邊際」一詞表示。例如，圖表2-7的消費與所得圖形中，斜率（在橫軸上以+1變動時縱軸的變動）稱為邊際消費傾向（所得增加1單位時消費量的增加量）。

　　「平均」的意思容易與邊際一詞混淆。所謂平均是指每單位平均的意思，以圖表2-7來說，每1單位所得的平均消費量稱為平均消費傾向。例如，在B點，由於所得100時的消費為170，所以將消費170除以所得100，即得到1單位所得的消費為1.7。也就是說，以平均來說，務必注意是消費（總量）除以所得（總量），而非如同邊際（=斜率）那樣的「變動量」。

　　將平均用圖形表現的話，即為B點與原點相連而成的直線OB之斜率。

圖表2-7　邊際與平均

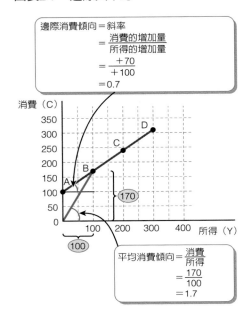

$$邊際＝直線的斜率＝\frac{縱的變動量}{橫的變動量}$$

$$平均＝原點與直線上的一點相連而成的直線之斜率＝\frac{縱的量（總量）}{橫的量（總量）}$$

✚ 補　充

　　所謂+Q即(+1)×Q，表示橫軸的Q前面之數字為+1。因此，橫軸上Q增加1時，縱軸上P的變動亦為+1，所以斜率為+1。

6. 圖形交點即聯立方程式的解
─高重要性的圖形交點

那麼，本章最後就來說明圖形的交點吧！

例如，價格為P、數量為Q時，兩者為以下關係。

需求函數為　P＝100－Q

供給函數為　P＝20＋Q

接下來，考試中會被問到「此時請計算出價格與交易量」。

首先，從需求函數可知，

$$P = \underset{\text{縱軸截距}}{100} \underset{\text{斜率（-1）}}{- Q}$$

可畫出如圖表2-8的D一樣的需求曲線。

同樣地，從供給函數可知，

$$P = \underset{\text{縱軸截距}}{20} \underset{\text{斜率（+1）}}{+ Q}$$

可畫出如圖表2-8的S一樣的供給曲線。

然後，負斜率的需求曲線與正斜率的供給曲線相交於一點。該交點為E，我們將E點的價格、數量分別稱為P_e、Q_e。

此時價格已是需求與供給均衡的水準，也就是說，知道它會落在圖表2-8中的P_e上。因此，我們把這個P_e的值計算出即可。

用 語

需求量與價格的關係稱為需求函數。將需求函數圖形化即成為需求曲線。

用 語

供給量與價格的關係稱為供給函數。將供給函數圖形化即成為供給曲線。

補 充

所謂-Q即(-1)×Q，表示橫軸的Q前面之數字為-1。因此，橫軸上Q增加1時，縱軸上P的變動為-1，所以斜率為-1。

圖表2-8　直線的交點

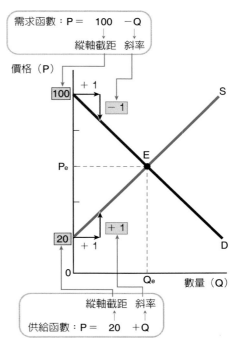

由於交點E同時通過需求曲線與供給曲線，因此滿足下列兩個式子。

需求函數為P＝100－Q ……①

供給函數為P＝20＋Q ……②

因為可求出同時滿足①和②的P、Q，所以①、②的 聯立方程式 也可解出。

從①、②可求出Q_e。

P＝100－Q＝20＋Q

100－20＝Q－(－Q)

80＝2Q

Q＝40

另外，將Q＝40代入①式中，也可求出P_e。

P＝100－Q

＝100－40

＝60

如此2條直線交點的值，可藉由2條直線方程式的聯立方程式求解而得出。

2 條直線交點的值＝2條直線方程式的聯立方程式之解

13 數學入門 Mathematics

所謂方程式

①附有等號「＝」；

②有x與y之類的文字（此處為P與Q）；

③有特定數值填入該文字的值中之算式稱之。

再者，該方程式有2個以上的算式時，稱為聯立方程式。

Chapter 3

個體經濟學的概觀
一首先要對森林整體具備概括印象

Point

1 所謂經濟學的基本問題，乃指活用有限的資源，盡可能的滿足人們的欲望稱之。

2 個體經濟學聚焦在個別的財貨與企業‧家計單位，總體經濟學則是就一國經濟的需求與供給等總量加以分析。

難易度　A

出題可能性

國家Ⅱ種	C
國稅專門官	C
地方上級、市政廳、特別區	C
國家Ⅰ種	C
中小企業顧問	C
證券分析師	C
註冊會計師	C
政府辦公室等記錄	C
不動產估價師	C
外務專門職務	C

雖然直接出題的情況較少，但各種不同的狀況下皆有其必要性。

　　那麼，從本章開始終於要進入經濟學的內容了。即便如此，仍不能一下子就進入個別的論點（經濟學這整個森林中一棵一棵的樹）。為何如此，乃因為如果一開始不先理解經濟學的概觀（森林整體的概括印象）的話，將不知道該從整體中的何處著手學習，因而變成「見樹不見林」，反而導致學習效率變差之故。有鑑於此，在進入第4章開始的個別論點前，在此先掌握經濟學的概觀。

1. 何謂經濟學？
─關鍵詞「稀少性」

所謂經濟的基本問題，指的是：

①生產什麼，生產多少；

②如何生產；

③為誰生產；

這樣的問題。

說到為何會產生經濟的基本問題，如圖表3-1所示，相對於無限的欲望，為了滿足該欲望的資源卻是有限的，即是原因所在。

如果資源相當充裕，愈滿足欲望就會剩餘愈多的話，我們就毋須考慮這些問題了。為何如此，乃因為資源過剩的話，無論使用什麼，都是以無效率的方法浪費資源，將不會造成任何問題。

再者，儘管沒有考慮為了誰等問題，只要大家想要的話就去消費即可。在這樣的世界裡，將不會發生經濟的基本問題，也就沒有學習經濟學的必要。

然而，現實的世界顯然不同。在我們現實的世界裡，資源相對於欲望而言過於稀少，因而產生經濟的基本問題，也創建出經濟學這門學問。

用語

經濟學乃分析各式各樣的問題，將這些經濟上的問題徹底釐清，並觸及經濟的基本問題稱之。

用語

相對於欲望而言，為了滿足該欲望的資源過於稀少，此稱為「資源的相對稀少性」。「稀少性」乃指數量少的意思。

用語

所謂資源，在經濟學中指的是生產要素的意思。所謂生產要素，乃為滿足欲望所需商品的生產上所必要的條件，須有資本‧勞動‧土地。資本為生產所需工具，人們生產所需生產要素，具體而言，請以工廠的機械和農具等作為概括印象。勞動即人力，土地表示從自然環境獲得的生產要素。因此，經濟學中所指生產要素的土地，不僅僅是一般的土地，石油、鐵礦石等天然資源也包括在內。

2.　何謂市場經濟？

　　所謂「市場」指的就是進行商品交易的場所。因此，經濟的基本問題的解決，將交由市場機制決定，便稱爲市場經濟。

　　例如，人們所必需的物品，由於在市場上需求量多，因此價格上揚，因爲價格上揚，企業爲賺得更多，因而大量生產並供給。這就是說，稀少的資源多半使用在人們需求較多的物品上。

　　相反地，人們不需要的物品，由於在市場上需求量少，因此價格下跌，因爲價格下跌，企業賺不到錢，因而減少生產量。這就是說，稀少的資源大多不會使用在人們不太需要的物品上。

＋ 補　充

　　所謂交由市場機制決定，乃經由人們自發性的交易行為，解決經濟的基本問題。

用　語

　　藉由如此，將價格當作signal（信號），因應人們的需求而從事生產，因應需求而供給，稀少的資源多用於人們所必需的物品上。此稱爲價格的調整機制。

圖表3-1　市場經濟與計畫經濟

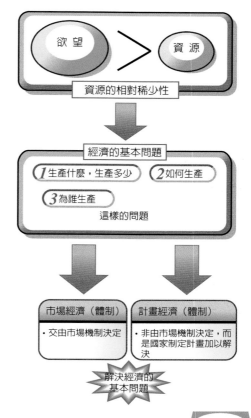

最初，在市場經濟中，經濟問題乃藉由市場的價格調整機制來解決，所以政府的角色，被認為應該僅限於國防、警察，以及必要情況下最低限度的行政事務，而不應介入經濟問題。

然而，邁入19世紀，由於產業革命帶動經濟出現飛躍式的發展，勞工在低薪條件下被迫長時間勞動，過著悲慘的生活、此外，國家未對老人與病人給予援助，所謂社會中弱勢者的生活亦同樣悲慘。對此情況，勞動者要求改善薪資的行動頻繁地上演，有時也會引起暴動，徒增社會不安。

為了解決這樣的市場經濟問題，蘇聯等社會主義國家採用計畫經濟取代了市場經濟。

另一方面，強化政府對市場經濟的介入，進而解決相關問題的想法也已經萌芽。也就是說，儘管依然以市場經濟為中心，但為了解決救濟弱勢者等社會問題，政府仍應該介入經濟問題的想法。基本上經濟乃透過民間部門來運作，而部分有國家介入，由政府部門來運作。如此一來，經濟裡兼具民間部門與政府部門的情況稱為混合經濟。

我們所學習的經濟學，乃以混合經濟為前提。我們所研究的世界，儘管依然以市場經濟為中心，但仍存在國家對經濟的政府介入。

用 語

此種想法稱為「小政府」或「廉價政府」。像這樣認為國家的角色，應僅限於國防、警察及必要情況下最低限度的行政事務之想法，亦稱為「夜警國家觀」。此乃意指政府只需扮演好守夜人（watchman）的角色，而不應該介入經濟問題的用詞。由於該想法認為國家毋庸介入經濟，經濟可放任市場機制自由運作即可，所以也稱為「自由放任主義（【法】laissez-faire）」。

補 充

舊蘇聯與北韓等社會主義國家的經濟，乃採用計畫經濟運作，但卻已窒礙難行。

計畫經濟中，不只是國家預算，而是所有的經濟都由國家訂定計畫並運作的，所以汽車與西裝等生產也都是國家所計畫好的。應該不難想像其與國民的需求差距甚大的項目很多。

再者，由於計畫經濟只要達到國家要求的目標，即使再怎麼工作與否，薪水也不會有所改變，因此只要做出正常水準的數量即可，也不會激起想要做出品質好的產品，或是做出正常水準以上數量的欲望。

舉 例

勞工為了獲得與其貢獻相符的所得以提高生活水準，所以給予勞工籌組工會及與企業交涉的權利，政府也對於社會上的弱勢者（老人、病人、失業者等等）進行救濟。政府應該考慮藉由老人、醫療、失業對策等社會福利政策的實施，積極地提升國民福祉（幸福感）。如此一來的結果，政府的角色將變得重要，「小政府」也將不復存在。

3. 個體與總體

所謂**個體**經濟學，乃是就細微的項目加以分析的經濟學，用來分析個別企業與家計單位的行為，以及某財貨·勞務市場。例如，汽車或蘋果這類特定的財貨之需求量·供給量與價格的關係，某企業的生產行為，某家計單位的消費行為等等進行分析。

相對於此，**總體**經濟學乃就大方向加以分析的經濟學，用來分析國家整體的經濟。例如，思考一個國家經濟整體的物價、總需求、總供給，以及國民所得、失業等等的關係。此外，電視新聞所報導「日圓升值、日圓貶值對日本經濟的影響」、「作為景氣對策的經濟政策是否應該實施」、「日本央行的金融政策」等等，由於是日本經濟整體的主題，所以也是總體經濟學。

個體經濟學中，思考某財貨的需求量與供給量等等，其數量的單位為多少輛和多少個。另一方面，在總體經濟學中，思考一個國家經濟整體的生產量與需求量。那麼，該數量的單位會是什麼呢？

例如，試想某一國家生產1輛汽車與蘋果1,000個。此時若用汽車1輛與蘋果1,000個相加而得到1,001的產值來表現的話，根本毫無意義。由於汽車價值100萬日圓、蘋果價值100日圓，所以不如以1輛×100萬日圓+1,000個×100日圓=110萬日圓的方式計算金額，才能瞭解生產出來的產品其價值為何。如此一來，總體經濟學中，因各種不同物品其數量的單位相異，在換算為金額後即可相加。因此，將生產量換算成金額後加總而成的數值，即稱為**國內生產總值（GDP）或國民所得**。

＋ 補 充

所謂「個體」，英文為**MICRO**，也稱為微觀。乃「細微」、「微小」的意思。縮微膠片稱為microfilm。

＋ 補 充

所謂「總體」即「全體的」「大的」的意思。總體一詞在平常的日語中不太會用到。然而，在工作上會使用到像「不要只討論細節，要更全面性地思考」這樣的說法。此指不要單就細節方面討論，而是要用更宏觀的角度看待事物整體的意思。

圖表3-2 總體經濟學與個體經濟學

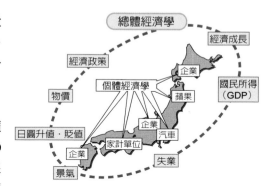

＋ 補 充

所謂國內生產總值（GDP）或國民所得，請以1年內某一國家的國民產出（已生產）物品的加總金額來理解。確切來說，在「速習！總體經濟學 第4章 GDP與物價」中會討論。

4. 個體經濟學概觀

後續我們將就個體經濟學的概觀，亦即本書的進度方面加以說明。

首先，第1部裡已經說明了學習的方法。接著說明在第2部以後，會有何種內容並以何種順序學習。

第2部　家計單位的行為

負斜率的需求曲線（D）表示價格一旦下跌將促使需求量增加。將為何價格下跌便會增加需求量一事訴諸理論加以思考，進而導出需求曲線的過程，乃「第2部　家計單位的行為」中首要的重點。

第3部　完全競爭企業的行為

正斜率的供給曲線（S）表示價格一旦上漲，將促使供給量增加。將為何價格上漲便會增加供給量一事訴諸理論加以思考，進而導出供給曲線的過程，乃「第3部　完全競爭企業的行為」中首要的重點。

第4部　完全競爭市場均衡

在所謂完全競爭市場的特定市場之前提下，市場在需求曲線（D）與供給曲線（S）的交點上趨於穩定。一旦偏離該交點，經濟將會如何變動，將對此進行分析。

第5部　不完全競爭市場

事實上，到第4部為止，都是基於所謂完全競爭市場的特定市場之前提下，對企業的行為與市場均衡加以說明。在第5部中，將對於並非完全競爭市場之市場（不完全競爭市場）下，所處企業的生產行為加以學習。

第6部　效率與公平

在第6部中，就合理的經濟加以思考。首先，就作為合理的基準之「效率」與「公平」進行學習。然後，要徹底瞭解作為公平性測量方法的吉尼係數，以及作為效率評估方法的「剩餘分析」與「柏拉圖最適境界」。

第7部　市場失靈

在第7部中，要學習交由市場機制決定，仍無法得到效率化的情形。具體來說，要學習「電費為何要有基本費」、「地球暖化問題的對應策略」、「品牌與學歷在經濟上的意義」等諸多論點。

第8部　貿易理論

將就從事貿易行為可以獲得何種利益、為何有優勢產業與弱勢產業的區別，以及對進口商品課徵關稅具有何種經濟效果等等課題進行學習。

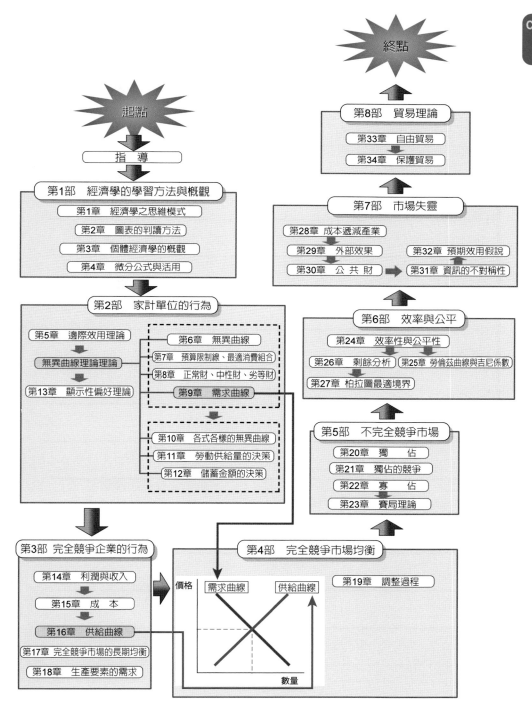

MEMO

Chapter 4

微分公式與活用
─細微分解以求出斜率

Point

1 所謂微分即是求出斜率。

2 將總○○的數學式微分後，即成為邊際○○。

3 極大或極小的時候斜率為0。

4 所謂x^n即是將x連乘n次的意思。

5 將$y=ax^n$微分後，即成為
$$\frac{dy}{dx}=a\times n\times x^{n-1} \langle 微分公式\rangle。$$

難易度　C
（依數學的程度差異）

出題可能性

國家Ⅱ種	A
國稅專門官	A
地方上級、市政廳、特別區	A
國家Ⅰ種	A
中小企業顧問	B
證券分析師	B
註冊會計師	A
政府辦公室等記錄	C
不動產估價師	A
外務專門職務	C

　　在本章裡，將學習所謂「微分」的數學知識，這在個體經濟學的計算問題中會用到。首先，用圖形與文字的方式，理解「微分」是為了什麼理由又如何運算。接著，復習微分時所必須用到的指數。然後，正式開始學習微分公式，因為微分公式只有一個，只要記住公式，就可用同一方法代入公式計算。

　　由於是在復習中學和高中所學習過的數學的同時進行課程，因此覺得「數學不拿手」的人也請努力跟上進度。若想要更詳細解說的人，也請參考「考試攻略 新‧經濟學入門塾〈Ⅵ〉計算精通篇」。

　　當然，要是不瞭解本章的內容，不至於完全無法理解以後的章節。本書在說明上刻意完全不使用數學式，所以即使不瞭解微分也可以理解。只不過，一旦遇到使用微分的計算問題將無法解決而已。因此，即使不瞭解微分也不必要放棄本書，但仍希望讀者能循序漸進地學習。

1. 何謂微分？

　　爲了能有所概念，在此概括地說明。首先，所謂「微分」即是「細微分解」的意思。

　　那麼，以何種理由將何者細微分解呢？此處指的是爲了求出斜率而將圖形細微分解。就算如此解釋，若無具體的舉例，仍無法有所概念，所以讓我們以下面的例子來思考看看。

> 微分＝細微分解 ➡ 求斜率

【1】直線

　　例如，試想如圖表4-1所示y=2x的直線。該直線的斜率爲多少呢？首先，所謂「斜率」，意指「在橫軸上以+1變動時，縱軸上只會發生怎樣的變化」。

　　觀察y=2x的圖形，原點O、A點、B點、C點等等，無論在任何位置，只要橫軸上的x以+1的幅度增加，縱軸的y則將以+2的幅度增加，所以斜率爲2。由此可知，y=2x的斜率總是2，亦即斜率固定因而成爲直線。

> 直線 ➡ 斜率固定

➕ 補 充

　　無論「微生物」還是「微力」，「微」都是被用於表示「極小，細微」的意思。

➕ 補 充

　　「概念」一詞已使用過不知多少次，這裡指以後出現的圖形沒有必要確切地畫出來的意思。

── 理 由 ──

　　所謂「斜率」，一般通常會用45度與90度一樣的角度來表示。然而，用角度的話，若是45度與90度以外的角度，例如y=2x的圖形（圖表4-1）的斜率爲何，要正確地表示頗爲困難。因此，便以如此的方式定義斜率。

圖表4-1　直線的斜率

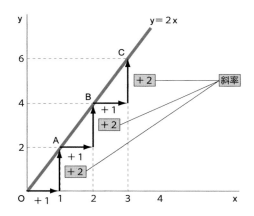

【2】曲線

接下來，考慮如圖表4-2所示的曲線。曲線會因位置的不同而造成斜率有所差異。

因此，必須求出某一點的瞬間斜率。所謂某一瞬間的斜率，即爲切線的斜率。

在圖表4-2中，例如，所謂O點的瞬間斜率，指的是在O點與其相切的切線OA'的斜率，由於在橫軸上+1變動時縱軸上+5變動，所以斜率爲+5。這樣由A點、B點、C點行進，斜率將從+2→+1→+0.5……隨之變動而愈變愈小。也就是說，所謂曲線的斜率並非固定，而是會改變的，所以是彎曲的線。

> 曲線 ➡ 斜率並非固定（會改變）

由於斜率會因所在位置而有所不同，所以想求出該曲線斜率的話，有必要加以限定是哪個部分的斜率。例如，以B點的斜率而言，如圖表4-2所示，僅就B點的部分「細微分解」求出斜率。這就是微分。

當然圖表4-1裡直線y=2x的圖形，也可以僅就B點的部分「細微分解」，只取B點而求出斜率，但在直線的情況下，無論任何位置的斜率都是固定的，因此沒有必要刻意地「細微分解」。

> 〈微分的意涵〉
> 微分＝細微分解＝求斜率
> （尤其在求曲線的斜率時，很方便）

＋ 補 充

如圖表4-2所示，正確來說，所謂曲線的斜率就是切線的斜率，惟在本書中，爲了簡單地解釋，將曲線的斜率用「在橫軸上以+1變動時，縱軸上只會發生怎樣的變動」進行說明。

從圖表4-2中來看，可以瞭解兩者些許的差異。在原點的斜率，正確來說是切線的斜率，因此在A'的高爲+5。然而，斜率以「在橫軸上以+1變動時，縱軸上只會發生怎樣的變動」思考的話，曲線的變動乃自原點到到A，斜率爲A的高，稍微減少了些。這裡能夠有所概念就已經足夠了，所以請當作是概略性的說明。

圖表4-2　曲線的斜率

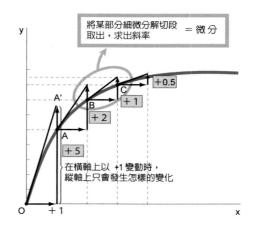

將某部分細微分解切段取出，求出斜率 ＝ 微 分

在橫軸上以 +1變動時，縱軸上只會發生怎樣的變化

2. 微分的表示方法

【1】在微分之前—函數的表示方法

在討論微分的表示方法之前，我們先討論函數的表示方法。由於函數的表示方法是表示微分時的基礎，所以對此還不瞭解的人，請好好地學習。

例如，如y=f(x)所示，表示「y為x的函數，亦即y與x該數值有關」。這僅僅表示y與x有關係，當x的數值決定後，y的數值也隨之確定，但仍無法得知兩者為何種關係。

【2】微分的表示方法

要求y=f(x)=2x的斜率，可說成是「將y=f(x)=2x以x微分」。因此「將y=f(x)=2x以x微分」的時候，有下列①、②、③共3種表現方式。

① $\dfrac{dy}{dx}$ (d y d x)

d讀為「d」，表示「極少的變動量」之意。因此，所謂 $\dfrac{dy}{dx}$ ，即是「x小幅變動時，y只會發生怎樣的變動」。

例如，x增加0.1時，因為y=f(x)=2x，所以y增加0.2。雖說縱軸的y增加0.2，但這只是x以0.1增加時的結果。由此可知，「所謂斜率，是指在橫軸上的x以+1變動時，縱軸上的y只會發生怎樣的變動」，所以「斜率」乃y的變動量+0.2除以x的變動量+0.1，即為+2。亦即，此時dx=+0.1，dy=+0.2，斜率= $\dfrac{dy}{dx} = \dfrac{+0.2}{+0.1} = +2$ 。

補 充

所謂y=f(x)，「y是x的函數」，亦即只是表示當x的數值決定後，y的數值也隨之確定而已。因此，例如y=2x還是y=x^{2}的數學式，比y=f(x)更能清楚地表示x與y的關係。

舉 例

在經濟學中出現的函數如下列所示。

● 成本函數C=C(x)

成本函數也稱為總成本函數，總成本(C)與生產量(x)有關係，表示當生產量(x)決定後，總成本(C)也隨之確定。

● 利潤函數π=π(x)

所謂利潤函數，表示利潤(π)與生產量(x)的關係。

● 收入函數R=R(x)

收入函數也稱為總收入函數，表示總收入(R)與生產量(x)的關係。

● 生產函數Y=f(K, L)

所謂生產函數，表示生產量(Y)和作為生產要素的資本(K)與勞動(L)的關係。

( )裡包括K、L兩個字母，表示生產量(Y)與K、L兩者均有關係，當K、L的數值決定後，Y的數值也隨之確定。

補 充

x增加1的時候，y的變動為其2倍，也就是+2。

補 充

$\dfrac{dy}{dx}$ 的數學式本身即表示y=f(x)的斜率為其概念。

②y'(y dash)、f'(x)(f dash x)

將y=f(x)=2x微分可用y'或f'(x)表示。

其他還有符號∂（rounded d），∂也和d一樣，表示極小的變動量，但∂只在偏微分這種特殊的微分時才會使用。偏微分將在p.41中說明。

如此多的符號出現，也許會感到有點麻煩，但後面常使用到就會記得，所以這裡只要記住「有各種不同的微分符號」即可。

陷阱

考照補習班的問題集等書籍中，也有將 $\dfrac{\Delta y}{\Delta x}$（delta x分之delta y）當作微分符號使用。Δ讀作delta，雖然是變動量的意思，但因為沒有像d一樣具有「極少量的」的意思，所以不能以 $\dfrac{\Delta y}{\Delta x}$ 取代 $\dfrac{dy}{dx}$ 使用。

大家請勿以 $\dfrac{\Delta y}{\Delta x}$ 取代 $\dfrac{dy}{dx}$ 當作微分符號使用。

3. 微分的目的
─為何要用微分求斜率呢？

所謂「微分」即是「求出斜率」，藉由求出斜率將可「求出邊際○○」「求出極大、極小」。就各方面來看，讓我們來思考一下微分是如何發揮功效的。

【1】求出邊際○○

將總○○加以微分並求出斜率的話，該斜率即為邊際○○。

由於若無具體舉例的話，將難以有所概念，因此我們以效用與費用等為例思考看看。

①將效用微分 ➡ 邊際效用

圖表4-3乃表示效用（U）與消費量（x）之關係的效用曲線。我們用數學式U=U(x)來表示效用函數。

該圖表4-3中效用曲線的斜率，表示橫軸上的「消費量增加1單位時，縱軸上的效用只會發生怎樣的變動」。

圖表4-3　邊際效用─效用曲線的斜率

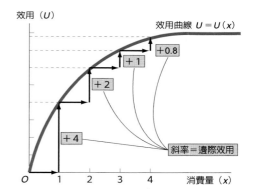

用語

所謂效用表示滿足的程度（滿足度），因英文為Utility，所以略稱為U。

「消費量增加1單位時效用的增加量」稱爲邊際效用（MU）。因此，所謂「將效用函數U(x)以消費量(x)微分後，可求出邊際效用」，用數學式表示爲

邊際效用(MU)= $\dfrac{dU}{dx}$ (d U d x)。也可用 U'(x) (U dash x) 表示。

（總）效用(U)	邊際效用(MU)
U=U(x) →	$\dfrac{dU}{dx}$ ，U'(x)

↑

微分＝求出效用曲線的斜率

---

②將總成本微分 ➡ 邊際成本

　　圖表4-4乃表示總成本（C）與生產量（x）關係的總成本曲線。數學式以C=C(x)表示總成本函數。該圖表4-4中總成本曲線的斜率，將是橫軸上的生產量增加1單位時，縱軸上的總成本只會發生怎樣的變動。該「生產量增加1單位時總成本的增加量」稱爲邊際成本（MC）。因此，所謂「將成本函數C(x)以生產量（x）微分後，可求出邊際成本」，用數學式表示爲邊際成本（MC）＝$\dfrac{dC}{dx}$ (d C d x)。也可用C'(x) (C dash x) 表示。

（總）成本函數(C)	邊際成本(MC)
C=C(x) →	$\dfrac{dC}{dx}$ ，C'(x)

↑

微分＝求出（總）成本曲線的斜率

---

③將總收入微分 ➡ 邊際收入

　　圖表4-5乃表示總收入（R）與生產量（x）關係的總收入曲線。數學式以R=R(x)表示收入函數。

用 語

所謂邊際效用，表示1單位（極少）消費量增加時效用的增加量，因英文爲Marginal Utility，所以略稱爲MU。

用 語

因總成本的英文爲Total Cost，所以略稱爲TC或C。

用 語

所謂邊際成本，表示1單位（極少）生產量增加時總成本的增加量，因英文爲Marginal Cost，所以略稱爲MC。

圖表4-4　邊際成本─成本曲線的斜率

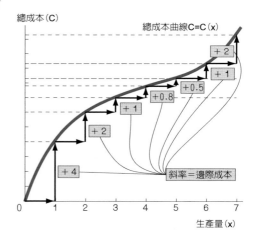

用 語

因總收入的英文爲Total Revenue，所以略稱爲TR或R。

該圖表4-5中總收入曲線的斜率，表示橫軸上的生產量增加1單位時，縱軸上的總收入只會發生怎樣的變動。該「生產量增加1單位時總收入的增加量」稱爲邊際收入（MR）。

此即所謂「將收入函數R（x）以生產量（x）微分後，可求出邊際收入」，用數學式表示爲邊際收入（MR）$= \dfrac{dR}{dx}$ (d R d x)。也可用R'(x) (R dash x) 表示。

┌─────────────────────────────┐
│ 總收入函數(R)　　　邊際收入(MR) │
│   │
│ R=R(x) ➡ $\dfrac{dR}{dx}$ ，R'(x) │
│   │
│   ↑   │
│ 微分＝求出總收入曲線的斜率   │
└─────────────────────────────┘

④生產函數（生產量）微分 ➡ 邊際生產力

圖表4-6乃表示生產量（Y）與生產要素之一的勞動量（L）之關係的生產曲線。在此爲求單純化，生產要素只考慮勞動而不考慮資本。數學式以Y=f(L)表示生產函數。

該圖表4-6中生產曲線的斜率，表示橫軸上的勞動量增加1單位時，縱軸上的生產量只會發生怎樣的變動。該「勞動量增加1單位時生產量的增加量」稱爲勞動的邊際產量（MPL）。因此，所謂「將生產函數f(L)以勞動量（L）微分後，可求出邊際產量」，用數學式表示爲邊際產量（MP）$= \dfrac{dY}{dL}$ (d Y d L)。也可用Y'(L) (Y dash L) 表示。

📎 用 語

所謂邊際收入，表示1單位（極少）生產量增加時總收入的增加量，因英文爲Marginal Revenue，所以略稱爲MR。

圖表4-5　邊際收入—總收入曲線的斜率

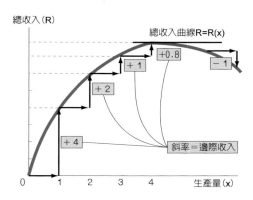

📎 用 語

所謂邊際產量，表示1單位（極少）勞動量增加時，生產量的增加量，因英文爲Marginal Product，所以略稱爲MP。

圖表4-6　邊際產量—生產曲線的斜率

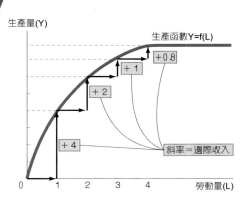

生產函數(Y)　　邊際產量(MP)

$$Y = f(L) \longrightarrow \frac{dY}{dL} , Y'(L)$$

↑
微分

⑤將利潤函數微分 ➡ 邊際利潤

　　圖表4-7乃表示生產量（x）與利潤（π）關係的利潤曲線。數學式以 $\pi = \pi(x)$ 表示利潤函數。

　　該圖表4-7中利潤曲線的斜率，表示橫軸上的生產量增加1單位時，縱軸上的利潤只會發生怎樣的變動。

　　該「生產量增加1單位時利潤的增加量」稱為邊際利潤（Mπ）。

　　此即所謂「將利潤函數 $\pi(x)$ 以生產量（x）微分後，可求出邊際利潤」，用數學式表示為邊際利潤（Mπ）$= \frac{d\pi}{dx}$（dπ d x）。也可用 $\pi'(x)$（π dash x）表示。

利潤函數(Y)　　邊際利潤(Mπ)

$$\pi = \pi(x) \longrightarrow \frac{d\pi}{dx} , \pi'(x)$$

↑
微分

> 用 語
>
> 　　有關利潤將在第14章中詳細解釋，所以此處請想成「收益」。因英文為Profit，雖想略稱為P，但因P用於價格（Price），所以使用相當於希臘字母P的 π。

> 用 語
>
> 　　所謂邊際利潤，表示1單位（極少）生產量增加時利潤的增加量，因為是邊際的Marginal ＋ 利潤的 π，所以略稱為Mπ。

圖表4-7　邊際利潤—利潤曲線的斜率

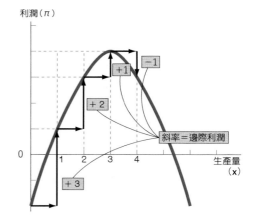

【2】求出極大、極小

①求出極大……利潤極大、效用極大

(a)利潤極大

個體經濟學中，企業的作為以追求利潤極大為目的。因此，對於「求出企業的生產量」這樣的題目，只要求出利潤極大時的生產量即可。

例如，表示利潤與生產量關係的利潤曲線如圖表4-8所示。在圖表4-8中，A點所在位置的利潤為極大，此時的生產量為x*。這用利潤曲線的斜率來思考的話，直到極大值所在的A點為止，曲線為向右上傾斜，亦即斜率為正值，一旦超過A點後的x，其曲線為右下傾斜，亦即斜率變為負值。

這也就是說，極大值所在的A點，其斜率介於正值與負值之間，亦即為0。這表示極大值所在的A點，即使在橫軸上+1變動時，縱軸上也不會有任何變動，從水平的切線也可看出此一現象。

然而，所謂利潤曲線的斜率，乃將利潤函數 $\pi = \pi(x)$ 以x微分而得（邊際利潤），所以利潤極大化條件的斜率=0，即以 $\dfrac{d\pi}{dx} = 0$ 或 $\pi'(x) = 0$ 表示。

$$\boxed{\dfrac{d\pi}{dx} = 0 \implies \text{利潤極大}}$$

(b)效用極大

家計單位的消費量與企業的生產量相同，可以藉由活用「斜率=0時極大」的規則求出。

現在當家計單位為有限預算的限制下，讓消費x與y的效用極大化。因預

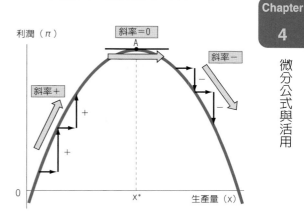

圖表4-8　利潤極大→斜率＝0

利潤（π）

斜率=0

A

斜率+

斜率-

+

+

+

−

−

0

x*

生產量（x）

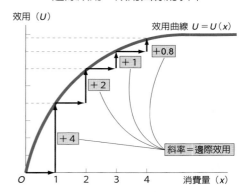

圖表4-3（同前圖）
邊際效用－效用曲線的斜率

效用（U）

效用曲線 $U = U(x)$

+0.8

+1

+2

+4

斜率＝邊際效用

O　1　2　3　4　消費量（x）

✚ 補　充

個體經濟學中，假設家計單位的作為以追求效用（滿足度）極大為目的。

▶▶ 徹底解說 ◀◀

在圖表4-3的情況下，財貨只有X且未考慮預算限制。因此，向右消費量（x）增加時，效用（U）也增加，所以呈右上傾斜。然而，這次的情況不同，x一旦增加，將使y因而減少。

算有限，一旦x增加的話，y勢必因而減少。恰好滿足，亦即效用極大時x與y的組合，該數量為（x*, y*）。

如圖表4-9所示，在描繪x的消費量與（總）效用的關係時，在x*時的效用極大。

因此，當在效用極大所在A點（x*）的瞬間，其斜率為0。由此可知，效用函數U=U(x)以x微分後（斜率）為0的時候效用極大。

$$\frac{dU}{dx} = 0 \implies \text{效用極大}$$

②求出極小

例如，就求極小的問題來說，不乏求損益平衡點的題目。圖表4-10中，A點為損益平衡點。

注意到損益平衡點（A）是AC的極小點這個重點，就可以解答出來。

從圖表4-10可知，直到A點為止的AC曲線，由於是向右下傾斜的，所以斜率是負值，而A點右側的AC曲線為向右上傾斜，所以斜率為正值。由上可知，斜率極小的A點，其斜率為負值與正值之間，亦即為0。因此，將AC的數學式微分 $\frac{dAC}{dx}$ =0時，AC為極小，而成為損益平衡點。

$$\frac{dAC}{dx} = 0 \implies \text{AC極小}$$

圖表4-9　效用極大→斜率＝0

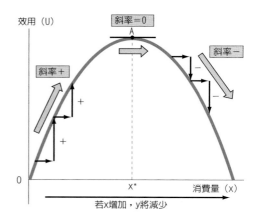

若x增加，y將減少

補　充

損益平衡點的意涵，以及其為平均費用曲線（AC）的極小點一事，將在第16章中詳細說明。

圖表4-10　極小→斜率＝0

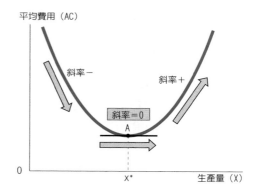

4. 微分的種類
─偏微分與全微分

【1】偏微分

①意義

　　所謂偏微分，乃是在2個變數中，其中一方維持固定不動，只有另一方數值變動的微分稱之。由於這過於抽象而不易瞭解，詳細部分我們將在③的具體實例中加以說明。

②表示方式

　　特別在偏微分的情況下，不是使用d(d)，而是使用「∂(rounded)」的符號。d、∂這類符號的用法略微麻煩，這部分將在下面③的具體實例中加以說明。

③具體實例

　　接下來，我們將以效用函數偏微分而求出邊際效用（MU）爲例進行說明。

　　（總）效用（U）的程度乃由X財貨的消費量（x）與Y財貨的消費量（y）所決定，試想U=xy的情況。（總）效用（U）乃由名爲x，y的 2個變數所決定。此時所謂X財貨的邊際效用（MUx），就在Y財貨的消費量（y）固定下，x增加1單位時效用的增加量。如此一來，雖然事實上x、y兩者均爲可變動的變數，但其中一方維持固定不動，只有另一方數值變動時，觀察U變動的方法稱爲「偏微分」。只有其中一方變動所以稱爲「偏」微分。

$$U=x \boxed{y} \qquad MUx=\frac{\partial U}{\partial x}$$

y視爲常數處理
(x略微變動時U的變動)

舉　例

所謂U=xy，即爲以下變動。
x=1個，y=1個的時候，
效用(U) =1×1=1
x=2個，y=1個的時候，
效用(U) =2×1=2
x=2個，y=2個的時候，
效用(U) =2×2=4

用　語

　　效用（U）不僅因x，也因y之變動而決定，亦即由多個變數所決定的函數，稱爲多變數函數。

理　由

　　在求X財貨的邊際效用時，若Y財貨的消費量也變動的話，將難以瞭解所增加的效用是否爲X財貨的消費量增加所致。因此，在求X的邊際效用時，Y財貨的消費量（y）須維持固定不變。

〈偏微分〉

　　其中一方的變數爲固定，視爲常數處理，另一方的變數加以微分。

　　符號不是使用 d(d)，而是使用∂(rounded)。

相反地，求y的邊際效用時，屆時便要將x固定，

$$U = \boxed{x}\ y \qquad MU_y = \frac{\partial U}{\partial y}$$

↑
x視為常數處理
（y略微變動時U的變動）

【2】全微分

在效用函數U=xy的情況下，x與y兩者皆變動時，導致U的變動稱為全微分。

由於並不存在必須使用全微分才能解答的問題，所以此處省略不提。

5. 指 數

在說明微分的公式之前，讓我們先學習計算微分時所必要的指數。

【1】何謂指數

所謂指數即表示「連乘幾次」的數字。

┌─────────────────┐
│ 指數＝○次方＝連乘幾次 │
└─────────────────┘

雖然知道這件事的人想必不少，但重要的是沒有任何例外。例如，1次方。2^1乃2連乘1次，所以是2。亦即，1次方時，毋須刻意加註指數為1次方。

┌─────────────────┐
│ $x^1 = x$ │
└─────────────────┘

接著為0次方。2^0為多少呢？所謂「2的0次方→2連乘0次」意指2本身1次都沒有連乘。

$$x \times 2^0 = x \cdots\cdots ①$$

因此$2^0 = \dfrac{x}{x} = 1$。

┌─────────────────┐
│ $x^0 = 1$ │
└─────────────────┘

那麼，2^{-2}亦即2的－2次方又如何呢？

所謂負值，一般為「反向，相反」的概念。「－2次方為連乘－2次」的意思，而「連乘－2次則為連除2次」的意思。也就是說，$2^{-2}=\dfrac{1}{2^2}$。

$$x^{-a} = \dfrac{1}{x^a}$$

接著考慮分數的情況。$2^{\frac{1}{2}}$亦即2的$\frac{1}{2}$次方，又是如何呢？此乃2連乘$\frac{1}{2}$次。這也難以直接說明，所以試將 $2^{\frac{1}{2}}$ 連乘2次看看。結果成為$2^{\frac{1}{2}}\times2^{\frac{1}{2}}$，再將底數2合併計算$\frac{1}{2}+\frac{1}{2}=1$次方，成為$2^{\frac{1}{2}}\times2^{\frac{1}{2}}=2^{\frac{1}{2}+\frac{1}{2}}=2$。

此外，$\frac{1}{2}$ 次方和0.5次方相同，亦即 $2^{\frac{1}{2}} = 2^{0.5}$。即使在小數位數次方的情況下，所謂「連乘幾次」的指數意涵也並未改變。

【2】指數法則

①$x^a \times x^b = x^{a+b}$

$x^a \times x^b$ 為x連乘a次，另外x再連乘b次，所以結果將是x連乘a+b次，而成為x^{a+b}。

②$x^a \div x^b = x^{a-b}$

所謂÷x^b，乃指x連除b次的意思，也為x連乘-b次，亦即可用×x^{-b}表示。因此成為

$$x^a \div x^b = x^a \times x^{-b}$$

x連乘a次，另外x再連乘-b次，所以合計連乘a-b次，成為x^{a-b}。

補 充

所謂$2^{\frac{1}{2}}$，指的是連乘2次後成為2，可知亦即$\sqrt{2}$。下列數學式亦相同。

$$4^{\frac{1}{2}}=\sqrt{4}=2$$
$$9^{\frac{1}{2}}=\sqrt{9}=3$$

舉 例

$2^2\times2^3$為$(2\times2)\times(2\times2\times2)$，即2連乘2次後再連乘3次，由此可知合計連乘2+3=5次。

舉 例

例如$2^5\div2^3$為

$$\dfrac{2\times2\times2\times2\times2}{2\times2\times2}$$

因此，

$$\dfrac{2\times2\times2\times2\times2}{2\times2\times2}$$

將上下相抵後，計算出$2\times2=2^2$。

此即2^5為2連乘5次，再被2^3所表示的2連除3次，最後得到2連乘5－3次，而成為$2^{5-3}=2^2$。這裡將$2^5\div2^3$的÷2^3想成是負數次方除法的話，因為÷$2^3=\times2^{-3}$，所以$2^5\div2^3=2^5\times2^{-3}=2^{5-3}=2^2$，2連乘5次與-3次，合計5－3次，可知為$2^{5-3}=2^2$。

$$x^a \div x^b = x^a \times x^{-b} = x^{a-b}$$

③$(x^a)^b = x^{ab}$

例如$(2^2)^3$為$(2 \times 2)^3 = (2 \times 2) \times (2 \times 2) \times (2 \times 2) = 2^{2 \times 3} = 2^6$。

$$(x^a)^b = x^{ab}$$

以上所述作為指數計算規則的指數法則到此為止。總之，只要理解所謂指數就是「連乘幾次」的意涵，就可瞭解內容。

〈指數法則〉

$$x^a \times x^b = x^{a+b}$$
$$x^a \div x^b = x^a \times x^{-b} = x^{a-b}$$
$$(x^a)^b = x^{ab}$$

6. 微分公式

n次方下移，變成n-1次方！

將$y = ax^n$以x微分所得（斜率）為n次方下移相乘，此結果使次方變成n-1。可喜的是此微分公式也無例外。然而，此公式要證明很繁瑣，所以要默背起來！

話雖如此，這樣仍不容易瞭解，因此我們將以具體實例來說明微分公式。

例題1：將$y = x^2$以x微分。

根據法則，因為是2次方，2下移相乘，變成2-1次方。

$$y' = \frac{dy}{dx} = 2 \times x^{2-1} = 2x^1 = 2x$$

話說此處的「微分」即「求斜率」，因此$y = x^2$的斜率便為2x。

那麼，$y = x^2$的斜率，是否真的是微分公式所求出的2x，讓我們在圖表4-11上加以確認。

〈微分公式〉

$$y = ax^n \rightarrow y = \frac{dy}{dx} = a \times n \times x^{n-1}$$

①下移 ②減1

▶▶ 徹底解說 ◀◀

或許斜率為2x時，包含x以致感覺不是很好。可是，由於$y = x^2$為曲線，一旦位置改變，x的數值將立即變動，連帶斜率也因而改變，所以斜率上未含x的話，反而奇怪。

➕ 補 充

因為$y = x^2$的斜率$= \frac{dy}{dx} = 2x$，所以x為負值時斜率=2x亦為負值，亦即圖形為向右下傾斜，x為正值時斜率=2x亦為正值，圖形為向右上傾斜。

圖表4-11　$y = x^2$的斜率

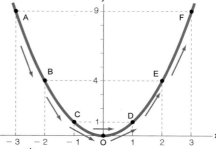

因為$y' = \frac{dy}{dx} = 2x$為斜率，所以圖形上A、B、C、O、D、E、F點的切線斜率如下表所示

x	−3	−2	−1	0	1	2	3
斜率（2x）	−6	−4	−2	0	2	4	6
點	A	B	C	O	D	E	F

例題2：將y=x³以x微分。

根據法則，因爲是3次方，3下移相乘，同時變成3－1=2次方。

$$y'=\frac{dy}{dx}=3\times x^{3\text{-}1}=3x^2$$

此處微分後的$y'=\frac{dy}{dx}=3x^2$是否也眞的是斜率，讓我們在圖表4-12上加以確認。

例題3：將y=5x以x微分。

因爲5x即$5x^1$，

$$y'=5\times1\times x^{1\text{-}1}=5x^0=5$$

不過，因爲y=5x爲直線，即使不像這樣使用微分公式，x增加1時y總是只會增加5，所以可知斜率爲5。

$$y=ax \implies y'=\frac{dy}{dx}=a$$

例題4：將y=5微分

當然，此時也可使用微分公式。所謂y=5，由於未含x（=0次連乘），所以是x^0。$y=5=5x^0$的話，使用微分便成爲

$$y'=5\times0x^{0\text{-}1}=5\times0\times x^{-1}=0$$

然而，即使不刻意使用微分公式，無論x如何變動，y=5除了y=5之外仍不會有任何改變，所以當x略微變動(dx)時，y完全不會改變。

如此一來，因爲y=a（a爲常數）以x微分時，即使x變動y也不會有所改變，所以dy=0，而成爲下列算式。

$$y'=\frac{dy}{dx}=\frac{0}{dx}=0$$

$$y=a \implies y'=\frac{dy}{dx}=0$$

圖表4-12　y=x³的斜率

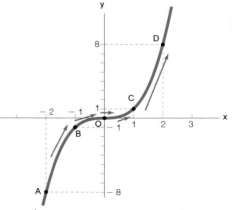

因爲$y'=\frac{dy}{dx}=3x^2$爲斜率，所以圖形上A、B、O、C、D點的切線斜率如下表所示。

x	－2	－1	0	1	2
斜率（$3x^2$）	12	3	0	3	12
點	A	B	O	C	D

➕ 補　充

因爲y=x³的斜率=$\frac{dy}{dx}=3x^2$爲2次方，所以斜率不爲負值。因此，圖形不會向右下傾斜。

➕ 補　充

由於「0次方＝連乘0次＝沒有相乘」，所以$ax^{1\text{-}1}=ax^0=a$，只剩下常數而已。

圖表4-13　y=a（常數）的斜率

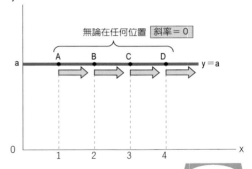

例題5：將$y=x^3$微分

　　－3次方的－3下移相乘，同時從－3次方變成$-3-1=-4$次方。

$$y'=\frac{dy}{dx}=-3\times x^{-3-1}=-3x^{-4}$$

無論x的-3次方（負次方），還是$\frac{1}{2}$次方（分數次方），微分公式都不會有所改變。

例題6：將$y=x^{\frac{1}{2}}$微分

　　$\frac{1}{2}$次方的$\frac{1}{2}$下移相乘，同時從$\frac{1}{2}$次方變成$\frac{1}{2}-1=-\frac{1}{2}$次方。

$$y'=\frac{dy}{dx}=\frac{1}{2}x^{\frac{1}{2}-1}=\frac{1}{2}x^{-\frac{1}{2}}$$

例題7：將$y=5x^3+3x^2+4x+5+6x^{-2}$微分

　　在這種情況下，$5x^3$、$3x^2$、$4x$、5、$6x^{-2}$就個別部分變動後加總合計起來即可。

個別數值以x微分後，

以加法所結合而成的數學式（稱為多項式），其微分乃將個別部分微分後相加即可。

$$5x^3 \Rightarrow 5\times3x^{3-1}=15x^2$$

$$3x^2 \Rightarrow 3\times2x^{2-1}=6x$$

$$4x \Rightarrow 4\times1x^{1-1}=4x^0=4$$

$$5 \Rightarrow 0$$

$$6x^{-2} \Rightarrow 6\times(-2)\times x^{-2-1}=-12x^{-3}$$

將以上結果合計即可。

$$y = 5x^3+3x^2+4x+5+6x^{-2}$$

$$\Downarrow \quad \Downarrow \quad \Downarrow \quad \Downarrow$$

$$y'=\frac{dy}{dx}=15x^2+6x+4\quad-12x^{-3}$$

例題8：將$U=xy$以x偏微分

　　由於「以x偏微分」，即是求解「在y為固定不變的前提下，x略微變動時，y將只會如何變動」。y為固定的前提，亦即y視為常數處理並進行偏微分。因為如此，在$U=xy$中y視為常數處理，只要將x微分即可。結果如下所示。

在偏微分的情況下，乃將未視為常數處理的變數微分。微分時使用一般的微分公式。

$$U= x\ y$$

微分　　　　視為常數處理

$$\frac{\partial U}{\partial x}=1\times x^{1-1}y=x^0y=y$$

接下來，在本章的最後，讓我們試著解答公務員考試的題目。

【問題4-1】

現有X月Y日僅舉辦1次的演唱會入場券3,000張，每張賣p日圓。當市場的需求曲線為q=5,000－p的時候，求銷售額極大時，售價應為多少？

1. 2,000 　　　　4. 3,500
2. 2,500 　　　　5. 2,500～3,500
3. 3,000

（地方公務員上級）

（有關題目中的符號）

因為「市場的需求曲線為q=5,000－p」、「賣p日圓」，所以售價為p。雖然並無有關q的說明，其為需求量（欲購買門票的張數）。為何如此，乃因需求曲線為表示價格與需求量關係之故。

解　答

因為藉由售價（p）的變動，而使銷售額（TR）達到極大，如圖表4-14所示的概念。

由於銷售額（總收入TR）為售價（p）乘以門票的張數（q），因此

TR＝p・q……①

此處將需求曲線q = $5,000－p$ 代入①式中，即為如下所示。

TR＝p・q

　　＝p（$5,000－p$）　　代入

　　＝$5,000p－p^2$

銷售額極大的條件，由圖表4-14可知，

微分

$$\frac{dTR}{dp} = 5,000 - 2p = 0$$

因此，銷售額極大時的售價為p=2,500。

正確解答　2

圖表4-14　銷售額極大時的售價

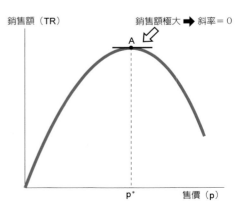

銷售額（TR）　　　銷售額極大 ➡ 斜率＝0

A

p*　　售價（p）

MEMO

Part 2

家計單位的行為

一要做多少工作，要購買什麼呢？

　　在此部內容中，將對藉由供給勞動而獲取所得，並使用該所得消費財貨之家計單位行為進行分析。具體而言，將就「消費者如何決定消費量呢」、「1天要工作幾小時呢」等等問題加以思考。

　　儘管如此，由於實體經濟的原貌過於複雜而不易理解，所以訂定假設，創建單純化的理論模型，並就該模型加以分析。如第1部所學習過的，雖然訂定假設加以單純化，將使分析變得容易，但存在背離現實的風險。請在學習的同時注意此點。

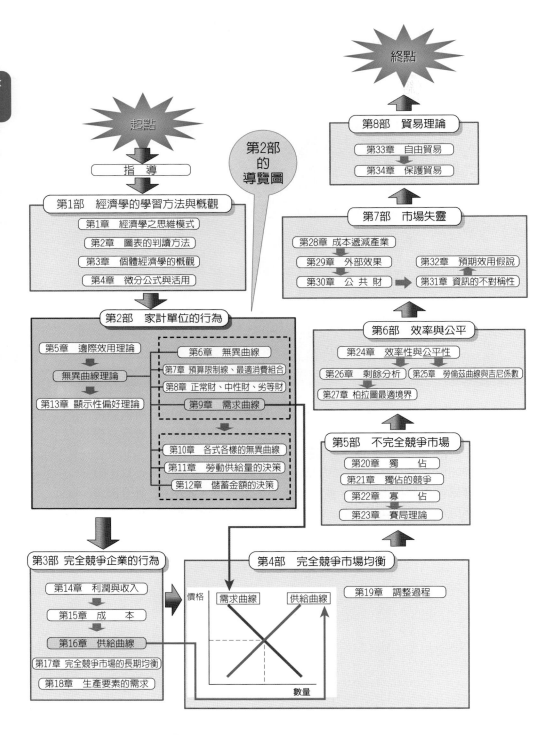

終點

第2部
的
導覽圖

起點

指　導

第8部　貿易理論
第33章　自由貿易
第34章　保護貿易

第1部　經濟學的學習方法與概觀
第1章　經濟學之思維模式
第2章　圖表的判讀方法
第3章　個體經濟學的概觀
第4章　微分公式與活用

第7部　市場失靈
第28章　成本遞減產業
第29章　外部效果
第30章　公共財
第32章　預期效用假說
第31章　資訊的不對稱性

第2部　家計單位的行為
第5章　邊際效用理論
無異曲線理論
第13章　顯示性偏好理論

第6章　無異曲線
第7章　預算限制線、最適消費組合
第8章　正常財、中性財、劣等財
第9章　需求曲線

第10章　各式各樣的無異曲線
第11章　勞動供給量的決策
第12章　儲蓄金額的決策

第6部　效率與公平
第24章　效率性與公平性
第26章　剩餘分析
第25章　勞倫茲曲線與吉尼係數
第27章　柏拉圖最適境界

第5部　不完全競爭市場
第20章　獨　佔
第21章　獨佔的競爭
第22章　寡　佔
第23章　賽局理論

第3部　完全競爭企業的行為
第14章　利潤與收入
第15章　成　本
第16章　供給曲線
第17章　完全競爭市場的長期均衡
第18章　生產要素的需求

第4部　完全競爭市場均衡
第19章　調整過程

價格
需求曲線　供給曲線
數量

第2部的登場人物・舞台與故事

登場人物（經濟主體）

在第2部裡，作爲個體經濟學的登場人物之家計單位、企業、政府、海外（外國）等角色中，將聚焦在家計單位。

家計單位：所謂家計單位，乃指進行財貨消費、作爲勞動供給之經濟主體稱之，具體而言，如一般所說的「家計簿」一樣，以一般人的家庭爲概念即可。

> **用 語**
>
> 在經濟學中從事經濟活動的人與組織（登場人物）稱爲經濟主體。

> **用 語**
>
> 所謂財貨乃指有形的財貨（有形的物品）與無形的服務之合計。
> 財貨＝物品＋服務

圖表0-1（同前圖） 在舞台上主要登場人物所扮演的角色

舞台	需求者	供給者
財貨市場	家計單位 海外（出口）	企業 海外（進口）
勞動市場	企業	家計單位

舞 台

實體經濟

消費者正在便利商店裡挑選午餐。有麵包、烏龍麵、義大利麵……等許多種類，而飲料與甜點也有好幾十種。

雖然想買的商品很多，但只要喜歡的都買的話，這個月的家計單位預算將面臨窘境，所以必須做某種程度上的克制。

也就是說，必須在有限的預算下挑選美味的午餐。

商品很多的話，→ 將使情況變得複 → 雜。

不只有今天，明天以後的事情也 → 都考慮的話，將使情況變得複雜。

單純化後的理論模型

假設只有X財貨與Y財貨2種財貨。

假設只有藉由現在的消費才能產生效用，至於爲未來保留的錢將不會產生效用。此外，現在消費或是儲蓄留待未來消費的問題，將在「第12章 儲蓄金額的決策」中加以分析。

家計單位有其預算上的限制。

假設家計單位乃爲追求效用（滿足程度）極大化而作爲。

前提（假設）

如先前已在第1部中所說明過的，就算只消費一口，受到折扣吸引而購買的人，以及為了與其他人比較而購買的人等等，各種不同的模式都有，要將這些統整進行說明，終究是難以達到的。因此，為了能夠進行分析而力求單純化，所以訂定了家計單位為了追求效用極大而作為的假設。

此外，假設家計單位只能藉由消費財貨才能獲得效用。因此，受到折扣吸引而購買，以及為了與其他人比較而獲得滿足感的行為將不會出現。

> **假設1　家計單位為了追求效用極大而作為。**

> **假設2　家計單位只能藉由消費財貨才能獲得效用。**

假設1與假設2乃是在進行消費理論分析時，普遍用到的假設。

此外，在現實中，我們比較為數眾多的財貨，並從中購買某商品，由於此情況過於複雜，所以本書裡，我們假設所購買的財貨只有2種類，將財貨架構在只有2種類的單純世界進行分析。

> **假設3　財貨只有X、Y之2種類。**

以上，從假設1到假設3為止，乃是第5章的邊際效用理論、第6章到第9章的無異曲線理論，以及第13章的顯示性偏好理論共通的假設。

— 理　由

由於實體經濟存在各式各樣消費模式的人，其原貌過於複雜無法進行分析，像這樣，創建只有合理的家計單位之世界作為理論模型，將使分析成為可能。

✚ 補　充

所謂效用，乃指滿足程度。也就是說，家計單位可想成總是為了追求本身的滿足程度極大而進行消費。

✐ 用　語

由於假設1乃是家計單位的行為之大前提，所以稱為「家計單位的效用極大化原則」或是「家計單位的行為準則」。此行為準則，意指家計單位的行為全部都是為了達到效用極大化的目的而進行，效用極大化則是家計單位的行為方針。

✚ 補　充

假設3並非是在進行消費理論分析時，為求單純化所一定必要的條件。然而，在大學學系程度的經濟學中，因為財貨種類一旦達到3種以上，將變得難以理解，所以財貨採用2種加以單純化的情況相當普遍。由於如此，在學系的考試與資格測驗，也幾乎都採取2種財貨的單純化模型出題，所以本書也假設如此方式進行論述。

✚ 補　充

只要沒有特別聲明，X財貨的消費量以x表示，Y財貨的消費量以y表示。

故事的進展（構成）

此部內容的最大目的，乃是從家計單位的消費行爲推導出需求曲線。分析家計單位的消費行爲之理論，包括邊際效用理論、無異曲線與顯示性偏好理論等3個理論。

首先，在第5章中所說明的邊際效用理論，其理論存在頗大的問題點，爲了克服該問題點的無異曲線常在考試中出題。因此，有關無異曲線理論，從第6章到第9章要仔細地學習，以利需求曲線的推導。

其次，「家計單位要工作幾小時呢」、「要消費多少、要儲蓄多少呢」等實用論點，將運用無異曲線理論加以分析（第10章～第12章）。

接著，最後將學習爲了克服無異曲線理論問題點，所提出的顯示性偏好理論。

> ✚ **補　充** :·:▢:·:
>
> 　然而，由於顯示性偏好理論無法加以詳細分析，所以在考試中只會偶爾問到。

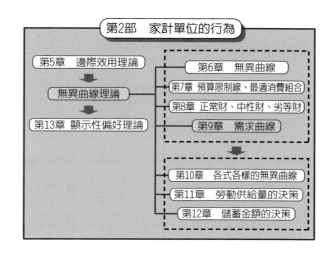

第2部　家計單位的行為

第5章　邊際效用理論
↓
無異曲線理論
第13章　顯示性偏好理論

第6章　無異曲線
第7章　預算限制線、最適消費組合
第8章　正常財、中性財、劣等財
第9章　需求曲線
↓
第10章　各式各樣的無異曲線
第11章　勞動供給量的決策
第12章　儲蓄金額的決策

MEMO

Chapter 5

邊際效用理論
—那家店，相對於價格來說味道不錯！

Point

1　邊際效用表示「某財貨的消費量增加1單位，可獲得的總效用增加量」，常與消費量同時緩慢減少【邊際效用遞減法則】。

2　各財貨每1日圓能得到的邊際效用稱為貨幣邊際效用，若各財貨貨幣邊際效用均相等時，消費者的效用達到極大化【貨幣邊際效用均等法則】。

在本章裡，將學習邊際效用理論，此乃說明家計單位消費行為的理論之一。邊際效用有其問題點，而克服該問題點的即為稱作無異曲線理論的新理論。因此，出題以無異曲線為主，邊際效用理論很少會單獨出題。由於如此，應試者常會對該論點輕忽，而無論在申論題、單選題，無異曲線理論的題目中會問到貨幣邊際效用均等法則，因此仍有必要注意。

1. 效用與邊際效用

所謂效用，乃「藉由消費某數量的財貨，所能得到的滿足程度（滿足感）」稱之。效用有時也會被稱爲總效用。

相對於此，所謂邊際效用，乃「某財貨增加1單位消費量時，所能得到效用的增加量」。

此外，邊際效用理論中「再續第4杯的效用從100增加到110，只提升了10而已」，如上所示效用之程度以100與110表示。這些數字之大小均有其本身代表意涵。像這樣數字大小有其意涵的數字稱爲基數（具基數概念的數字）。

邊際效用理論，假設效用可用基數測量，例如：你的效用是50，我的效用爲100，所以可知我的效用是你的效用之2倍（可與他人的效用相比較）。然而，在現實環境中，卻無法明確地與他人作滿足感等比較。因爲如此，效用可用基數測量之假設不切實際，乃重大問題點之一。

結果到最後，我們買東西時，只知道就「與那裡相比，這裡更好」或是「大致相同」加以分析。由此可見，我們並非用基數效用，而是以序數效用評量而進行消費的。

邊際效用理論
假設效用可用基數測量 ➡ 不切實際

略 語

效用的英文爲Utility，總效用則爲Total Utility。因此，（總）效用常以TU或單以U略稱。

舉 例

喝3杯啤酒可得到100的滿足感時，喝3杯啤酒時的效用爲100。接著，啤酒喝了3杯後，再續第4杯時，效用增加到110。再續第4杯的效用從100增加到110，只提升了10而已。該「+10」稱爲「邊際效用」。

略 語

「邊際」的英文爲Margin（Marginal），此乃打字機等列印時的頁邊空白。空白因爲是指紙的邊緣，稱爲紙的邊際。邊際效用稱爲Marginal Utility，常略稱爲MU。因此，X財貨增加1單位消費量時，所得到效用的增加量，亦即X財的邊際效用以MUx表示。

用 語

稱爲效用之基數可測性。

✚ 補 充

相對於此，只知道順序的數字稱爲序數（具序數概念的數字）。此指第1和第2這樣的數字。

這種序數概念的數字將在第6章的無異曲線理論中用到。

2. 邊際效用遞減法則

所謂邊際效用，乃某財貨增加1單位消費量時，所能得到效用的增加量。所謂「遞減」，乃指逐漸地（緩慢地）減少。因此，所謂邊際效用遞減，好比續杯時增加的滿足感，將隨著大量消費而緩慢地減少。

幾乎所有的財貨其邊際效用都會遞減，此情況稱為「邊際效用遞減法則」。由於如此，所謂邊際效用遞減法則，乃隨著一般消費量增加，邊際效用（增加1單位消費量時，所能得到效用的增加量）將逐漸地變小的法則。

然而，該法則在理論上未必成立。就個人來說，第1杯日本酒氣味很烈，感覺不怎麼好喝（邊際效用小），但喝了2杯、3杯，習慣了氣味之後，反而比第1杯來得好喝。此即第2杯的邊際效用比第1杯大，為邊際效用遞減法則的例外。不過，在**邊際效用理論**中，假設邊際效用遞減法則成立，因此不考慮此種例外情況。

> 在邊際效用理論中，假設邊際效用遞減法則成立

舉 例

第1杯啤酒喝起來非常好喝，但接著喝了第2杯、第3杯之後，續杯所得到的滿足感的提升（邊際效用）隨之減少。

＋ 補 充

緩慢增加稱為「遞增」。

Point!

經濟學的法則中，包括2種情況。
① 理論上是如此的法則，以及
② 只是基於大多數情況下是如此的經驗法則。

邊際效用遞減法則乃基於②的經驗法則。

3. 貨幣邊際效用均等法則

所謂貨幣邊際效用，乃將邊際效用除以價格稱之。將X財貨的邊際效用以MU_X代替，將X財貨的價格以P_X代替，將Y財貨的邊際效用以MU_Y代替，將Y財的價格以P_Y代替，則X財貨的貨幣邊

＋ 補 充

因為價格的英文為Price，所以在大部分情況下，X財貨的價格以P_X、Y財的價格以P_Y表示。

際效用即爲 $\dfrac{MU_X}{P_X}$ ，Y財貨的貨幣邊際效用即爲 $\dfrac{MU_Y}{P_Y}$ 。**該貨幣邊際效用僅表示1日圓的邊際效用**。我們可以圖表5-1的具體實例作爲參考。

現有某人想買柑橘或哈密瓜作爲餐後甜點。此外，試想哈密瓜是1個5,000日圓的超高級哈密瓜。

柑橘1粒的價格 P_X 爲50日圓，邊際效用 MU_X 爲100，哈密瓜1粒的價格 P_Y 爲5,000日圓，邊際效用 MU_Y 爲5,000（圖表5-1）。

以買1粒時的滿足感（邊際效用）而言，大多數的人會覺得以哈密瓜較大。

然而，事實上買哈密瓜的人很少。這因爲價格偏高。也就是說，如果只有柑橘和哈密瓜的話，大多數人買柑橘的人，乃斟酌價格與滿足感後，而選擇了柑橘。

以圖表5-1的範例來說，相較於柑橘，超高級哈密瓜的價格爲其100倍，但邊際效用僅止於50倍。這事說明了價值（邊際效用）並未如其價格一般高。因此，採用貨幣邊際效用，可知哈密瓜的貨幣邊際效用爲1，相對於柑橘的貨幣邊際效用2來得小。

由於貨幣邊際效用表示1日圓的邊際效用，所以同樣支出1日圓時，哈密瓜每1日圓只增加效用1，柑橘每1日圓可增加效用2。就同樣使用1日圓而言，柑橘比哈密瓜來得有利。這表示就價格方面柑橘相較於哈密瓜具有優勢。因此，該家計單位將不選擇購買哈密瓜，而是選擇購買貨幣邊際效用較大的柑橘。

— 舉 例

X財貨的價格 P_X 爲50日圓，邊際效用 MU_X 爲100的話，X財貨的貨幣邊際效用爲 $\dfrac{MU_X}{P_X} = \dfrac{100}{50}$ 日圓=2。也就是說，付出50日圓可得到邊際效用爲100，表示每1日圓只可得到平均2的邊際效用。

圖表5-1 何謂貨幣邊際效用？

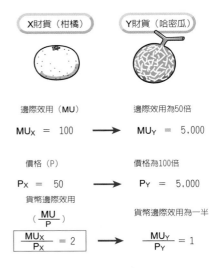

▶▶ 徹底解說 ◀◀

所謂「相對於價格」，不外乎指邊際效用除以價格而得到貨幣邊際效用。我們常會說「那家店，相對於價值（價格）來說，味道不錯唷」。此並非單純以「味道不錯（邊際效用MU較大）來判斷，正確來說是相對於價格， $\dfrac{MU}{P}$ （貨幣邊際效用）較大之故。

貨幣邊際效用＝ $\dfrac{MU}{P}$（邊際效用除以價格）

＝每1日圓的邊際效用

➡ 總言之，表示「相對於價值（價格）而言的好壞與否」

即使瞭解了貨幣邊際效用，接著我們還是要來解釋一下貨幣邊際效用均等法則。所謂貨幣邊際效用均等法則，乃指「各財貨的貨幣邊際效用均相等時，消費者的效用達到極大」之法則。

那麼，試想為何各財貨的貨幣邊際效用均相等時，效用達到極大。

現有如圖表5-1所示，X財貨的貨幣邊際效用＝ $\dfrac{MU_X}{P_X}$ ＝2，比Y財貨的貨幣邊際效用＝ $\dfrac{MU_Y}{P_Y}$ ＝1還要大。由於貨幣邊際效用乃每1日圓的邊際效用，如果Y停止支出1日圓，而改由X代替支出1日圓的話，在相同預算下，將失去邊際效用1，而得到邊際效用2，因此效用將有+1的增加。

如此效用增加的情形，乃效用未達極大化的證明。然而，X代替Y支付1日圓，在邊際效用遞減法則的假設下，消費量減少下Y的邊際效用 MU_Y 逐漸增加，反觀消費量增加下X的邊際效用 MU_X 逐漸下降。然後，X財貨的貨幣邊際效用（ $\dfrac{MU_X}{P_X}$ ）與Y財貨的貨幣邊際效用（ $\dfrac{MU_Y}{P_Y}$ ）終究將會相等。

當貨幣邊際效用變成相等後，即使以X代替Y支付1日圓，但因表示每1日圓邊際效用的貨幣邊際效用相同，所以效用也不可能再有任何提升。也就是說，已經達到效用極大化的境界。

補　充

此即邊際效用理論的結論。由於假設作為消費者的家計單位追求效用極大化，因此家計單位為追求各財貨的貨幣邊際效用相等而從事消費行為。

補　充

在此由於不容易直接解釋各財貨的貨幣邊際效用均相等時，效用達到極大的情況，因此採用「各財貨的貨幣邊際效用不相等時，效用未達極大，來反推各財貨的貨幣邊際效用均相等時，效用達到極大」的方法來說明。請對照圖表5-1學習。

舉　例

試想無論X財貨的貨幣邊際效用或Y財貨的貨幣邊際效用都是1.5。此時，即使Y財貨減少1日圓而X財貨增加1日圓，也不會使效用有任何改變。為何如此，乃因Y財貨減少1日圓只會減少1.5的效用，而X財貨增加1日圓也只會增加1.5的效用，最後的效用完全不會有任何改變之故。

4. 需求曲線

那麼，最後我們將從邊際效用理論的貨幣邊際效用均等法則，推導出需求曲線。

首先，一開始先假設消費者行為以效用極大化為目的，X與Y的貨幣邊際效用相等。因此，Y的價格P_Y與所得不變，只有P_X下滑。

此時，受到P_X下滑的影響，X的貨幣邊際效用$\dfrac{MU_X}{P_X}$變大，而Y的貨幣邊際效用不變，以致成為$\dfrac{MU_X}{P_X} > \dfrac{MU_Y}{P_Y}$。然後，Y停止支出1日圓，而改由X支出1日圓（X代替Y支出）的話，因為相同預算下效用提升，所以Y的消費量減少，相對而言X的消費量增加，進而提升效用。

由上可知，X的價格P_X從P_0下滑到P_1時，X的需求量從X_0提升到X_1，可求出如圖表5-2所示負斜率的需求曲線。可是，此乃單一家計單位（個別家計單位）的需求曲線，並非談到決定市場價格所需供需曲線時，所提到的市場需求曲線。市場需求曲線乃許多個別家計單位需求量合計所得結果，如圖表5-3所示，將個別家計單位的需求曲線橫向加總累計後即可求得。

5. 邊際效用理論的問題點

如先前已說明過的，所謂可用10、15的方式來計數效用的基數可測性之假設是不切實際的。

此外，基於貨幣邊際效用均等法則，價格下跌的財貨之需求量必定增加，但無法解釋價格下跌其需求量卻反向減少，像季芬財這樣的特殊財貨。

圖表5-2　個別家計單位的需求曲線

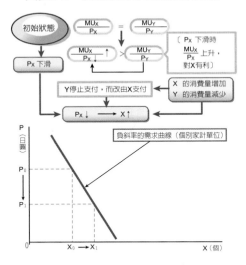

圖表5-3　市場的需求曲線

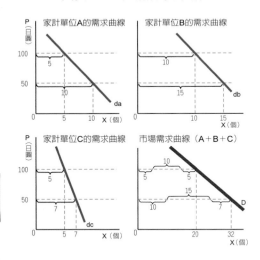

理　由

因為X財貨的價格$P_X\downarrow$ ➡ $\dfrac{MU_X}{P_X}\uparrow$ ➡X財貨的需求量$\uparrow$之故。

Chapter 6

無異曲線

─將滿足程度相同的點連結起來的話……

Point

1　所謂無異曲線，乃「將效用水準相等的（無差異的）X消費量（x）與Y消費量（y）組合而成的集合。」

難易度　B

2　在無異曲線的4個假設（①完整性的假設；②無飽和的假設；③遞移性的假設；④邊際替代率遞減的假設）下，具有5個特性（①可畫出無限多條無異曲線；②向右下方傾斜；③在右上方的組合效用較大；④任何兩條互不相交；⑤凸向原點）。

出題可能性

國家Ⅱ種	C
國稅專門官	C
地方上級、市政廳、特別區	C
國家Ⅰ種	C
中小企業顧問	B
證券分析師	A
註冊會計師	C
政府辦公室等記錄	B
不動產估價師	B
外務專門職務	B

在本章裡，將學習有關無異曲線的意涵與形態。無異曲線一般基於具有5個特性（①可畫出無限多條無異曲線；②向右下方傾斜；③在右上方的組合效用較大；④任何兩條不相交；⑤凸向原點）而加以描繪。因此，不少人認為「所謂無異曲線就是這樣的東西罷了」。

然而，也不乏被問到無法滿足這5個特性的例外無異曲線。雖然例外的情況將在第10章中說明，但為了理解例外情況，一般的無異曲線所具備的5個特性究竟是如何推導出來的，仍有必要確實地理解。

1. 無異曲線理論概要

　　無異曲線理論乃克服邊際效用理論問題點的理論。也就是說，不假設基數效用論，只假設與效用大小順序有關的序數效用論，另外，也能說明有關季芬財的問題。

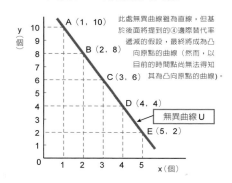

補　充

　　有關季芬財的內容將在第9章中詳細說明。

◎邊際效用理論的問題點	◎無異曲線理論的優點
1. 效用的基數可測性不切實際	➡ 假設效用的序數可測性
2. 無法說明季芬財	➡ 可說明季芬財

　　無異曲線理論乃使用基於序數效用論假設下畫出的無異曲線，以及表示預算限制的預算限制線，以推導出最適消費組合的結論。本章首先將學習無異曲線相關內容。

無異曲線(本章)	⎫
預算限制線(第7章)	⎬ 最適消費組合(第7章)

2. 何謂無異曲線？

　　所謂無異曲線，乃將效用水準相等的（無差異的）X消費量 (x) 與Y消費量 (y) 組合而成的集合。

　　例如，如圖表6-1所示，橫軸取x，縱軸取y。然而，將x與y的組合用(x,y)表示。試想某家計單位，當1個x與10個y的組合A點 (1,10)、2個x與8個y的組合B點 (2,8)，以及3個x與6個y的組合C點(3, 6)時，其效用（滿足程度）相同。像這樣將相同效用的x與y之組合（點）連接而成的線即無異曲線。當然，在同一條無異曲線上，無論任何相異2點相互比較，其效用均會相等。

圖表6-1　何謂無異曲線？

此處無異曲線雖為直線，但基於後面將提到的④邊際替代率遞減的假設，最終將成為凸向原點的曲線（然而，以目前的時間點尚無法得知其凸向原點的曲線）。

無異曲線 U

Point!

　　因為此處假設效用的序數可測性存在，所以將2個相異的x與y的組合比較後，可知道何者效用較大、何者效用較小及效用相同的順序。

用　語

　　由於效用乃表示無差異的（＝相等的）點（＝消費組合）形成的集合，因此稱為無異曲線。因為英文寫為Indifferent Curve，所以略稱為I，或是略稱為效用Utility的U。

3. 4個假設與5個特性

大多數的情況下，我們以基於4個假設而具備5個特性的無異曲線爲前提進行討論。

假設1 完整性的假設

所謂完整性的假設，乃指無論任何消費組合，其效用水準都可以與其他組合相互比較的假設。

此指（1, 1）與（1億, 1億）的效用比較，以及（1.1, 2.9）與（1.05, 2.95）的效用比較等等，無論任何數量的組合都有比較的可能。亦即對於所有x與y的組合，均可比較其效用大小。

假設2 無飽和（單調性）的假設

所謂無飽和的假設，乃X、Y兩財貨通常賦予正的邊際效用（goods）之假設。

goods（喜好品）為具有正（plus）邊際效用的財貨。正（plus）邊際效用指消費量增加1個，效用亦增加，亦即喜愛的物品。相對而言，負（minus）邊際效用的財貨，也就是指消費量增加1個，效用反向減少，亦即像垃圾一樣令人厭惡的物品，稱爲bads（厭惡品）。

此處在「通常賦予正的邊際效用」中所提的「通常」尤其重要。如同啤酒一樣，第1杯、第2杯因爲受人歡迎故爲goods，但第3杯已有厭惡感，所以效用大降，甚至已變成bads。可是，在此「②無飽和（單調性）的假設」下，所謂「通常」乃指不至於像這樣突然由goods轉變成bads的意思。此指只會以goods的單一形態存在，也被稱爲單調性的假設。

特性1 存在無限多條無異曲線

依據完整性的假設，無論任何消費組合，其效用水準都可以與其他組合相互比較。因此，無論哪一個點（消費組合），都可找到與該組合具有相同效用的其他組合形成的點，將這些點連接起來即可畫出無異曲線。如此一來，將形成無限多條無異曲線。

特性2 無異曲線為向右下方傾斜

依據無飽和的假設，由於X、Y兩財貨通常賦予正的邊際效用，所以當X財貨增加1單位成爲圖表6-2的A'時，X爲goods因而效用增加，但爲了回到原本的效用，而將同爲goods的Y財貨消費量減少，因而效用必定降低。

像這樣，因爲與A點具有同等效用的B點存在於右下方，而由效用相同的點之集合構成的無異曲線，若將A點與B點連接後即成向右下傾斜。

圖表6-2 無異曲線為向右下方傾斜

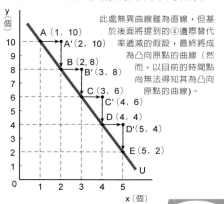

此處無異曲線雖爲直線，但基於後面將提到的④邊際替代率遞減的假設，最終將成爲凸向原點的曲線（然而，以目前的時間點尚無法得知其爲凸向原點的曲線）。

圖表6-3 離原點愈遠效用愈大

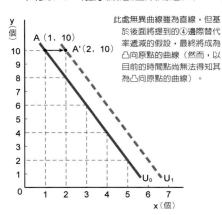

此處無異曲線雖為直線，但基於後面將提到的④邊際替代率遞減的假設，最終將成為凸向原點的曲線（然而，以目前的時間點尚無法得知其為凸向原點的曲線）。

假設3 遞移性的假設

　　所謂遞移性的假設，乃指消費者為理性的，當效用程度A＝B、A＝C的話，可推斷B＝C之假設。此指消費者在考量A＝B、A＝C之際，不致產生B＞C等矛盾的排序。

圖表6-4 一旦相交將產生矛盾

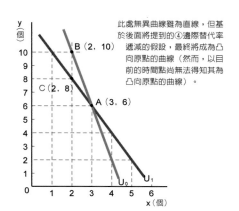

此處無異曲線雖為直線，但基於後面將提到的④邊際替代率遞減的假設，最終將成為凸向原點的曲線（然而，以目前的時間點尚無法得知其為凸向原點的曲線）。

特性2 無異曲線為向右下方傾斜（前頁）

特性3 離原點愈遠效用愈大

　　在圖表6-3中，將無異曲線U₁上相距原點較遠（右上方）的A'點，與無異曲線U₀上相距原點較近（左下方）的A點相比，雖然Y的數量同為10個，但X的數量為2個，比A的1個還多，依無飽和的假定可知X為goods，所以A'比A的效用還大。如此一來，U₀上的點與A的效用相等，U₁上的點與A'的效用相等，所以可知U₁比U₀的效用還大。從上面敘述可知，基於無飽和的假設，無異曲線離原點愈遠（右上方）效用愈大。

特性4 任何兩條無異曲線互不相交

　　由於要直接說明無異曲線互不相交有困難，所以用「相交不合理，因此互不相交」來說明。如此以驗證A來說明，而採取「非A則矛盾，因此為A」這樣的說明方法稱為反證法。

　　如圖表6-4所示，試想無異曲線U₁、U₀兩者相交的情況。B與C在X的消費量為2個，兩者相等，而且B與C相比，在Y的消費量為10個，較C的8個還多。因此，基於無飽和的假定，Y為goods之故，所以效用為B＞C。

　　另一方面，A、B都位於同一條無異曲線U₀上，所以效用水準A＝B。此外，A、C都位於同一條無異曲線U₁上，所以效用水準相等A＝C。因此A＝B且A＝C，基於遞移性的假設即成B＝C，與剛才的B＞C相互矛盾。也就是說，無飽和的假設與遞移性的假設同時存在下，與試想無異曲線相交的情況有所矛盾。

因此，基於反證法，從無飽和的假定與遞移性的假定推論，即可說明無異曲線互不相交。

假設4 邊際替代率遞減法則的假設 ⟶ **特性5** 無異曲線凸向原點

所謂邊際替代率，乃X財貨增加1單位時，為了回復原有的效用水準而必須減少之Y財貨的數量稱之。所謂邊際替代率遞減，則是指X消費量增加1單位，為了回復相同效用水準，而減少Y消費量的同時，邊際替代率將逐漸變小。在大多數的情況下，由於邊際替代率為遞減之故，所以也稱為邊際替代率遞減法則。

例如，如圖表6-5的A點所示，在X財貨數量少、Y財貨數量多的組合A點時，X財貨因為量少而貴重，Y財貨因為量多而不貴重，試想獲得1單位的X財貨必須放棄4個Y財貨才能回復原有的效用水準。然而，隨著X財貨逐漸增加、Y財貨減少的組合持續，X財貨的貴重程度下降，反而Y財貨逐漸變得貴重起來，所以增加1單位X財貨時，效用增加程度不如原先大，加上Y減少後變得貴重，為了回復原有效用水準而必須放棄的Y財貨量，依4個（-4）、2個（-2）、1個（-1）的方式慢慢減少。邊際替代率按4、2、1的方式依序遞減。

在圖表6-5中，由於A、B、C、D點為效用相等的點，將這些點連接起來的話，可畫出無異曲線（U）。

基於邊際替代率遞減的假設，無異曲線乃凸向原點的曲線，此稱為「凸向原點」。

圖表6-5　凸向原點的無異曲線

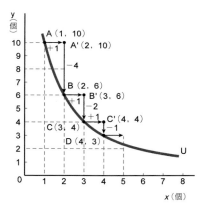

4個假設	5個特性
①完整性的假設	①可畫出無限多條
②無飽和的假設	②向右下方傾斜
③遞移性的假設	③愈向右上方效用
④邊際替代率遞減	愈大
（法則）的假設	④互不相交
	⑤凸向原點

這4個假設訂立後，5個特性也可被推導出，無異曲線可畫成如圖表6-6所示。

圖表6-6　具備5個特性的無異曲線

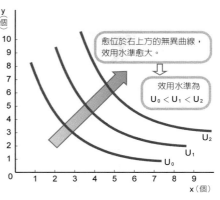

【問題6-1】

具有正邊際效用的2財貨X、Y，其無異曲線的有關敘述，何者合理？

1. 無異曲線乃某人對於X、Y喜好的組合所形成的曲線，曲線上任一點切線的斜率，表示該人的邊際消費傾向。

2. 無異曲線向右下方傾斜，此指隨著X消費量減少，為了維持變化後的效用水準，因而Y消費量減少之故。

3. 無異曲線通常為向原點呈凸起形狀，此表示邊際替代率遞減法則成立。

4. 無異曲線愈位於左下方，所對應的效用水準愈高；愈位於右上方，效用水準愈低。

5. 2條無異曲線通常互不相交，但X、Y之其一若具有劣等財的特性則會相交。

（地方公務員上級）

解　答

1.✕ 無異曲線的斜率＝－邊際替代率，與邊際消費傾向無關，所以錯誤。

2.✕ X財減少時，為了維持效用，Y財並非「減少」而是不「增加」的話，將無法形成向右下方傾斜(左上方傾斜)的無異曲線，所以錯誤。

3.◯ 正確的敘述(→P.65)

4.✕ 愈向右上方效用並非「愈低」而是「愈高」，所以錯誤。

5.✕ 有關劣等財將在第8章學習，即使是劣等財也不會相交，所以錯誤。

正確解答　3

Chapter 7

預算限制線、最適消費組合

Point

1 在預算（M）內所能購買到的最大數量X財貨消費量（x）與Y財貨消費量（y）之組合，其構成的集合即預算限制線，乃由以下的數學式構成【預算限制式】。
$$M=P_X x+P_Y y$$

2 由預算限制線與縱軸、橫軸所圍成的三角形，為消費可能集合。

3 家計單位會選擇消費可能集合內效用極大，亦即無異曲線上相距原點最遠的點【最適消費組合】。通常為預算限制線與無異曲線的交點。

4 最適消費量可列出以下式子求出。①將預算限制式改寫為y＝～或x＝～，②代入效用函數後，消去x或y，使其成為只有y或x的式子，③要效用極大，微分後所求斜率＝0。

難易度　B

出題可能性

國家Ⅱ種	A
國稅專門官	A
地方上級、市政廳、特別區	A
國家Ⅰ種	A
中小企業顧問	B
證券分析師	B
註冊會計師	A
政府辦公室等記錄	A
不動產估價師	A
外務專門職務	B

　　在本章裡，首先將學習有關在預算限制下表示可消費限額的預算限制線。然後，應用預算限制線與第6章的無異曲線，求出預算限制下效用極大的最適消費組合。由於此最適消費組合乃無異曲線理論的結論，請確實地加以理解。還有，利用第4章學過的「微分」，學習最適消費組合的消費量計算方法。

1. 預算限制線

【1】何謂預算限制線?

所謂預算限制線,乃使用預算(M)所能購買到的最大數量X財貨消費量(x)與Y財貨消費量(y)之組合所構成的集合稱之。

假設所得固定為M,X、Y的價格P_X、P_Y由市場所決定亦為固定,預算限制線可用下列數學式表示【預算限制式】。

$$M = P_X x + P_Y y$$

對X的支出額＋對Y的支出額

預算 ＝ 總支出額

接著,用具體實例來考慮預算限制式與預算限制線。現有所得M=10,000日圓、P_X=2,000日圓及P_Y=1,000日圓,則預算限制式如下。

$$10,000=2,000x+1,000y$$

此算式為用盡所有預算購買X與Y,由X消費量與Y消費量之組合所構成的集合。

因此,A點(0,10)為消費金額=2,000×0+1,000×10=10,000,剛好預算用盡,所以在預算限制線上。B點(5,0)為消費金額=2,000×5+1,000×0=10,000,剛好預算用盡,亦在預算限制線上。同樣地,C點(1,8)為消費金額=2,000×1+1,000×8=10,000,D點(2,6)為消費金額=2,000×2+1,000×6=10,000,剛好預算用盡,所以也在預算限制線上。由上可以確認,連接A點與B點的直線AB為預算限制線。

➕ 補 充

預算也會被稱為所得。兩者的意思相同。所得(預算)多半被寫成M,此為Money的略稱。

🏷 用 語

「剛好預算用盡時的X財貨消費量(x)與Y財貨消費量(y)組合而成的集合」稱為預算線。在預算限制下,所能購買到最大數量時,照理說會控制在剛好的預算上,因此預算限制線與預算線為同一條線。

圖表7-1 預算限制線與消費可能集合
(以實際數值為例)

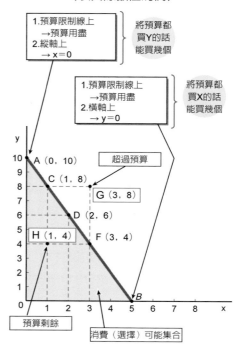

【2】消費可能集合

接下來，試想有關圖表7-1中預算限制線右上方的組合，以及左下方的組合。

組合H（1,4）在預算限制線上組合C（1,8）的下方，相較於組合C，x的數量相同，但y的數量少4個，所以預算仍有剩餘。由此可知，預算線下方（左方）的組合乃預算有剩餘（未用盡）的消費組合。

相對於此，組合G（3,8）在預算限制線上組合F（3,4）的上方，相較於組合F，x的數量相同，但y的數量多8個，所以超過預算。由此可知，預算線上方（右方）的組合乃超過預算的消費組合。

因此，在預算10,000日圓內，消費可能（選擇可能）的消費組合（點）之範圍，可知為被縱軸・橫軸・預算限制線所圍起來的△OAB內的點。這個被縱軸・橫軸・預算限制線所圍成△OAB內的點，稱為消費可能集合。

以上所述，讓我們用圖表7-2作成一般化的內容加以思考。這次假設預算M日圓、X的價格P_X及Y的價格P_Y。首先，我們留意預算線AB與縱軸、橫軸所相交的點（此稱為截距）。

接著，預算限制線的縱軸截距A，因為在預算限制線AB上，所以預算用盡，且橫軸x=0，表示未購買X財貨。因此，A點的高（y）為將所有預算用盡只買Y時的Y個數，亦即 $\dfrac{M}{P_Y}$ 個。

另外，預算限制線的橫軸截距B，因為在預算限制線AB上，所以預算用盡，且縱軸y=0，表示未購買Y財貨。

補　充

組合H（1,4）在預算限制線上組合F（3,4）的左方，相較於組合F，y的數量相同，但x的數量少1個，所以預算仍有剩餘，或者也可從此得知。

補　充

組合G（3,8）在預算限制線上組合C（1,8）的右方，相較於組合C，y的數量相同，但x的數量多3個，所以超過預算，或者也可從此得知。

用　語

亦稱為選擇可能區域、購買可能區域。

圖表7-2　預算限制線與消費可能集合

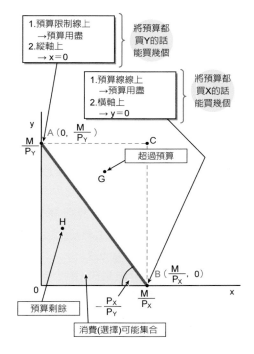

因此，B點的橫軸（x）為將所有預算用盡只買X時的X個數，亦即 $\frac{M}{P_X}$ 個。此AB連接而成的線為預算限制線，此預算限制線AB與縱軸、橫軸所圍成△OAB，即構成消費可能集合。

由上可知，在消費可能集合△OAB內，預算限制線內側（左下方）的組合H為預算剩餘，預算限制線右上方的組合G為超過預算。

此預算限制線的斜率為 $-\frac{P_X}{P_Y}$ 。

補充

預算限制線為M＝P_Xx＋P_Yy，這裡改寫為y＝～，

$$y = -\frac{P_X}{P_Y}x + \frac{M}{P_Y}$$

〈斜率〉

從此算式中，x增加1時，y只會變動$-\frac{P_X}{P_Y}$，可知斜率為$-\frac{P_X}{P_Y}$。

〈縱軸截距〉

橫軸的x＝0時，y＝$-\frac{P_X}{P_Y}$×0 ＋ $\frac{M}{P_Y}$ ＝ $\frac{M}{P_Y}$，縱軸y的高為 $\frac{M}{P_Y}$，可知此為縱軸截距。

2. 最適消費組合

如先前所述，在無飽和的假設下，無異曲線具有相距原點愈遠，效用愈大的特性。也就是說，消費者的作為基於追求效用極大化，將會選擇無異曲線上距離原點最遠的點（組合）。因此，若無預算限制的話，應該會選擇位於無異曲線上右上方遠處的點（組合）。然而，實際上消費者並不會選擇這樣的組合。這當然是因為預算受到限制之故。

也就是說，消費者在預算的限制下；換言之，在消費可能集合內的組合當中，選擇效用較大，亦即無異曲線上距離原點最遠的點（組合）。

以圖表7-3來說，消費可能集合△OAB內，位於無異曲線上最右上方的組合，為U₁上的組合E（x_e, y_e）。

如此一來，預算限制線AB與無異曲線的切點E，為預算限制下效用最大的點（組合），這樣的點稱為最適消費組合（最適消費計畫）。

理 由

位於無異曲線上右上方遠處的點（組合）已超過消費可能集合，由於超過預算，所以無法選擇。

理 由

G點因位於U_1右上方的無異曲線U_2上，所以效用比E點還大，但因不在消費可能集合之中，顯然超過預算，因而無法實現。

此外，H點在消費可能集合之中，雖然可以實現，但因位於U_1左下方的無異曲線U_0上，由此可知效用比E點還小。

圖表7-3　最適消費組合

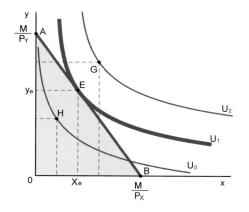

〈無異曲線理論的邏輯流程〉

無異曲線 ➡ 距原點愈遠效用愈大

預算限制線 ➡ 消費可能集合

在預算限制下效用最大＝最適消費組合

然而，從圖表7-3來看，在最適消費組合的切點E上，變成「無異曲線U_1的斜率＝預算限制線的斜率」。

這裡所謂無異曲線U_1的斜率，乃指在橫軸上x增加1時，在縱軸上y只會如何變動，變成了邊際替代率加上負號。

相對於此，預算限制線的斜率為 $-\dfrac{P_X}{P_Y}$ 之故，所以

「無異曲線U_1的斜率＝預算限制線的斜率」成為

$$-邊際替代率 = -\frac{P_X}{P_Y}$$

兩邊同時消去負號，得到

$$邊際替代率 = \frac{P_X}{P_Y} \cdots\cdots ①$$

不過，由於邊際替代率＝$\dfrac{MU_X}{MU_Y}$ $\cdots\cdots$

②的關係存在，所以將②代入①中，即得

$$\frac{MU_X}{MU_Y} = \frac{P_X}{P_Y}$$

將上式改寫後，成為

$$\frac{MU_X}{P_X} = \frac{MU_Y}{P_Y}$$

可知在預算限制線與無異曲線相切的最適消費組合上，作為邊際效用理論中效用極大化條件的貨幣邊際效用均等法則成立。

由於理由相當複雜而很少會問，所以將結論記住即可！

▶▶ 徹底解說 ◀◀

圖表7-4的無異曲線U，因為從A點起在橫軸上x增加1時，y以−2變動，所以斜率為−2。此指x增加1時，同一無異曲線上，亦即為了回復原本效用之故，y必須變動−2個，所以A點上邊際替代率為2。如此去掉無異曲線斜率的負號，即成邊際替代率。

圖表7-4　邊際替代率

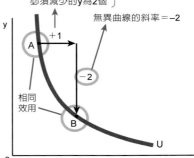

▶▶ 徹底解說 ◀◀

例如，試想邊際替代率為2，亦即當x增加1個時，為了回復原本效用y必須減少2個的情況。為何相對於1個x，y必須減少2個，乃因X財貨相較於Y財貨而言，1個的價值(邊際效用)為其2倍之故。也就是說，有如下關係。

$$邊際替代率 = 2 = \frac{MU_X}{MU_Y}$$

這說明了無異曲線理論雖和邊際效用理論有不同的方向，但最終結論（最適消費組合）卻和邊際效用理論在本質上是相同的。

然而，在例外的情況下，無異曲線即使基於4個假設並滿足5個特性，但當在圖表7-5所示位置時，在消費可能集合△OAB內，位於無異曲線上最右上方的點(組合)為A點。此時，A點上並無預算限制線與無異曲線相切，所以兩者的斜率不同，以致貨幣邊際效用均等法則無法成立（此時的切點為消費可能集合外的J點）。

在這個情況下，**最適消費組合為消費可能集合之角落的A點，所以稱為角點解**。所謂角點解，總言之，就是僅購買X、Y之其中一方財貨的狀態稱之。如圖表7-5所示的角點解中，最適消費組合（角點A）上因無異曲線的斜率與預算限制線的斜率不相等，因此貨幣邊際效用均等法則不成立。

此外，在角點解的情況下，無異曲

圖表7-5　角點解

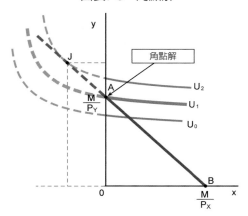

	最適消費組合	無異曲線與預算線的斜率	貨幣邊際效用均等法則
一　般	無異曲線與預算線的切點	無異曲線的斜率＝預算線的斜率	成　立
角點解	不限於切點	不一定相等	不一定成立

線與預算限制線的延長線相切的切點為J點。不過，J點的X為負值，由於位於消費可能集合△OAB之外，所以無法實現（無法進行負值的消費）。

3.　最適消費量的計算

在本章的最後，讓我們來學習求出最適消費量的計算方法。

原則1　最適消費量的計算①

Step 1　列出預算限制式。

Step 2　將預算限制式改寫為y=～或x=～

Step 3　代入效用函數，使效用函數成為只有x或y的算式

Step 4　從 $\frac{dU}{dx}=0$ 或 $\frac{dU}{dy}=0$ 求出效用極大的x或y。

除原則1之外，也有下列的方法。

原則2　最適消費量的計算②

Step 1　列出預算限制式。

Step 2　計算X財貨與Y財貨的邊際效用。

Step 3　列出貨幣邊際效用均等的算式。

Step 4　解預算限制式與貨幣邊際效用均等式的聯立方程式。

求出效用極大的x、y。

接著，讓我們應用上述原則來試著解答問題。

【問題7-1】

某家計單位的效用函數以U=xy表示。該家計單位打算以15,000日圓的預算購買X、Y兩種財貨，其中X財貨的價格為300日圓、Y財貨的價格為500日圓。此時，可達到效用極大化時X財貨的最適消費量為多少？

> 1. 5　　2. 10　　3. 15　　4. 20　　5. 25

（國家公務員Ⅱ種 類似題）

原則1

Step 1 列出預算限制式。

預算限制式為$15,000 = 300x + 600y$……①

Step 2 將預算限制式改寫為y=～或x=～

從預算限制式 $y = \boxed{25 - 0.5x}$……②

Step 3 代入效用函數，使效用函數成為只有x或y的算式

將②代入效用函數，消去y

$U = xy = x(\boxed{25 - 0.5x})$

$= 25x - 0.5x^2$

Step 4 從 $\dfrac{dU}{dx} = 0$ 求出效用極大的x。

$\dfrac{dU}{dx} = 25 - 0.5 \times 2x^{2-1}$

$\qquad = 25 - x = 0$

$\qquad x = 25$

原則2

Step 1 列出預算限制式。

預算限制式為$15,000 = 300x + 600y$……①

Step 2 計算X財貨與Y財貨的邊際效用。

$MUx = \dfrac{\partial U}{\partial x} = y$，$MUy = \dfrac{\partial U}{\partial y} = x$

Step 3 列出貨幣邊際效用均等的算式。

$$\boxed{\dfrac{MUx}{Px}} = \boxed{\dfrac{MUy}{Py}} \quad\cdots\cdots②$$

$\quad\;300 \qquad\qquad\quad 600$

將$MUx = y$，$MUy = x$，$Px = 300$，$Py = 600$

代入②式中

$$\dfrac{y}{300} = \dfrac{x}{600}$$

$$y = \boxed{\dfrac{1}{2}x} \quad\cdots\cdots③$$

將③代入預算限制式①中

$15,000 = 300x + 600y$

$\qquad\;\; = 300x + 600 \times \boxed{\dfrac{1}{2}x}$

$\qquad\;\; = 600x$

$\qquad x = 15,000/600 = 25$

正確解答　5

MEMO

Chapter 8

正常財、中性財、劣等財
—即使薪資增加也未必能買得多

Point

1 所得（M）一旦增加，預算限制線向右上方平行位移。

2 所得增加時，需求量增加的財貨為正常財，需求量不變的財貨為中性財，需求量減少的為劣等財。

3 所得增加1%時，需求量隨之增加幾%，稱為需求的所得彈性。需求的所得彈性大於1的財貨稱為奢侈品，而小於1的財貨稱為必需品。

難易度　A

出題可能性

國家Ⅱ種	B
國稅專門官	B
地方上級、市政廳、特別區	B
國家Ⅰ種	B
中小企業顧問	B
證券分析師	B
註冊會計師	A
政府辦公室等記錄	B
不動產估價師	B
外務專門職務	C

　　在本章裡，首先將學習隨著所得（預算）的變動消費量將如何改變。藉由相對於所得變動而造成需求量的改變，將財貨分類為正常財、中性財、劣等財。該分類常被問到，此外在第9章也必須用到，因此請確實地理解。

1. 正常財、中性財（中立財）、劣等財

這裡試想在財貨價格P_X、P_Y固定的情況下，隨著所得（M）的變動，最適消費組合將如何變動。

接著，試想所得從一開始的M_0增加到M_1、M_2時，最適消費組合將如何變動。

無異曲線乃效用相等的消費組合所形成的集合，表示該家計單位的喜好，由於預算變動也不致影響喜好，所以不會有所變動。會因預算變動而隨之改變的是預算限制線。當所得從M_0增加到M_1、M_2時，預算限制線的變動可分析如下。

● A點

將所得M用盡全部購買Y時，表示Y的個數。當所得從M_0增加到M_1、M_2時，當然也會從$\frac{M_0}{P_Y}$個增加到$\frac{M_1}{P_Y}$個、$\frac{M_2}{P_Y}$個，以A'、A"的方式向上移動。

● B點

將所得M用盡全部購買X時，表示X的個數。當所得從M_0增加到M_1、M_2時，當然也會從$\frac{M_0}{P_X}$個增加到$\frac{M_1}{P_X}$個、$\frac{M_2}{P_X}$個，以B'、B"的方式向右移動。

● 預算限制線AB的斜率

因爲P_X、P_Y固定，所以斜率$=-\frac{P_X}{P_Y}$不變。

如此一來，預算限制線如圖表8-1所示，從AB變動（位移）到A'B'、A"B"。由於P_X、P_Y固定，所以預算限制線的斜率不變。因爲如此，AB、A'B'、A"B"的斜率相同，所以互相平行。

圖表8-1　所得－消費曲線①

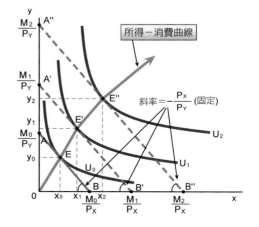

受此影響，消費可能集合也從△OAB擴大爲△OA'B'、△OA"B"。該消費可能集合的擴大，表示隨著所得的增加，將有更多的消費組合可能實現。

此結果使得消費可能集合中，作爲效用極大組合的最適消費組合從$E(x_0, y_0)$ 移動到$E'(x_1, y_1)$、$E"(x_2, y_2)$。如此伴隨著所得改變而變動的最適消費組合所連接而成的曲線，稱爲所得－消費曲線。

在圖表8-1中，隨著所得以$M_0 \rightarrow M_1 \rightarrow M_2$的方式增加，X消費量也以$x_0 \rightarrow x_1 \rightarrow x_2$的方式增加，Y消費量也以$y_0 \rightarrow y_1 \rightarrow y_2$的方式增加。如此隨所得的增加，消費量同步增加的財貨稱爲正常財。由此可知，圖表8-1中，X與Y都是正常財的例子。隨所得的增加，消費量不變的財貨稱爲中性財，隨所得的增加，消費量反而減少的財貨稱爲劣等財（Inferior Goods）。

在圖表8-2中，所得增加時，隨著預算限制線向右上方平行移動，最適消費組合也因而以$E \rightarrow E_1 \rightarrow E_2 \rightarrow E_3 \rightarrow E_4$的方式變動。如此隨所得的增加，X消費量也以$x_0 \rightarrow x_1 \rightarrow x_2 \rightarrow x_3 \rightarrow x_4$的方式增加，可知一般爲正常財。

然而，Y消費量以$y_0 \rightarrow y_1 \rightarrow y_2 \rightarrow y_2 \rightarrow y_1$的方式變動，以$y_0 \rightarrow y_1 \rightarrow y_2$的方式增加的部分雖爲正常財，但$y_2 \rightarrow y_2$的部分因未有變動，故爲中性財，至於$y_2 \rightarrow y_1$的部分因反向減少故爲劣等財。

補充

此外，當所得爲0時，由於所得－消費曲線必定選擇（0，0）的組合，所以將成爲以原點O爲起點的曲線。

圖表8-2 所得－消費曲線②

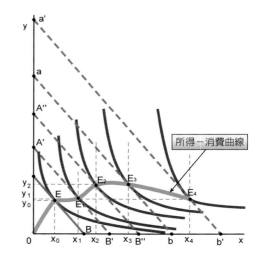

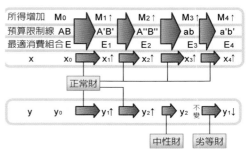

2. 需求的所得彈性

所得（M）增加1%時，需求量（X）隨之增加幾%，稱為需求的所得彈性（e_{xm}）。

將所得以M、所得變動量以ΔM、需求量以x、需求量的變動量以Δx表示的話，所得變動率$= \dfrac{\Delta M}{M}$，需求量變動率$= \dfrac{\Delta X}{X}$，所以

需求的所得彈性（e_{xm}）$= \dfrac{\dfrac{\Delta X}{X}}{\dfrac{\Delta M}{M}}$

此需求的所得彈性，若是正常財的話，所得增加1%時需求量將同步增加，所以需求量變動率為正值，需求的所得彈性＞0。

若是中性財的話，即使所得增加1%，需求量也不會改變，所以需求量變動率為0，需求的所得彈性＝0。

若是劣等財的話，所得增加1%時需求量將反向減少，所以需求量變動率為負值，需求的所得彈性＜0。

此外，在正常財裡，需求的所得彈性≧1的財貨，亦即所得增加1%時需求量將增加1%以上的財貨，稱為奢侈品。此即隨著所得增加，會有所得增加率以上的消費量增長之財貨。一般來說，教育、娛樂・休閒、西服等等皆為奢侈品。

另一方面，需求的所得彈性＜1的財貨，亦即所得增加1%時需求量雖增加，卻僅增加不到1%的財貨，稱為必需品。此即所得雖然增加，消費量卻未見相當程度的增長；相反地，即使所得下降，消費量也不能有相當程度減少的財貨，所以稱為必需品。一般來說，作為主食的米、鍋、釜等日用品、水電瓦斯費、醫療費等均被稱為必需品。

略 語

彈性的英文為elasticity，所以大多略稱為e。

舉 例

當所得從100萬日圓增加5萬日圓至105萬日圓時，需求量從10個增加1個至11個。此時，所得變動為$\dfrac{+5萬日圓}{100萬日圓}$ $= 0.05 = +5\%$，需求量變動為$\dfrac{+1個}{10個} = +0.1 = +10\%$。所得並非增加1%，而是增加為其5倍的5%。由於需求的所得彈性為所得增加1%時，需求量的增加比率，因此將+10%的需求量變動率除以所得變動率+5%，而成$\dfrac{10\%}{5\%} = +2$。此+2即為需求的所得彈性。

補 充

奢侈讀作「ㄕㄜ ㄔˇ」，「揮霍浪費」的意思。

補 充

有關必需品的定義，有認為需求的所得彈性（e_{xm}）為0到1之間，僅限於正常財的學者，以及認為需求的所得彈性（e_{xm}）低於1，包括中性財與劣等財也為必需品的學者，此點務必注意。在本書裡，將必需品定義為「需求的所得彈性（e_{xm}）為0到1之間，僅限於正常財」。

需求的所得彈性（e_{xm}） ＞0	正常財	奢侈品：需求的所得彈性（e_{xm}） ≧1
		必需品：0＜需求的所得彈性（e_{xm}）＜1
需求的所得彈性（e_{xm}） ＝0	中性財	也有將中性財・劣等財包含在必需品內的看法。
需求的所得彈性（e_{xm}） ＜0	劣等財	

3. 恩格爾曲線

所謂恩格爾曲線，乃表示所得與某財貨消費量關係的圖形。這裡以所得(M)為橫軸、X財貨的消費量(x)為縱軸，在圖表8-3中畫出。

● 從O點到B點：向右上方傾斜

恩格爾曲線向右上方傾斜時，形成橫軸的所得一旦增加，縱軸的X財貨消費量也隨之增加的關係，所以X財貨為正常財。

● 從B點到C點

從B點到C點形成的恩格爾曲線呈現水平，即使橫軸的所得增加，縱軸的X財貨消費量也不會隨之變動，所以X財貨為中性財。

● 從C點到D點

從C點到D點形成的恩格爾曲線向右下方傾斜，橫軸的所得增加時，縱軸的X財貨消費量反而隨之減少，所以X財貨為劣等財。

另外，仔細觀察從O點到B點向右上方傾斜的部分，從O點到A點向下隆起（向下凸起）。相反地，從A點到B點的部分則是成為向上隆起（向上凸起）的曲線。讓我們以圖表8-4來更詳細地思考恩格爾曲線向下凸起及向上凸起的情況。

首先，將向上凸起的恩格爾曲線和呈直線的恩格爾曲線比較看看。接著，畫出X＝2M這條呈直線的恩格爾曲線（OAC）。直線指的就是，所得一旦從10倍增到20的話，X財貨的消費量也會從20倍增到40。也就是說，所得的變動率與

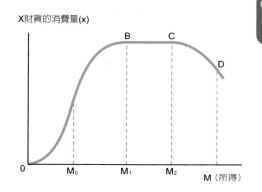

圖表8-3　3恩格爾曲線①

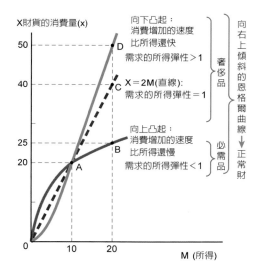

圖表8-4　3恩格爾曲線②

消費量的變動率相同，因此所得增加1%時，消費量也將增加1%，故而需求的所得彈性為1。

相對於此，向上凸起的恩格爾曲線（OAB），因為向右上傾斜，所得一旦增加消費量也將增加，所以消費量的增加將漸漸地達到極限。以具體的數字來說，即使所得從10倍增至20，消費也只會從20增加到25而達不到2倍的水準。也就是說，所得增加時消費量雖然也增加，但無法像所得的增加率一樣增長，所得增加1%時消費量僅增加不到1%，所以需求的所得彈性小於1。亦即為必需品。

接下來，試想向下凸起的恩格爾曲線（OAD）。由於該恩格爾曲線也是向右上傾斜，因此所得一旦增加消費量也將增加，但消費量相較呈直線時出現大幅增長。也就是說，相較於需求的所得彈性為1之直線，消費大幅增長，所以需求的所得彈性比1還要大。亦即為奢侈品。

> **復習**
>
> 所謂必需品乃需求的所得彈性大於0但小於1的財貨。

> **舉例**
>
> 以具體的數字來說，所得從10倍增至20時，消費將從20增加到50，消費量增長比2倍的40還多。

> **復習**
>
> 所謂奢侈品乃需求的所得彈性大於1的財貨。

Chapter 9

需求曲線
一特賣可吸引客人蜂擁而至的理由

難易度　B

Point

1 財貨價格一旦變動，預算限制線也隨之變動。

2 有所謂X財貨價格下跌時，跌價的X因為比Y相對便宜，所以捨棄Y改買X的效果【替代效果】，以及如何使用剩餘預算的效果【所得效果】。

3 有所謂X財貨價格上揚時，漲價的X因為比Y相對昂貴，所以捨棄X改買Y的效果【替代效果】，以及預算不足夠而採取某種因應對策的效果【所得效果】。

4 正常財、中性財、劣等財的替代效果相同，但所得效果相異。

5 價格下跌時，需求量反而下降的季芬財為劣等財，且其所得效果比替代效果還大。

6 當價格下跌1%時，需求量隨之增加幾%，稱為需求的價格彈性。

出題可能性

國家Ⅱ種	A
國稅專門官	A
地方上級、市政廳、特別區	A
國家Ⅰ種	A
中小企業顧問	A
證券分析師	A
註冊會計師	A
政府辦公室等記錄	A
不動產估價師	A
外務專門職務	A

在本章裡，將學習隨著價格的變動消費量將如何改變。對於價格變動而造成的需求量改變，區分為替代效果與所得效果加以分析。利用替代效果與所得效果，將需求量的變動首先訴諸文字說明。然後，接著利用圖形進行分析。

由於無論在任何考試中，都是很常出題的論點，因此要確實地學習。

1. 需求曲線

考慮P_Y、M固定的情況下，隨著X財貨的價格（P_X）變動，最適消費組合將會如何變動。

接著，試想X財貨的價格（P_X）從P_{X0}下跌到P_{X1}時，最適消費組合將如何變動。

會因P_X變動（下跌）而隨之改變的是預算限制線。預算限制線的變動可分析如下（圖表9-1）。

● A點

將所得M用盡全部購買Y財貨時，表示Y的個數。即使P_X下跌，也只會購買Y財貨之故，當然維持 $\dfrac{M}{P_Y}$ 個不變，此時A點將不會移動。

● B點

將所得M用盡全部購買X時，表示X的個數。當P_X從P_{X0}→P_{X1}跌價時，可購買的個數從 $\dfrac{M}{P_{X0}} \rightarrow \dfrac{M}{P_{X1}}$ 增加，同時向右移動到B'。

● 預算限制線AB的斜率

當P_X從P_{X0}→P_{X1}跌價時，因為P_Y固定，所以斜率$=-\dfrac{P_X}{P_Y}$，也由$-\dfrac{P_{X0}}{P_Y} \rightarrow$ $-\dfrac{P_{X1}}{P_Y}$，斜率變得平緩（絕對值變小）。

如此一來，預算限制線從AB變動（位移）到AB'。連帶著消費可能集合也從△OAB擴大為△OAB'。該消費可能集合的擴大，表示隨著實質所得增

復　習

所謂預算限制線，即將所得（M）全部用盡而取得X財貨、Y財貨之消費量組合所構成的集合，可畫出如圖表9-1的AB一樣，在預算限制線（圖表9-1中的AB）下方（左方）的部分，即圖表9-1的△OAB，表示只有此區域可以選擇（消費可能集合）。

✚　補　充

無異曲線乃效用相等之組合所構成的集合，表示該家計單位的喜好，而隨著價格的變動，喜好卻未改變，因此並無變動。

▶▶ 徹底解說 ◀◀

即使所得（M）固定不變，在僅有X與Y兩個財貨的世界裡，X財貨的價格一旦下跌，因在以往相同消費量下，預算將剩餘，故可消費較以往更多的數量。此即等同實質上所得增加，所以稱為「實質所得增加」。

加，將有更多數量的消費組合可能實現。

　　此結果使得消費可能集合中，作為效用極大組合的最適消費組合從E（x_0, y_0）變動到E'（x_1, y_1）。

　　像這樣將隨著價格變化而變動的最適消費組合連接而成的曲線，稱為價格—消費曲線。此外，當P_X極高，甚至高於所得M時，將不會購買任何X財貨，而只會購買Y財貨，所以選擇A（0，$\dfrac{M}{P_Y}$），價格—消費曲線將以A點為起點。

　　隨價格變化而造成的最適消費組合變動，若不以x與y，而是用x與P_X的圖形來表現的話，可畫出如圖表9-1下圖所示，表示P_X與x之關係的需求曲線（d）。另外，若將圖表9-1上圖的價格—消費曲線向右側延伸的話，將成為如圖表9-1下圖所示，向右下方傾斜的需求曲線（d）。

　　此外，由於該需求曲線（d）為個別家計單位的需求曲線，所以市場全體的需求曲線（D）乃由存在於市場的個別家計單位之需求曲線橫向加總而成。此與圖表5-3的方法一樣。個別家計單位的需求曲線若向右下方傾斜的話，將這些橫向加總起來的市場需求曲線，亦成為向右下方傾斜的需求曲線。

圖表9-1　需求曲線①正常財

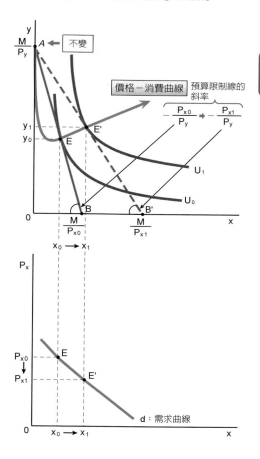

季芬財 ————————————————————

　　無異曲線理論中，價格下跌時需求量反而減少，反過來說，價格上漲時需求量仍增加，像這樣向右上方傾斜的需求曲線（稱為季芬財的特殊情況），將以圖表9-2做如下說明。

　　預算限制線乃隨P_x的下滑，從AB變動（位移）到AB'。連帶著消費可能集合也從△OAB擴大為△OAB'。此結果使得消費可能集合中，作為效用極大組合的最適消費組合從E（x_0, y_0）變動到E'（x_1, y_1）。隨著P_x的下跌，x從x_0減少至x_1。價格P_x下跌時，消費量x也隨之減少之故，所以為季芬財。

　　隨價格變化而造成的最適消費組合變動，若不以x與y，而是用x與P_x的圖形來表現的話，可畫出向右上方傾斜的需求曲線。由於圖表9-2的價格—消費曲線向左側延伸（E→E'），所以將成為向右上方傾斜（左下方傾斜）的需求曲線。

　　然而，以上的說明中，雖然可以從圖形中圖像化地瞭解向右上方傾斜的需求曲線之形成，但為何價格下跌反而需求量減少，至今尚未可知。

　　接下來，有關隨價格變動而造成需求量的改變，將區分為替代效果與所得效果等2個效果進行說明。

圖表9-2　需求曲線②季芬財

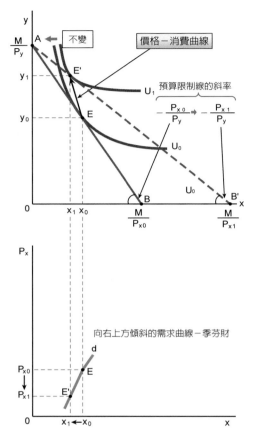

用語

　　因為是Slutsky想出來的，所以稱為Slutsky分解方法。

2. 替代效果與所得效果

① 文字說明

假設只有X與Y兩個財貨的世界。其中之一的X財貨價格P_x下跌時，我們會覺得跌價的X財貨因為比Y財貨相對便宜，所以捨棄Y財貨改買X財貨。此即**替代效果**。

在此同時，若依以往相同的消費量，隨P_x下跌預算將會剩餘，所以與實質上所得增加具有相同效果，將會思考如何使用剩餘的預算。此即所得效果。由於一旦X財貨的價格P_x下跌時，**實質所得將增加**，所以若X財貨為正常財的話，隨所得增加需求量也會增加，若為中性財的話，隨所得增加需求量不變，若為劣等財的話，隨所得增加需求量將會減少。如此一來，所得效果將因X財貨是正常財、中性財或劣等財之差異而有所不同。

當X財貨的價格P_x下跌時，最終X財貨的需求量會如何變動，將是替代效果與所得效果的加總。此加總的效果（=最終效果）稱為總效果或價格效果。

依我們的普遍認知，感覺跌價的X財貨之需求量理所當然會增加，此僅僅考慮了替代效果。因此，像**季芬財**一樣，**當價格下跌時，反而需求量也減少，當價格上漲時需求量增加的財貨**，會覺得不太協調。

那麼，接著，讓我們利用替代效果與所得效果來說明季芬財。

> **▶▶▶ 徹底解說 ◀◀◀**
>
> 所謂替代乃「取代」的意思，捨棄Y財貨，而以變得便宜的X財貨取代而增加消費，使效用提高的效果。因為如此，由於跌價的X變得便宜，所以在替代效果下，變得便宜的X財貨需求量增加。

> **✚ 補 充**
>
> 因為所得金額本身並無變動，所以名目所得固定不動。然而，實質上隨著價格下跌預算有剩餘而變得富裕，因而稱為「實質所得增加」。所謂「實質」並非表面上所見的金額，請以「物品多少個」的意涵來思考。也就是說，所謂實質所得，乃是指能夠買得到多少個物品之所得稱之。

> **⌐ 用 語**
>
> 19世紀英國經濟學家季芬發現，在愛爾蘭發生飢荒時，馬鈴薯的價格上漲，馬鈴薯的需求量也增加的情況，為其由來。此外，當時的愛爾蘭貧困，作為主食的馬鈴薯，當所得增加時需求量卻減少，乃所謂的劣等財。

季芬財的說明

　　隨著馬鈴薯（X財貨）價格的下跌，馬鈴薯（X財貨）比牛肉（Y財貨）變得更加相對便宜，所以捨棄牛肉（Y財貨）而增加馬鈴薯（X財貨）的需求量【替代效果】。

　　然而，在此同時，隨著馬鈴薯（X財貨）價格下跌，實質上所得增加之故，作爲劣等財的馬鈴薯（X財貨）需求量反而減少。此即因爲生活餘裕而捨棄馬鈴薯改買牛肉（Y財貨）之行爲【所得效果】。

　　因此，比起變得相對便宜的馬鈴薯（X財貨）需求量增加之替代效果，反而是由於實質所得增加而捨棄馬鈴薯（X財貨）改選用牛肉（Y財貨）之所得效果的功效較大，藉此可說明跌價的馬鈴薯（X財貨）爲何需求量減少【替代效果＜所得效果】。

　　像季芬財一樣，在價格下跌時反而需求量減少的情況下，以及在價格下跌時需求量不變的情況下，需求法則皆不成立。在圖表9-3中，也整理出與需求法則的關係。

> **用 語**
>
> 　　用嚴謹的方式來表達的話，所謂替代效果乃排除價格變動導致的所得改變（效用水準的改變），而僅就單純的相對價格變動，所造成消費行爲之影響稱之，可定義爲在效用水準固定的條件下，價格比（相對價格）的變動對於最適消費組合的影響效果。

> **用 語**
>
> 　　用嚴謹的方式來表達的話，所謂所得效果可定義爲在價格比不變的條件下，實質所得的改變對於最適消費組合的影響效果。

> **用 語**
>
> 　　一旦價格下跌，需求量便增加，亦即成爲向右下方傾斜的需求曲線，稱爲需求法則。

圖表9-3　價格效果＝替代效果＋所得效果（以價格下跌爲例）

實例	圖表	替代效果（E→E$_1$）	所得效果（E$_1$→E'）	價格效果總效果（E→E'）	需求法則
1　正常財	9－4	增加 ↑	增加 ↑	增加 ↑	成　立
2　中性財	9－5	增加 ↑	不變 →	增加 ↑	成　立
3　劣等財 替代效果較大	9－6	增加 ↑	減少 ↓	增加 ↑	成　立
4　劣等財 兩效果相等	9－7	增加 ↑	減少 ↓	不變 →	不成立
5　劣等財 所得效果較大	9－8	增加 ↑	減少 ↓	減少 ↓	不成立〈季芬財〉

＊ E、E$_1$、E'表示　圖表9-4、9-5、9-6、9-7、9-8中的最適消費組合。

② 圖形說明〈以正常財的價格下跌為例 圖表9-4〉

接下來，讓我們用圖形來思考替代效果與所得效果。此處圖表9-4中，X財貨的價格從P_{X0}下跌到P_{X1}時，預算限制線從AB位移到AB'，最適消費組合從E變動到E'。

在這裡，畫出和通過原本最適消費組合E點的無異曲線U_0相切，並且為價格變動後的新價格比（$-\frac{P_X}{P_Y}$，和預算限制線AB'平行）之輔助線ab。U_0與ab的切點用E_1（x_1, y_1）表示後，則從E到E_1的變動為替代效果，而從E_1到E'的變動為所得效果。

該輔助線ab實際上不存在，而是為了思考所得效果與替代效果而畫出的假想預算限制線。

替代效果（E→E_1）中，因E、E_1皆在同一條無異曲線U_0上，因此效用水準相同（固定）。在效用固定的條件下，價格比出現變動的話，本例中P_X因為下跌，使輔助線ab的斜率變得平緩，所以無異曲線向右下方傾斜，若凸向原點，隨著X財貨的價格下跌，E_1必定會在E點右下方的位置，而X財貨的消費量x則勢必會增加。

相對於此，所得效果（E_1→E'）中，從輔助線ab變動到AB'，因預算限制線平行位移，所以等同於所得增加後的效果（P.76圖表8-1）。若X財貨為正常財，因為X財貨價格下跌將使實質所得增加、需求量上升，所以E'將在E_1右側的位置。

由於價格變動導致需求量的改變，乃替代效果與所得效果的加總結果，所以將是E→E_1→E'。也就是說，在替代效果下x_0增加到x_1，在所得效果下x_1增加到x'，最終結果將從x_0大幅增加到x'。

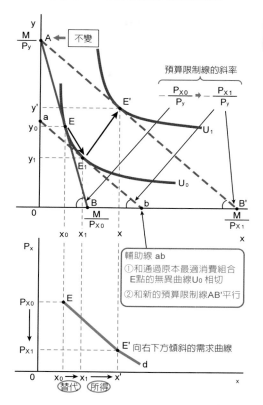

圖表9-4　替代效果與所得效果

補　充

替代效果不會因正常財、中性財、劣等財的分別而有所不同。

補　充

若X財貨為中性財，在所得效果方面消費量不變，若為劣等財則反而X財貨的消費量減少，此情況將在稍後詳細說明。

〈實例2〉以中性財的價格下跌為例　圖表9-5

這次將以X財貨是中性財爲例，用圖表9-5加以說明。

首先，畫出和通過原本最適消費組合E點的無異曲線U_0相切，並且和新的預算限制線AB'平行之輔助線ab，ab與U_0的切點用E_1表示。然後，E→E_1爲替代效果，E_1→E'爲所得效果。

在替代效果中，最適消費組合從E變動到E_1，由此可知X財貨的需求量從x_0增加到x_1，Y財貨從y_0減少到y_1。也就是說，隨著P_X下跌，相較於Y而言X變得相對便宜，由此可知將減少Y財貨並以增加X財貨來取代。

接下來，從E_1到E'乃由於從輔助線ab變動到AB'，所以預算限制線平行位移，與所得增加時相同。隨著P_X的下跌，表示實質上所得增加。在右上圖中，從E_1垂直向上方移動到E'，所以隨著實質所得增加，X財貨的需求量維持x_1不變，但Y財貨的需求量則從y_1增加到y'。這是因爲X財貨爲中性財，Y財貨爲正常財之故。

換句話說，X財貨爲中性財時，一旦P_X下跌將使X財貨的需求量因替代效果而增加，且所得效果不變，所以加總起來的價格效果爲需求量上升。將此情況在橫軸上取X財貨的需求量、縱軸上取價格P_X，即P_X與X需求量之關係，也就是將需求曲線向右下方畫的話，因爲P_{X0}時需求量爲x_0，當下跌到P_{X1}時需求量將增加到x_1，所以可以畫成向右下方傾斜的需求曲線。

圖表9-5　替代效果與所得效果

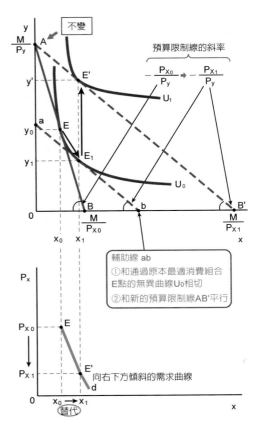

〈實例3〉劣等財，以替代效果＞所得效果為例　圖表9-6

這次將以X財貨是劣等財，且替代效果大於所得效果的情況爲例，用圖表9-6加以說明。

首先，畫出和通過原本最適消費組合E點的無異曲線U₀相切，並且和新的預算限制線AB'平行之輔助線ab，ab與U₀的切點用E₁表示。然後，E→E₁爲替代效果，E₁→E'爲所得效果。

在替代效果中，最適消費組合從E變動到E₁，X財貨的需求量從x₀增加到x₁，Y財貨從y₀減少到y₁。也就是說，隨著Pₓ下跌，相較於Y財貨而言，X財貨變得相對便宜，由此可知將減少Y財貨並以增加X財貨來取代。

然後，從E₁到E'乃由於從輔助線ab變動到AB'，所以預算限制線平行位移，與所得增加時相同。隨著Pₓ的下跌，表示實質上所得增加。在右上圖中，從E₁向左上方移動到E'，所以隨著實質所得增加，X財貨的需求量從x₁減少到x'，反觀Y財貨的需求量則從y₁增加到y'。這是因爲X財貨爲劣等財，Y財貨爲正常財之故。

換句話說，X財貨為劣等財時，一旦Pₓ下跌將使X財貨的需求量因替代效果而增加，但因所得效果而減少，所以加總起來的價格效果將視替代效果與所得效果的大小而定。

這裡假設替代效果的一方較大，因此在右下圖畫出的需求曲線裡，Pₓ₀時的需求量爲x₀，當跌價到Pₓ₁時需求量將增加到x'，所以可以畫成向右下方傾斜的需求曲線。

圖表9-6　替代效果與所得效果

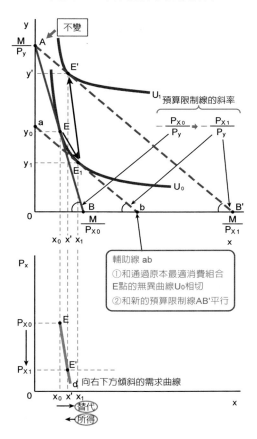

〈實例4〉劣等財，以替代效果與所得效果的大小相同為例　圖表9-7

以X財貨是劣等財，且替代效果與所得效果的大小相同的情況為例，用圖表9-7加以說明。

首先，畫出和通過原本最適消費組合E點的無異曲線U_0相切，並且和新的預算限制線AB'平行之輔助線ab，ab與U_0的切點用E_1表示。然後，E→E_1為替代效果，E_1→E'為所得效果。

在替代效果中，最適消費組合從E變動到E_1，由此可知X財貨的需求量從x_0增加到x_1，Y財貨從y_0減少到y_1。此與實例1～3相同。

然後，從E_1到E'乃由於從輔助線ab變動到AB'，所以預算限制線平行位移，與所得增加時相同。隨著P_x的下跌，表示實質上所得增加。在右上圖中，從E_1向左上方移動到E'，所以隨著實質所得增加，X財貨的需求量減少從x_1回復到x_0，反觀Y財貨的需求量則從y_1增加到y'。這是因為X財貨為劣等財，Y財貨為正常財之故。

換句話說，X財貨為劣等財時，一旦P_x下跌將使X財貨的需求量因替代效果而增加，但因所得效果而減少。

這裡假設替代效果與所得效果的大小相同，因此替代效果與所得效果加總後的最終變動為0。將此情況用需求曲線表示的話，因為P_{X0}時需求量為x_0，即使跌價到P_{X1}時需求量仍維持在x_0不變，所以成為垂直的需求曲線。

圖表9-7　替代效果與所得效果

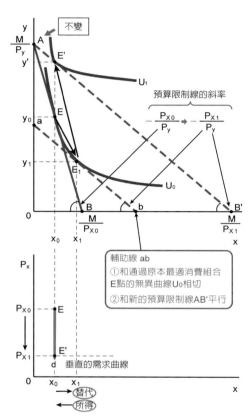

〈實例5〉劣等財，以替代效果＜所得效果為例（季芬財）　圖表9-8

以X財貨是劣等財、Y財貨是正常財，且所得效果比替代效果還大的情況為例，用圖表9-8加以說明。

首先，畫出和通過原本最適消費組合E點的無異曲線U_0相切，並且和新的預算限制線AB'平行之輔助線ab，ab與U_0的切點用E_1表示。然後，E→E_1爲替代效果，E_1→E'爲所得效果。

在替代效果中，最適消費組合從E變動到E_1，X財貨的需求量從x_0增加到x_1，Y財貨從y_0減少到y_1。此與實例1～4相同

然後，從E_1到E'乃由於從輔助線ab變動到AB'，所以預算限制線平行位移，與所得增加時相同。隨著P_x的下跌，表示實質上所得增加。在右上圖中，從E_1向左上方移動到E'，所以隨著實質所得增加，X財貨的需求量從x_1減少到x'，反觀Y財貨的需求量則從y_1增加到y'。這是因爲X財貨爲劣等財，Y財貨爲正常財之故。換句話說，X財貨爲劣等財時，一旦P_x下跌將使X財貨的需求量因替代效果而增加，但因所得效果而減少。

這裡假設所得效果的大小比替代效果還大，因此替代效果與所得效果加總後的最終需求量減少。將此情況用需求曲線表示的話，因爲P_{X0}時需求量爲x_0，當跌價到P_{X1}時需求量將減少到x'，所以可以畫成向右上方傾斜（向左下方傾斜）的需求曲線。

圖表9-8　替代效果與所得效果

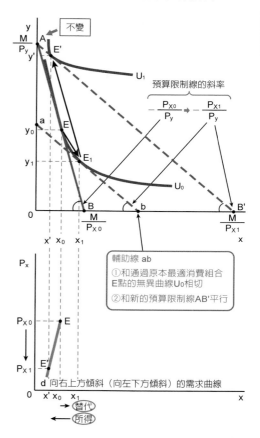

預算限制線的斜率

$$-\frac{P_{X0}}{P_y} \quad \to \quad -\frac{P_{X1}}{P_y}$$

輔助線 ab
①和通過原本最適消費組合E點的無異曲線U_0相切
②和新的預算限制線AB'平行

d 向右上方傾斜（向左下方傾斜）的需求曲線

替代
所得

【問題9-1】

圖中所畫爲1個月內以1萬日圓購入紅茶與咖啡的個人預算限制線與無異曲線。

現有紅茶價格爲每100公克500日圓維持不變,而咖啡的價格則從每100公克500日圓上漲到1,000日圓。

此時有關個人的紅茶與咖啡之最適消費量的組合(最適消費組合)變動,如下列所述,何者爲合理的內容。

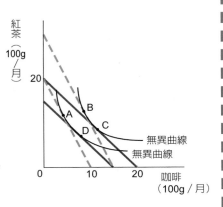

1. 紅茶與咖啡之最適消費組合從C點移動到D點。因爲藉由所得效果而減少的數量超過藉由替代效果而增加的數量,導致紅茶的消費量下滑。

2. 紅茶與咖啡之最適消費組合從D點移動到A點。結果隨咖啡價格的上漲導致咖啡消費量減少。此即一般稱爲價格上漲帶來的所得效果。

3. 紅茶與咖啡之最適消費組合從C點移動到A點,導致咖啡消費量下滑而紅茶消費量增加。就紅茶而言,乃因從C點到D點的替代效果帶來的減少數量,大於從D點到A點的所得效果帶來的增加數量所致。

4. 紅茶與咖啡之最適消費組合從A點移動到C點,可以將A點到D點的移動及D點到C點的移動分開考量。如此一來,可以說咖啡與紅茶是單純的替代財貨關係。

5. 紅茶與咖啡之最適消費組合從C點移動到A點。其中替代效果爲C點到B點的移動,所得效果爲到A點的移動,就咖啡而言,替代效果與所得效果都是朝減少消費量的方向作用。

(國稅專門官)

在圖形理解上必要的知識

替代效果與所得效果

戰　略

Step 1 首先,找到原本的預算限制線與新的預算限制線。

Step 2 找到分解替代效果與所得效果所需的輔助線。

Step 3 檢討選項。

解 法

Step 1 預算限制線的位移

原本的預算限制線爲 FG，隨咖啡的價格上漲而位移至FG'。此結果導致最適消費組合從C移動到A。

Step 2 輔助線ab

其次，爲了將最適消費組合的變動用替代效果與所得效果加以分解，故而畫出輔助線ab。

輔助線ab

①和通過原本最適消費組合C點的無異曲線（以U_0表示）相切，並且

②和新的預算限制線（FG'）平行。

然後，將該ab與U_0的切點依題目命名爲B。

接著，可將C→A的變動分解爲C→B及B→A，因ab與FG'平行，由此可知實質所得減少，亦可判斷B→A爲所得效果，剩下的C→B即爲替代效果。

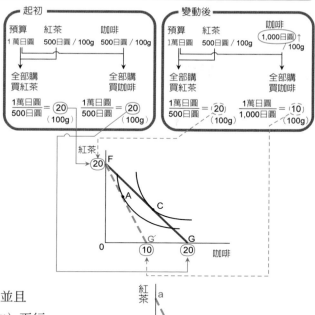

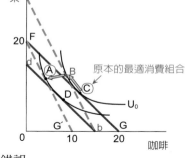

Step 4 檢討選項

1.✕ 最適消費組合並非從C到D，而是從C到A，因此錯誤。

2.✕ 最適消費組合並非從D到A，而是從C到A，因此錯誤。

3.✕ 隨著最適消費組合從C到A向右上方變動，咖啡的消費量減少而紅茶的消費量增加，所以第1行是正確的敘述。就紅茶而言，替代效果並非是C→D而是C→B，再者，藉由替代效果消費量並非「減少」而是「增加」，因此第2行是錯誤的。此外，所得效果並非是D→A而是B→A，另藉由所得效果紅茶的消費量並非「增加」而是「減少」，由此點判斷第3行也是錯誤的。

4.✕ 最適消費組合並非A→C，而是C→A，因此錯誤。

5.○ 最適消費組合爲C→A變動，由於咖啡的消費量中替代效果(C→B)、所得效果(B→A)均爲減少，因此是正確的敘述。

正確解答　5

3. 需求的價格彈性

當價格（P_X）下跌1%時，需求量（x）隨之增加幾%，稱為需求的價格彈性（e_P）。

價格以P_X、價格下跌的變動量以ΔP_X、需求量以x、需求量的變動量以Δx表示的話，價格下跌比率$=\dfrac{\Delta P_X}{P_X}$，需求量變動率$=\dfrac{\Delta x}{x}$，所以

$$需求的價格彈性（e_P）=-\frac{\dfrac{\Delta x}{x}}{\dfrac{\Delta P_X}{P_X}}$$

在需求的價格彈性數學式中，將分數變形改寫為2個式子後，即如下所示。

$$需求的價格彈性（e_P）=-\frac{\dfrac{dx}{x}}{\dfrac{dP}{P}}$$

$$=-\frac{\dfrac{dx}{x}\times\dfrac{P}{dP}}{\dfrac{dP}{P}\times\dfrac{P}{dP}}$$

$$=-\frac{dx}{x}\times\frac{P}{dP}$$

$$=-\frac{P}{x}\times\boxed{\dfrac{dx}{dP}}$$

將x以P微分

此$\dfrac{dx}{dP}$乃將x=～的式子以P微分後所得的數。也就是說，微分後馬上就可求出$\dfrac{dx}{dP}$，使需求的價格彈性（e_P）的計算得以進行。我們將在解答問題的同時，對此加以說明。

─ 舉 例 ─

當價格P_X從1,000日圓減少50日圓至950日圓時，需求量從10個增加1個至11個。此時，價格變動為

$\dfrac{-50日圓}{1,000日圓}=-0.05=-5\%$，有5%的下跌。另一方面，需求量變動為$\dfrac{+1個}{10個}=+0.1=+10\%$，所以增加10%。如此一來，由於需求的價格彈性為價格下跌1%時，需求量的增加比率，因此$\dfrac{10\%}{-5\%}=+2$。此+2為需求的價格彈性，表示價格一旦下跌1%，需求量將增加2%。

陷 阱

雖然需求的價格彈性與需求的所得彈性的名稱相似，但「價格變動時，需求量只會如何變動」與「所得變動時，需求量只會如何變動」兩者完全不同，因此要注意不要混淆。

補 充

此需求的價格彈性，若為向右下方傾斜的需求曲線的話，因為價格一旦下跌則需求量增加，所以需求的價格彈性>0，若像季芬財一樣，為向右上方傾斜的需求曲線的話，價格一旦下跌則需求量減少，所以需求的價格彈性<0。

【問題9-2】

對某財貨的需求曲線被給定以下數學式。

$$Q = \frac{1}{P} + 2$$

當P為2時,需求的價格彈性(絕對值)為多少?此處P表示該財貨的價格,Q表示需求量。

> 1. 0.2　　　　4. 0.8
> 2. 0.4　　　　5. 1
> 3. 0.6

（國家公務員II種）

在圖形理解上必要的知識

需求的價格彈性

需求的價格彈性計算方法

戰　略

活用原則3進行計算。

原則3　需求的價格彈性之計算

Step 1　求出P、Q,代入需求的價格彈性數學式中。

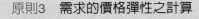

$$\text{需求的價格彈性} = -\frac{P}{Q} \times \frac{dQ}{dP}$$

Step 2　將需求函數Q=～的式子以P微分,求出 $\frac{dQ}{dP}$。

Step 3　將Step 2 求出的 $\frac{dP}{dQ}$ 之值代入需求的價格彈性數學式中。

計　算

Step 1　求出P、Q，代入需求的價格彈性數學式中。

依據原則3，

$$需求的價格彈性（e_P）= -\frac{\frac{dQ}{Q}}{\frac{dP}{P}} = -\frac{P}{Q} \times \boxed{\frac{dQ}{dP}} \quad \cdots\cdots①$$

將Q＝～以P微分後得到

此處依題目可知 $P = \boxed{2}$，所以

$$Q = \frac{1}{P} + 2 = \frac{1}{2} + 2 = 2.5$$

將$P = \boxed{2}$，$Q = \boxed{2.5}$ 代入①中，

$$e_P = -\frac{P}{Q} \times \frac{dQ}{dP} = -\frac{2}{2.5} \times \boxed{\frac{dQ}{dP}} \quad \cdots\cdots②$$

此處可求出 $\frac{dQ}{dP}$ 的話，便可計算e_P。

Step 2　將需求函數Q＝～的式子以P微分，求出 $\frac{dQ}{dP}$。

$$Q = \frac{1}{P} + 2 = P^{-1} + 2$$

以P微分後，

$$\frac{dQ}{dP} = (-1) \times P^{-1-1} = -P^{-2} = -\frac{1}{P^2} \quad \cdots\cdots③$$

將P=2代入③中，

$$\frac{dQ}{dP} = -\frac{1}{2^2} = \boxed{-\frac{1}{4}}$$

Point!

因為 $\frac{1}{P}$ 無法微分，所以要變形成 P^{-1} 是解題重點。

Step 3　將Step2求出的 $\frac{dQ}{dP}$ 之值代入需求的價格彈性數學式中。

將此代入②中，

$$e_P = -\frac{2}{2.5} \times \frac{dQ}{dP} = -\frac{2}{2.5} \times \left(\boxed{-\frac{1}{4}}\right)$$

$$= \frac{2}{10} = 0.2$$

正確解答　1

4. 無異曲線理論的問題點

以上已對無異曲線理論做出說明，但在無異曲線理論中，也有下述問題點存在。

【1】完整性假設不切實際

無異曲線理論基於完整性假設（無論任何消費量的組合（點）都可和其他組合相互比較的假設）的前提下，推導出可畫出無限多條無異曲線的特性。

由於此特性的存在，除了角點解這樣例外情況外，都一定可以畫出與預算限制線相切的無異曲線。為何如此，乃因為若無異曲線只存在有限數量的話，將無法保證一定有與預算限制線相切的無異曲線。

然而，從實體經濟來看，我們消費者並不會將x與y以（1個, 1個）（0.1個, 0.8個）（1億個, 10萬個）……的方式思考所有的消費組合，進而從事消費行為。充其量只是憑藉著以往的經驗，以多個不同的組合為基礎加以判斷，方為現實所為。因此，可見完整性的假設乃不切實際的作法。此點即無異曲線理論的第1問題點。

【2】無異曲線計測困難

此外，無異曲線因為是效用相同之組合的集合，存在人們的心中，經濟學者無法從外在實際地觀察。因此，即使用無異曲線理論分析實體經濟，首先，由於看不到人們的內心，無法瞭解其無異曲線，所以不能分析現實情況，此問題點同樣存在。

> **➕ 補充**
>
> 作為考量這些問題點的理論，存在所謂顯示性偏好理論的新理論。這將在第13章學習（然而，這裡所說的「新」理論，乃指比無異曲線理論更「新」的意思，並非最近想出的論點之意）。

MEMO

Chapter 10

各式各樣的無異曲線

─也有收到卻不見得高興的東西

Point

1 未滿足4個假設的無異曲線，不一定能保有滿足5個特性的一般形態。

2 當X財貨、Y財貨為bads與goods的情況下，無異曲線為向右上方傾斜。

3 當X財貨、Y財貨為完全替代時，邊際替代率將為固定，無異曲線乃向右下方傾斜的直線。

4 當X財貨、Y財貨為完全互補時，無異曲線呈現L型。

5 當某財貨價格上漲1%時，其他財貨的需求量增加幾%，稱為需求的交叉彈性。

6 需求的交叉彈性為正值，亦即其他財貨的價格上漲時，其需求量增加的財貨，稱為概括替代品。

7 需求的交叉彈性為負值，亦即其他財貨的價格上漲時，其需求量減少的財貨，稱為概括互補品。

難易度　B

出題可能性	
國家Ⅱ種	B
國稅專門官	C
地方上級、市政廳 、特別區	C
國家Ⅰ種	B
中小企業顧問	B
證券分析師	C
註冊會計師	C
政府辦公室等記錄	C
不動產估價師	B
外務專門職務	C

在本章裡，將學習各式各樣的無異曲線，其有別於第6章已學過的一般無異曲線。此外，將理解替代品與互補品，以及所謂需求的交叉彈性之概念。

1. 未滿足無飽和假設的情況

所謂無飽和的假設，乃X、Y兩財貨通常都是goods（正的邊際效用之財貨）之假設（P.63）。由此假設，可導出無異曲線乃向右下方傾斜的特性。如果無法滿足此無飽和的假設，無異曲線將不會向右下方傾斜。這個現象，我們將舉幾個未滿足無飽和假設的情況加以說明。

①X財貨為bads，Y財貨為goods的情況
→向右上方傾斜

假設作為bads（厭惡品）的X財貨為噪音，作為goods（喜好品）的Y財貨為補償金。在圖表10-1中，試想起初為A點（10次，5萬日圓）。如今噪音增加到20次而成A'點的話，由於作為bads的噪音增加，照理說A'點的效用會比A點減少。因此，為了從A'點回復到原本A點時的效用水準，作為goods的補償金（Y財貨）應提高較好，所以像B點一樣上方的點將與原本的A點具有相同的效用水準。

如此一來，因為在A點與B點的效用水準相等，所以將這些點連接而成的線AB即成為無異曲線，無異曲線呈現向右上方傾斜。

此外，通過A'點的無異曲線U₁也向右上方傾斜，由於A'點比A點的效用水準還低，所以通過A'點的U_1比通過A點的U_0之效用水準還低。也就是說，$U_0 > U_1$，，愈在左上方的無異曲線效用愈大。這表示，位於左方，亦即作為bads的X財貨減少，位於上方，亦即作為goods的Y財貨增加的話，效用將增加。

補 充

此結果將導致最適消費組合不會像一般的情況（P.70，圖表7-3的E點）下，出現在預算限制線與無異曲線的切點上。

補 充

所謂bads（厭惡品）乃邊際效用為負值的財貨，亦即消費量增加1單位時，其效用的增加量為負值的意思。總言之，消費量一旦增加，將導致效用下降。

舉 例

例如X財貨為噪音、Y財貨為補償金的情況。機場與鐵路附近會產生噪音。這在經濟學上認為是在消費bads。此外，雖然正確而言並非為財貨，但以風險作為bads的X財貨、以收益率作為goods的Y財貨，這樣的例子曾在考試中出現過。

圖表10-1 向右上方傾斜的無異曲線

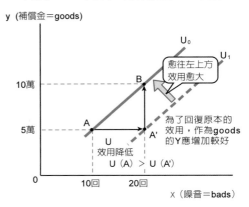

②X財貨為goods，Y財貨的邊際效用為0的情況

　　試想現有X財貨為goods，而Y財貨的邊際效用為0的情況。所謂邊際效用為0，表示消費量增加1單位時，效用的增加為0，亦將效用將不會有任何變化的意思。也就是說，即使Y財貨的消費量（y）增加或減少，與家計單位的效用都毫無關係的情況。

　　在圖表10-2中，試想初始位置為A點（5個, 5個）。

　　如今Y財貨雖增加到10個，連帶位置移動到A'點，但由於Y財貨的邊際效用為0之故，因此效用與A點沒有不同。也就是說，因為在A點與A'點的效用水準都相等，所以將這些點連接而成的線AA'乃無異曲線，無異曲線（U_0）呈現垂直狀態。

　　此外，X的消費量（x）增加到10個，連帶位置從A點移到B點，由於X財貨為goods之故，因而效用提高。然而，Y財貨增加到10個，雖然位置從B點移到B'點，但受限於邊際效用為0，因而效用與B點無異，由於在B點與B'點的效用水準都相等，所以將這些點連接而成的線BB'也是無異曲線（U_1）。

　　然後，因為B點效用水準比A點高，所以通過B點的U_1比通過A點的U_0效用水準還高。也就是說，位於愈右方的無異曲線效用愈大。這表示位於右方，亦即作為goods的X財貨若增加，連帶效用也將提升。

<hr />

舉　例

　　試想X財貨為柑橘、Y財貨為蘋果。然而，由於此家計單位偏好柑橘，亦即視為goods，對於蘋果則沒有如此喜愛，因此是無論有無蘋果都不會對效用造成任何影響的情況。

圖表10-2　垂直的無異曲線

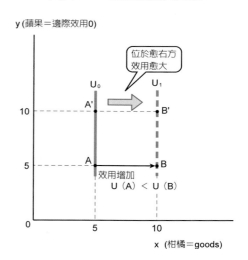

y (蘋果＝邊際效用0)

位於愈右方效用愈大

U(A) < U(B)

x (柑橘＝goods)

2. 未滿足邊際替代率遞減假設的情況

　　所謂邊際替代率遞減的假設，乃指X財貨的消費量增加，為了回復相同效用水準，而減少Y財貨消費量的同時，邊際替代率將逐漸減少之假設。因此，在此假設下，無異線為凸向原點的無異曲線（P.65）。那麼，未能滿足此邊際替代率遞減假設的無異曲線將呈現何種形態呢？

①邊際替代率固定的情況（完全替代）

　　首先，試著從邊際替代率固定的情況思考看看。例如，試想邊際替代率固定為2的情況。若為一般的財貨，一旦X財貨的數量減少，X財貨將變得昂貴，而Y財貨的數量減少，Y財貨亦將變得昂貴，所以隨X財貨與Y財貨的消費量變動，邊際替代率也將改變。然而，將1,000日圓紙鈔當作X財貨、500日圓硬幣當作Y財貨的話，當增加1張1,000日圓紙鈔（X財貨）時，為了回復原本的效用只需減少2枚500日圓硬幣（Y財貨）即可，因此邊際替代率總是為2。此家計單位因為對於是1張1,000日圓紙鈔或2枚500日圓硬幣的任一種都完全無所謂，所以兩者的關係稱為「完全替代」。

　　在圖表10-3中，設定起初只有4枚500日圓硬幣的A_1點（0, 4）。從A_1點起算，當橫軸上增加1張1,000日圓紙鈔時，則減少2枚500日圓硬幣（Y財貨）而成A_2點，其與A_1具有相同效用。接著，從A_2點起算，當橫軸上增加1張1,000日圓紙鈔時，則減少2枚500日圓硬幣（Y財貨）而成A_3點，其與A_2具有相同效用。因為如此，效用相同的點A_1、A_2、A_3連接而成的線成為無異曲線，惟此無異線的斜率固定為–2，所以為直線。

▶▶ 徹底解說 ◀◀

　　所謂邊際替代率總是2，乃指X財貨增加1單位時，Y財貨總是減少2單位的話，即可回復原本的效用；換言之，1單位的X財貨與2單位的Y財貨，其效用總是相等的情況。

圖表10-3　向右下方傾斜的直線所構成的無異曲線

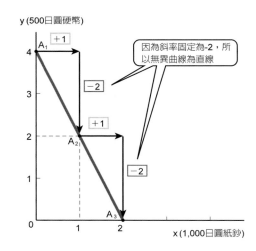

補　充

　　像這樣無異曲線為直線的話，將不會與向右下方傾斜的預算限制線相切，所以無法像一般的情況，說預算限制線與無異曲線的切點（P.70圖表7-3）為最適消費組合。

②邊際替代率遞減的情況→凸向右上方
（凹向原點）

以下試想邊際替代率遞增的情況。所謂邊際替代率遞增，如圖表10-4所示，乃指X財貨增加1單位，為了回復相同效用水準，而減少Y財貨的消費量的同時，應該減少之Y財貨的數量將逐漸提高稱之。在此情況下，隨著X財貨的增加，邊際替代率變大，亦即取代1單位X財貨所需的Y財貨必要數量變多，X財貨變得昂貴，像這樣不易直覺瞭解的情況，將成為凸向右上方（凹向原點）的無異曲線。因此，換個方式思考，將其與凸向原點的一般無異曲線比較的同時，試著思考看看。

一般凸向原點的無異曲線（圖表10-5的A）之情況下，即使在相同預算限制線AB上，相較於X財貨較多的D點與Y財貨較多的D點，X財貨、Y財貨消費量均衡的E點之效用較大。這可以從比起通過C點與D點的U_0，通過E點的U_1之位置更偏右上方得知。

相對於此，凸向右上方（凹向原點）的無異曲線（圖表10-5的B）之情況下，即使在相同預算限制線AB上，相較於X財貨、Y財貨消費量均衡的E點，僅消費Y財貨的A點之效用較大。這可以從比起通過E點的U_1，通過A點的U_0之位置更偏右上方得知。

在圖表10-5的B中，令X財貨為日本酒、Y財貨為燒酎，此家計單位相較於混合日本酒與燒酎一起喝的E點，反而喜好單喝燒酎的A點。也就是說，最適消費組合並非預算限制線與無異曲線的切點E，而是角點解的A點。

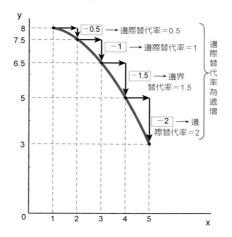

圖形化　graph

此時，從圖表10-4可知，無異曲線為「凸向右上方」或對原點呈凹陷狀之故，所以稱為「凹向原點」。

圖表10-4　邊際替代率遞增

- −0.5 → 邊際替代率＝0.5
- −1 → 邊際替代率＝1
- −1.5 → 邊界替代率＝1.5
- −2 → 邊際替代率＝2

邊際替代率為遞增

圖表10-5　凸向原點與凹向原點的無異曲線

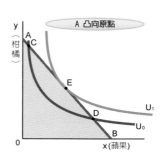

A 凸向原點

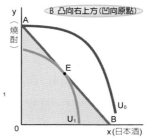

B 凸向右上方（凹向原點）

3. 其他特殊形態的無異曲線

① L型無異曲線（完全互補）

　　這次試想如圖表10-6所示L型的無異曲線。當X財貨與Y財貨同為一組，若缺其中之一將不會產生任何效用，此情況即稱為完全互補。

　　即使X財貨增加到2個、3個，從A_0點（1，1）移動至A_1點、A_2點，但因為X財貨與Y財貨同為一組所以效用並未增加。同樣地，即使Y財貨增加到2個、3個，從A_0點（1，1）移至A'點、A"點，惟兩者同為一組之故，因而效用並未增加。由於如此，因A_0、A_1、A_2、A'點、A"點的效用均相同，所以這些點連接而成的無異曲線為U_A，形成L型。

　　其次，當X財貨、Y財貨兩者均增加到2個，從A_0點（1，1）移至B_0點（2，2）時，由於X財貨與Y財貨增加至2組，因此效用也提升。然後，與U_A時的情況一樣，可畫出通過B_0點（頂點）的L型無異曲線U_B。就效用而言，通過B_0點的U_B比U_A還大。

② 圓形的無異曲線（飽和點）

　　以下試想如圖表10-7所示圓型的無異曲線。對此家計單位來說，5個X財貨、3個Y財貨的V點（5, 3）之效用極大。然後，考慮隨著距離該V點的愈遠，無論X與Y增加或減少，其效用都將會減少的情況。由於如此，在V點周圍的U_1其效用比V點還小，而比U_1更外側的U_2，因為比U_1距離V點更遠，所以效用也比U_1更小。

　　現在此處用預算限制線AB，將消費可能集合畫為△OAB的話，此家計單位將選擇在△OAB內效用極大的V點。

舉　例

　　諸如螺栓與螺帽、左鞋與右鞋之類。這些唯有結合成一組後才會產生效用，像是僅有螺栓或是右鞋一般，僅有其中一方的話，即使增加也不會提高任何效用。

圖表10-6　L型無異曲線（完全互補）

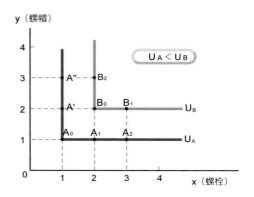

圖表10-7　圓形的無異曲線

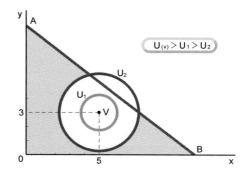

【問題10-1】

有關某消費者在X與Y兩財貨上的無異曲線形態及最適消費，以下敘述中何者為合理。在此令X與Y兩財貨的價格不變，預算限制線AB、A'B'如圖所示。

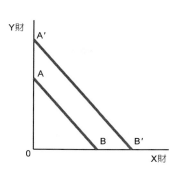

1. 當無異曲線的形態為凸向原點O的曲線時，即使無異曲線與預算限制線AB的交點有2個，位於個別交點的X與Y之組合，在預算限制線AB下效用達到極大。

2. 當無異曲線的形態為凹向原點O的曲線時，無異曲線與預算限制線AB的切點所在X與Y之組合，在預算限制線AB下效用達到極大。

3. 當無異曲線的形態為向右下方傾斜的直線時，無論在預算限制線AB下，或是在預算限制線A'B'下，均不存在效用達到極大的X與Y之組合。

4. 無異曲線的形態為L型，當其頂點位於通過原點O的向右上方傾斜之半條直線上時，即使預算限制線從AB變動到A'B'，效用達到極大的X與Y之比例將為維持固定。

5. 無異曲線的形態為L型，當其頂點位於通過原點O的向右上方傾斜之半條直線上時，即使預算限制線從AB變動到A'B'，仍不存在效用達到極大的X與Y之組合。

（國稅專門官）

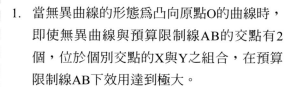

➕ 補 充

　即便此時預算限制線與無異曲線的切點並非最適消費組合，但本例中無異曲線為圓形，因為有非向右下方傾斜的部分，所以其實乃未滿足無飽和假定的情況之一。

解答・解說

1✕ 當無異曲線爲凸向原點時，與預算限制線有2個交點時爲如圖1的C點、D點所示的情況。此時，消費可能集合△OAB內，無異曲線上偏右上方的點，亦即存在效用較大的E點。這可以從通過E的U_1所在位置比通過C、D的U_0還偏右上方得知。因此，C點與D點的情況並非效用極大，所以錯誤。

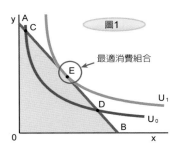

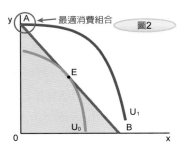

2✕ 凹向原點的無異曲線與預算限制線AB的切點，如圖2的E點所示。消費可能集合△OAB內，通過A點的U_1所在位置比通過E點的U_0還偏右上方，因爲效用較大，所以在切點上效用極大的敘述錯誤。

3✕ 預算限制線爲AB時，位於消費可能集合△OAB內最右上方位置，效用較大的無異曲線爲圖3的U_3，所以效用極大的點（x與y的組合）爲A點。

　同樣地，預算限制線爲A'B'時，位於消費可能集合△OA'B'內最右上方位置的無異曲線爲U_4，所以效用極大的點（x與y的組合）爲A'點。

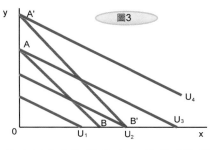

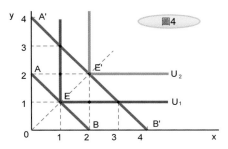

讓我們先來檢討選項5，接著再檢討選項4。

5✕ 如圖4所示呈L型的無異曲線時，消費可能集合△OAB內效用極大，亦即最右上方位於無異曲線（U_1）上的點爲E點。消費可能集合擴大到△OA'B'時，效用極大亦即最右上方位於無異曲線（U_2）上的點爲E'點。

4○ 如5中檢討過的一樣，最適消費組合爲L型的頂點。

　頂點上1個x與1個y爲1組、2個x與2個y爲2組，如此x與y的比例固定爲1：1。因此，爲正確的敘述。

正確解答　4

4. 需求的交叉彈性

當某財貨（X財貨）價格（P_x）上漲1%時，其他財貨（Y財貨）的需求量增加幾%，稱為需求的交叉彈性。以數學式表示如下。

$$需求的交叉彈性（e_c）= \dfrac{\dfrac{\triangle y}{y}}{\dfrac{\triangle P_x}{P_x}} \quad\begin{array}{l} y的變動率 \\[1.5em] P_x的變動率 \end{array}$$

因此，此需求的交叉彈性為正值的財貨，稱為**概括替代品**。

此處所謂需求的交叉彈性為正值，乃指X財貨的價格（P_x）一旦上漲的話，Y財貨的需求量將增加的情況。

$P_x\uparrow \Rightarrow$ 捨棄x、以y取代

$x\downarrow \Rightarrow y\uparrow$

因為採以上方式動作，所以視為替代品。此外，概括替代財中所謂概括，表示亦考慮隨P_x上漲所引起之所得效果影響的意思。

反過來說，需求的交叉彈性（e_c）為負值的財貨，稱為**概括互補品**。

此處所謂需求的交叉彈性為負值，乃指X財貨的價格（P_x）一旦上漲的話，Y財貨的需求量將減少的情況。

$P_x\uparrow \Rightarrow x\downarrow \Rightarrow x\downarrow$ 的同時$y\downarrow$

因為採以上方式動作，一旦x減少y也同樣減少，亦即X財貨與Y財貨被當成一組使用，彼此為互補品。

舉 例

當X財貨從100日圓上漲2日圓至102日圓時，Y財貨的需求量從200個增加到208個。

此時，$P_x=100$，$\triangle P_x$（P_x的變動量）$=+2$，$y=200$，$\triangle y$（y的變動量）$=+8$。此處P_x的變動率$=\dfrac{\triangle P_x}{P_x}=\dfrac{+2}{100}=+0.02\,(+2\%)$，$y$的變動率$=\dfrac{\triangle y}{y}=\dfrac{+8}{200}=+0.04\,(+4\%)$。因此需求的交叉彈性（$e_c$）$=\dfrac{\dfrac{\triangle y}{y}}{\dfrac{\triangle P_x}{P_x}}=\dfrac{+4\%}{+2\%}=2$。這表示$P_x$上漲2%時，$y$增加4%，所以$P_x$上漲1%時，$y$增加2%的意思。

補 充

$Px\uparrow \Rightarrow$ 依以往消費量的話，金錢將變得不夠用（實質所得↓）

↓

若Y財貨為正常財的話，y減少也將引起所得效果，此處指不分開考慮所得效果與替代效果之意。

MEMO

Chapter 11

勞動供給量的決策

一打工還是玩樂，從經濟學的角度是這樣思考的！

Point

1 將勞動供給量用閒暇與所得的選擇模型來思考。

2 預算限制式為Y＝W（24－L_e）
Y：所得，W：工資率，L_e：閒暇時間

3 預算限制線與無異曲線的切點為最適消費組合。

4 當工資率上升時，會覺得消費閒暇時間可惜，所以放棄閒暇而勞動的替代效果，以及由於所得增加而想要消費更多閒暇時間，因而引起的所得效果，兩者作用下，將無法判斷閒暇需求量‧勞動供給量增加與否。

5 工資率較低時，因替代效果比所得效果還大，所以工資率一旦上升，勞動供給量將增加（向右上方傾斜的勞動供給曲線）。然而，工資率變高時，所得效果比替代效果還大，所以工資率一旦上升，勞動供給量將減少（向左上方傾斜的勞動供給曲線）【後彎勞動供給曲線】。

　　在本章裡，將使用已學習過的無異曲線理論中有關X財貨與Y財貨消費量的決策模型，來思考如何決定勞動供給量。由於在單選題、問答題都會作為應用論點出題，所以請確實學習。

1. 思考方法

　　在此將以無異曲線理論為基礎，來思考家計單位是如何決定勞動供給量。「無異曲線理論不是消費理論嗎？」、「為何可以解釋勞動供給量的決策呢？」大家似乎會有這樣的疑問。

　　然而，視點一旦改變，所謂勞動供給量的決策不外乎是閒暇消費量的決策。也就是說，所謂工作時間的取決，與不從事勞動之時間的取決並無不同。

　　現將勞動供給時間稱為勞動量（L）、不從事勞動的時間稱為閒暇（Le），試想家計單位如何做出一天24小時要從事閒暇或從事勞動的選擇。

　　「那麼，縱軸為勞動量、橫軸為閒暇！」先不要如此著急！閒暇既為goods，那勞動不就是bads嗎？然而，要作成熟悉的無異曲線的話，兩者都必須是goods才行。因此，並非用勞動量，而是以同為goods的所得取代作為縱軸，而橫軸則是用閒暇。

　　此時的預算並非所得，而是將24小時的時間作為資源看待。也就是說，將所得（M）如何消費X、Y的模式，想成如何用24小時來消費（選擇）勞動所得與閒暇。

2. 無異曲線

　　假設家計單位只藉由閒暇與所得來獲得效用。因此閒暇與所得的無異曲線藉由①完整性的假設；②無飽和的假設；③遞移性的假設；④邊際替代率遞減的假設下。而具有①可畫出無限多條；②向右下方傾斜；③愈在右上方的無異曲線效用愈大；④凸向原

用　語

　　所謂閒暇，乃指並非積極地去做什麼事，即不從事勞動之意。

略　語

　　L為Labor（勞動），Le為Leisure（閒暇）的省略。

▶▶ 徹底解說 ◀◀

　　勞動量一旦增加，因為效用將降低，所以邊際效用為負值而成bads。

✚　補　充

　　因為在無飽和的假設下，若兩者不都是goods的話，將無法在我們所熟悉具有4個假設及5個特性的無異曲線上求出最適消費組合。

圖表11-1　閒暇與所得的無異曲線

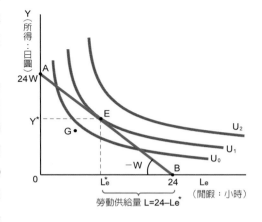

點；⑤任何兩條互不相交的特性，如圖表11-1所畫的U_0、U_1、U_2。

3. 預算限制線

現將工資率（每單位的工資）以W表示。由於單位為小時，所以W為時薪。

依所舉例子，先從截距AB開始思考。B為預算限制線上的點，縱軸的所得為0，因而勞動為0，亦即24小時全部都消費在橫軸的閒暇上，所以是24（小時）。另一方面，A為預算限制線上的點，橫軸的閒暇為0，因為24小時全部都選擇所得，因此工作時間是24小時，所得＝24W。此AB連成的直線為預算線。斜率為－W。

然而，在X與Y分析時，預算限制線的斜率為$-\dfrac{P_X}{P_Y}$，即$-\dfrac{\text{橫軸上的價格}}{\text{縱軸上的價格}}$。此處可以令斜率相同而求出。

由於橫軸上閒暇的價格為W日圓，縱軸上的所得價格為1日圓，所以預算限制線的斜率為$-\dfrac{\text{橫軸上的價格}}{\text{縱軸上的價格}}=-\dfrac{W}{1}=-W$。

將此預算限制線AB用數學式表示的話，成為$Y=W(24-L_e)$。此乃因為L_e是閒暇，時薪乘以$(24-L_e)$亦即工作時間而得到的東西，表示所得（Y）之意。

因此，此預算限制線AB與縱軸、橫軸所圍起來的△OAB為消費可能集合。

4. 最適消費組合

在消費可能集合△OAB內效用最大，亦即位於最右上方之無異曲線上的點，乃預算限制線AB與U_1的切點E，此時閒暇的消費量為$L_e{}^*$、所得為Y^*。如此一來，效用極大的勞動供給量為$24-L_e{}^*$，此時所得$Y^*=(24-L_e{}^*)W$。

用 語

所謂工資，乃指藉由勞動而獲得的金額稱之。所謂工資率乃1小時、1個月等每個單位時間的工資。例如，以時薪1,000日圓來看，勞動5小時將得到5,000日圓。此5,000日圓的總額為工資，而時薪1,000日圓相當於工資率。

在單選題中，有些題目不將時薪稱為工資率，而是稱為工資，雖然也會有不太嚴謹區別的情況，但在問答題中，大家書寫的時候還是明確地加以區別比較保險。

理 由

時薪為W日圓時，若消費閒暇1小時的話，將損失時薪W日圓，所以此W日圓為消費閒暇時的成本，亦可視為閒暇的價格。

理 由

為何如此，所謂價格乃指該物品中最小單位的價值，也就是說，若1輛汽車100萬日圓的話「100萬日圓」、1個蘋果100日圓的話「100日圓」，但因為所得的最小單位為1日圓，所以1日圓的價格當然為1日圓。

▶▶ 徹底解說 ◀◀

由於1天必定會將24小時用盡，所以只能選擇預算用盡的預算限制線AB，同時消費可能集合似乎亦只有預算限制線AB。然而，藉由放棄部分獲取的所得（例如，時薪1,000日圓，自己只要800日圓即可，而拒絕獲取另外的200日圓），將可以向下方的點移動，所以消費可能集合為AB與其下方的部分，亦即△OAB。

5. 因工資率的變動而導致勞動供給量的改變

那麼，接著考慮工資率（時薪）從W_0上升至W_1時，勞動供給量將如何變動。

雖然已經提過，但還是請回想一下工資率即閒暇的價格。此外，一般來說，所得愈增加連帶閒暇的消費量也會提高，所以閒暇為正常財。由於如此，我們可以思考工資率的上升，將藉由閒暇價格的提高，而導致閒暇需求量如何變動，並可區分為替代效果與所得效果加以分析。

①文字說明

作為閒暇的價格之工資率一旦上升，替代效果將必定使相對昂貴的閒暇需求降低。此外，即使閒暇的消費量相同，將因工資率上升而使所得增加。由於閒暇是正常財，因而所得增加將導致閒暇的需求量提高。此乃所得效果。

由於如此，工資率一旦上升，雖然因替代效果導致閒暇需求量下降，但因所得效果卻使閒暇的需求量增加。如此一來，藉由替代效果與所得效果的加總而成的價格效果（總效果），所導致閒暇需求量的增加或減少，將因替代效果與所得效果何者較大而有所不同。

②圖形說明

請以圖表11-2來思考。

隨著工資率的變動，預算限制線因而位移，此可從預算限制線的截距A與B得知。

首先，B點為24小時都在消費閒暇時間的情況，因此即使工資率變動，仍會維持在24（小時）不變。

〈工資率上升與勞動供給量〉

〈替代效果〉

工資率上升 → 閒暇的價格上升 → 減少變得相對昂貴的閒暇

工資率上升 → 實質所得上升 → 增加正常財閒暇的消費

〈所得效果〉

替代效果較大 → 減少閒暇 → 勞動供給量增加

所得效果較大 → 增加閒暇 → 勞動供給量減少

✚ 補 充

順道一提，我們往往認為工資率W一旦上升、閒暇減少，將導致勞動供給量增加，這是因為以替代效果為主的思考所致。然而，將所得效果也同時考慮進來的話，將可以很好地解釋工資率W上升反而造成勞動供給量下滑的狀況。

圖表11-2　工資率上升與勞動供給量

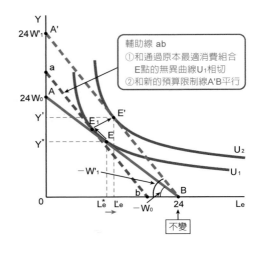

另一方面，A點為24小時都勞動的所得，所以當從24W_0變動到24W_1時，也會移動到A'點。此A'B即為新的預算限制線。

最適消費組合移動到E'點，其中閒暇增加到L_e'，所得也提高到Y'。如此一來，在該圖中的勞動供給量將為$24-L_e'$，相對於$24-L_e^*$減少。

以上因工資率（W）上升而導致最適消費組合的變動（E→E'），可分解成E→E_1為替代效果，E_1→E'為所得效果。

接著，我們將詳細說明圖表11-2。先畫出與起初的最適消費組合E點所在之無異曲線U_1相切，並且和新的預算限制線A'B平行的輔助線ab。令U_1與ab的切點為E_1，則從E到E_1的變動為替代效果，從E_1到E'的變動為所得效果。

由於隨著工資率（W）的上升，閒暇的價格也提高之故，所以在替代效果下，勢必將降低因價格上升而相對昂貴的閒暇之消費量。

一般來說，因為閒暇為正常財，所以在所得效果下，將增加閒暇的消費量，其大小依無異曲線的位置而有所不同。

在圖表11-2中，所得效果比替代效果還大的情況下，最終由所得效果勝出，因而閒暇的需求量L_e增加。

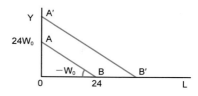

陷阱

許多考生會弄錯「因為工資率上升＝所得增加，所以預算限制線如下圖所示，向右上方平行位移」。

在此為B點的24小時增加到B'。B點乃將24小時僅消費在閒暇（L）時的閒暇時間，所以是24小時。即使工資率上升也不會變動。只要好好地確認截距B的話，便可避免發生這樣的錯誤。

此外，從預算限制線的斜率也可發覺上圖有誤。由於預算限制線的斜率為−工資率，因此工資率一旦上升，預算限制線的斜率將從$-W_0$變動到$-W_1$，故而預算限制線將不會平行位移。

6. 勞動供給曲線

在圖表11-2裡，工資率從W_0上升到W_1時，閒暇從L_e^*增加到L_e'，勞動供給量則從$24-L_e^*$降低到$24-L_e'$。此以縱軸為工資率、橫軸為勞動供給量表示的話，將求出家計單位的勞動供給曲線L_s（圖表11-3）。

圖表11-3　個別家計單位的勞動供給曲線

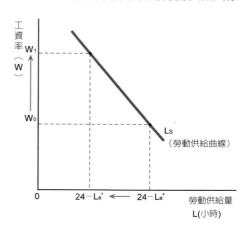

市場的勞動供給量爲各家計單位的勞動供給量之加總結果。因此，市場的勞動供給曲線可將各家計單位的勞動供給曲線橫向加總求出。

依上述方式可畫出向右下方傾斜的勞動供給曲線。然而，實際上的勞動供給曲線乃如圖表11-4所示，呈現被稱爲後彎型的形態。

①在工資率W₀的水準以下，呈現向右上方傾斜的勞動供給曲線。

此爲隨工資率W上升，連帶閒暇價格提高而減少閒暇時間的替代效果，大於隨所得提高而增加消費閒暇的所得效果之故，所以最終結果導致閒暇的消費量下滑，而勞動供給量增加的情況。

②在工資率W₀的水準以上，呈現向右下方傾斜（向左上方傾斜）的勞動供給曲線。

此爲隨工資率W上升，連帶所得提高而增加消費閒暇的所得效果，大於隨閒暇價格提高而減少閒暇時間的替代效果之故，所以最終結果導致閒暇的消費量增加，而勞動供給量減少的情況（圖表11-3）。

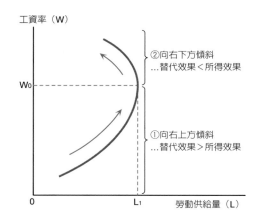

圖表11-4　後彎勞動供給曲線

工資率（W）

②向右下方傾斜
…替代效果＜所得效果

W₀

①向右上方傾斜
…替代效果＞所得效果

0　　　　　　　L₁　　勞動供給量（L）

補　充

後彎勞動供給曲線可解釋「在工資率較低的低所得國家，工資率一旦上升，將使勞動供給量增加，但在工資率較高的高所得國家，工資率一旦上升，反而會要求縮短工時」的現象。

【問題11-1】

有關某人的勞動供給曲線如下圖所示。對於在A點與B點上之所得效果與替代效果的關係，請在下列解答中選出合理的選項。

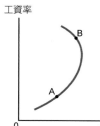

工資率

B

A

0　　　　勞動供給量

① A：所得效果＞替代效果 B：所得效果＜替代效果
② A：所得效果＞替代效果 B：所得效果＞替代效果
③ A：所得效果＜替代效果 B：所得效果＞替代效果
④ A：所得效果＜替代效果 B：所得效果＝替代效果

（中小企業顧問）

解　法

　　由於在A點上爲向右上方傾斜的勞動供給曲線，所以可知隨著工資率上升，捨棄價格提高後之閒暇而工作的替代效果，大於隨工資率提高致所得增加，連帶增加閒暇而捨棄工作的所得效果。相反地，由於在B點上爲向左上方傾斜的勞動供給曲線，所以可知比起隨著工資率上升，捨棄價格提高後之閒暇而工作的替代效果，反而是隨工資率提高致所得增加，連帶增加閒暇而捨棄工作的所得效果之作用較大。

正確解答　③

【問題11-2】

　　某人的效用函數U如下列數學式所示。除了閒暇時間之外，其餘全部皆爲工作時間，而工作時間每1小時的工資率設爲1萬日圓。當此人爲了達到效用極大而行動時，有關1天的工作時間何者正確。

1. 6小時
2. 7小時
3. 8小時
4. 9小時
5. 10小時

$$U = 44L + LY - L^2$$

（L：1天的閒暇時間　　Y：1天的所得）

（東京都廳Ⅰ種）

在計算上必要的知識

依閒暇與所得的選擇而做出的勞動供給量決策

原則4　在閒暇－所得模式下的預算限制線

$$\underset{\text{所得}}{Y} = \underset{\substack{\text{工資率} \\ \text{（時薪）}}}{W} \underset{\substack{(24 - L) \\ \text{閒暇時間} \\ \text{工作時間}}}{}$$

效用極大化的計算　→　原則1（P.72）

戰　略

Step 1　根據原則4 寫出預算限制式。

Step 2　運用原則1 計算出效用極大的L。

Step 3　計算工作時間。

計　算

Step 1

運用原則4

$$Y= \quad 1 \quad (24-L)，此處單位為萬日圓。……①$$

↑

時薪 1 萬日圓

Step 2 計算出效用極大的L

依原則1，

將預算限制線①代入題目的效用函數$U=44L+LY-L^2$中

$$U=44L+L\{1\times(24-L)\}-L^2$$

$$=44L+24L-L^2-L^2$$

$$=-2L^2+68L……②$$

由於可將U只用L表示，接著求出效用極大，亦即將②以L微分，所得之 $\dfrac{dU}{dL}$ =0，

$$\frac{dU}{dL}=-2\times 2L^{2-1}+68=-4L+68=0$$

$$L=\frac{68}{4}=17$$

Step 3 求出工作時間

題目所問並非閒暇時間（L），而是工作時間，所以

工作時間$=24-L=24-17=\boxed{7}$

正確解答　2

Chapter 12

儲蓄金額的決策

—消費還是儲蓄，從經濟學的角度是這樣思考的！

Point

1 儲蓄金額可用在現在與未來不同時間點的消費模型來思考。

2 預算限制式為$C_2 = Y_2 + (1+i)(Y_1 - C_1)$，由上可得
$C_2 = -(1+i)C_1 + (1+i)Y_1 + Y_2$
（C_1：現在的消費，C_2：未來的消費，Y_1：現在的所得，Y_2：未來的所得，i：利率）

3 預算限制線與無異曲線的切點為最適消費組合。

4 當利率上升時，相對於減少現在消費而儲蓄的代替效果，反而所得效果影響較大。正儲蓄的家計單位所得將增加，但負儲蓄（借貸）的家計單位則是所得下降，兩者有所不同。

　　在本章裡，將使用已學習過的無異曲線理論中有關X財貨與Y財貨消費量的決策模型，來思考儲蓄的決策。相較於前一章的勞動供給，出題頻率下降，但在、中小企業顧問、證券分析師則是常會出題。

1. 思考方法

　　本章將以無異曲線理論爲基礎，來思考有關儲蓄的決策。因爲**儲蓄＝所得－消費**，所以是所得要用於消費還是儲蓄的取捨問題。然而，儲蓄並無儲蓄本身的效用，而是爲了用於未來消費而儲蓄的，此乃一般的認知。儲蓄需待未來使用該儲蓄消費後才能得到效用，所以儲蓄本身並不被認爲是goods，因而一旦以儲蓄爲縱軸或橫軸，將無法以無飽和的假設爲前提，也無法進行我們所熟悉的分析。

　　由於如此，儲蓄並非目的，而是爲了作爲goods的未來消費使用。因此「要消費還是儲蓄」的問題，應該以「是現在消費還是未來消費」的問題來思考才對。

　　此外，爲了分析上可以簡單化，我們以下列假設爲前提。

(1)只區分爲現在與未來2個時點。

(2)家計單位只有藉由在現在的消費與未來的消費才能得到效用。

(3)儲蓄與借貸利率同爲i。

　　然後，假設本期所得爲Y_1、下期所得爲Y_2，本期消費爲C_1、下期消費爲C_2。

> **➕ 補　充**
>
> 　　因此，這也可以說是不同時點間的消費分配問題（如何分配在不同時點的消費）。此外，一旦決定了儲蓄，現在的消費量也確定，所以稱爲源自新古典學派學者Fischer的新古典學派（Fischer的）消費理論。

> **➕ 補　充**
>
> 　　藉由這2個假設，爲了達到效用極大化，而將所得在現在或是未來全部消費。

2. 無異曲線

　　現在的消費（C_1）與未來的消費（C_2）的無異曲線，在①完整性的假設，②無飽和的假設，③遞移性的假設，④邊際替代率遞減的假設的前提下，而具有①可畫出無限多條，②向右下方傾斜，③愈在右上方的無異曲線效用愈大，④凸向原點，⑤任何兩條互不相交的特性，如圖表12-1所畫的U_0、U_1、U_2。

3. 預算限制線

我們已知預算限制線為直線，該預算限制線可畫成如圖表12-1所示。接著，我們將就預算限制線理解重點的截距A、B加以思考。

A點 A點在預算限制線AB上，所以是將Y_1與Y_2全部用盡，且$C_1=0$的點。也就是說，將全部所得都留待未來消費（＝全部儲蓄）的情況。在未來，現在的所得Y_1將產生利息，而成為$(1+i) Y_1$。至於Y_2因為是未來才得到的所得，因此無法儲蓄而沒有利息。

如此一來，未來時點的所得總和將為$(1+i) Y_1+Y_2$。此處因為$C_1=0$，全部所得均用於未來消費之故，所以$C_2=(1+i) Y_1+Y_2$，A點則為$(0, (1+i) Y_1+Y_2)$。

B點 B點在預算限制線AB上，所以是將Y_1與Y_2全部用盡，且$C_2=0$的點。也就是說，雖然是將現在的所得與未來的所得全部都用於現在消費的情況，但未來的所得現在尚未獲得。如此一來，為了將此未來應得到的所得（Y_2）用於現在消費，所以將進行約定返還未來所得的借貸。

再者，銀行對於未來可獲得Y_2日圓所得的人，只能貸予 $\dfrac{Y_2}{1+i}$ 日圓。為何如此，乃因現在貸出 $\dfrac{Y_2}{1+i}$ 日圓，未來將產生利率而成為$(1+i)$倍，故為 $\dfrac{Y_2}{1+i} \times (1+i)=Y_2$。因此，將全部所得用於現在消費時的金額，將為 $Y_1+\dfrac{Y_2}{1+i}$，B點為 $(Y_1+\dfrac{Y_2}{1+i}, 0)$。

圖表12-1　儲蓄的決策（正儲蓄）

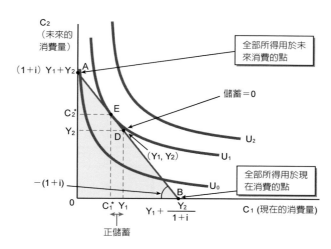

此AB連接而成的直線為預算限制線。此外，此預算限制線上必定存在D點（Y_1, Y_2）。此D點乃將現在獲得的全部所得剛好在現在用盡，所以儲蓄為0。

試用數學式求出此預算限制線AB。所謂剛好將預算Y_1、Y_2用盡之未來的消費（C_2），除未來的所得（Y_2）外，還加上含利息的儲蓄（Y_1-C_1）。因此，成為

$$C_2 = Y_2 + (1 + i)(Y_1 - C_1)$$

將其改寫後，即成為

$$C_2 = -(1 + i)C_1 + (1 + i)Y_1 + Y_2$$

然後，此預算限制線AB與縱軸、橫軸所圍△ABC為消費可能集合。

理 由

此點（Y_1, Y_2）所指為現在的消費量（C_1）為Y_1、未來的消費量（C_2）為Y_2。也就是說，現在得到的所得剛好現在用盡，未來得到的所得剛好未來用盡的點，所以必定因所得用盡而在預算限制線上。

圖形化 graph

橫軸上的C_1增加1時縱軸的C_2以－（$1+i$）的方式變動，所以預算限制線的斜率為－（$1+i$）。這是說現在放棄1日圓的消費而儲蓄的話，未來產生孳息便可消費$1+i$日圓，所以橫軸上現在的消費（C_1）增加1日圓的話，縱軸上未來的消費（C_2）將是－（$1+i$）日圓變動（減少$1+i$日圓）。

---

4. 最適消費組合

在圖表12-1中，消費可能集合△OAB內效用極大，亦即位於最右上方無異曲線上的點，為預算限制線AB與U_1的切點E，現在的消費量為C_1*、未來的消費量為C_2*。

如此一來，效用極大的儲蓄＝Y_1-C_1*。因為是最適消費組合E在儲蓄為0的D點之左方的情況，所以可知相較於D點現在的消費較少，而有正儲蓄。

然而，當無異曲線的位置如圖表12-2所示的情況下，預算限制線AB與U_1的切點為E，現在的消費量為C_1*，未來的消費量為C_2*。因此，效用極大時的儲蓄＝$Y_1-C_1*<0$，故為負儲蓄。

理 由

此為最適消費組合E在儲蓄為0的D點之右方的情況，所以可知相較於D點現在的消費較多，而有負儲蓄（＝貸款）。

由上所述，雖然相同所得下預算限制線相同，但有儲蓄的人（圖表12-1）與有貸款的人（圖表12-2）的差別，在於此人的無異曲線位置，亦即可知依其喜好的差異而有所不同。

圖表12-2　儲蓄的決策（負儲蓄）

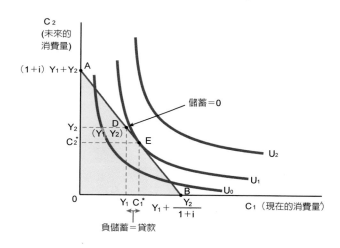

5. 利率的變動

接著，以下試想利率從i_0上升到i_1的情況。此時的預算限制線的變動可從截距A點、B點的變動來思考。

● A點

圖表12-3的A點乃現在的消費（C_1）為0，全部用作未來消費（C_2）的點，所以現在的所得（Y_1）全部儲蓄作為未來的消費之用。因此，利率一旦上升，藉由儲蓄所得的利息變多，該數額將使未來的消費也增加，所以向上方移動到A'點。

> **補 充**
>
> 此指A點的高為（$1 + i_0$）$Y_1 + Y_2$，所以一旦i上升，可知（$1 + i_1$）$Y_1 + Y_2$也將增加。

● B點

接著，B點則是反過來未來的消費（C_2）為0，全部用作現在消費(C_1)的點，所以將相當於未來所得（Y_2）的貸款作為現在的消費之用。由於必須支付以未來的所得（Y_2）所借貸的金額（本金）與利息，一旦利率上升的話，應支付的利息將變多，所以可借貸的金額（本金）也將變少。因此，除了現在的所得，還加上相當於未來的所得所借貸的金額，全部作為現在消費之可能金額變少之故，所以B點將向左移動到B'點。

> **補 充**
>
> 此指B點的橫軸截距大小為$Y_1 + \dfrac{Y_2}{1+i}$，由此可知一旦i上升$Y_1 + \dfrac{Y_2}{1+i}$將減少，所以B點將向左移動到B'點。

● 斜率

如此一來，預算限制線從AB位移到A'B'。由於預算限制線的斜率為－（$1+i$），所以利率從i_0上升到i_1的話，預算限制線的斜率將從－（$1+i_0$）到－（$1+i_1$）變得陡峭（因為有負號，所以「變小」）。

圖表12-3　利率上升導致預算限制線的位移

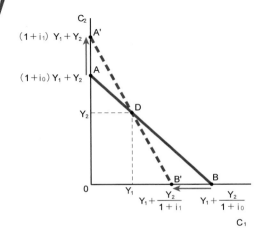

① 預算限制線的交點

　　預算限制線從AB位移到A'B'時，將
出現如圖表12-4的D點所示之交點。此
交點D為（Y_1，Y_2），亦即現在的所得於
現在全部消費，未來的所得於未來全部
消費的點。為何如此，乃因此時無論利
率是 i_0 或是 i_1 或是任何%，由於必定將
全部所得用盡之故，所以即便因利率的
變動導致預算限制線位移，仍將會位在
所有的預算限制線上。

　　因此，即使利率更進一步走升，也
必定通過D點。

② 預算限制線相交的意義

　　「預算限制線相交，心情真差！」
或許也有這樣的人。因此，我們來思考
預算限制線相交的意義。

　　首先，在圖表12-4中，D點因現在
的消費量（C_1）與現在的所得（Y_1）相
同，所以儲蓄=0。比此點D還要左邊，
亦即現在的消費量較少的灰色區域為正
的儲蓄區域。相反地，比此點D還要右
邊，也就是現在的消費量較多的紅色區
域為舉債，亦即負的儲蓄區域。

　　隨利率的上升，灰色的從事儲蓄
（儲蓄為正的）區域中，消費可能集合
之範圍擴大DAA'，相反地，紅色的進
行貸款（儲蓄為負的）區域中，消費可
能集合之範圍縮小DBB'。

圖表12-4　隨利率上升導致消費可能集合
　　　　　的變動

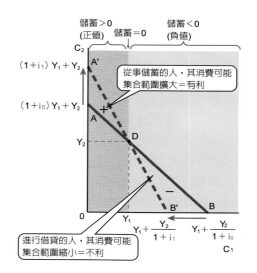

▶▶▶ 徹底解說 ◀◀◀

　　此即利率上升對於從事儲蓄的人有
利，但對於進行借貸的人而言是不利的，
此看法與我們一般的常識相同。反過來
說，為了與此常識一致，故而預算限制線
必定相交。

③因利率上升導致儲蓄的變動

在下一頁圖表12-5中，假設起初最適消費組合為E點（C_1^*, C_2^*），只有$Y_1-C_1^*$的部分為正儲蓄。然後，隨著利率的上升，預算限制線成為A'B'、最適消費組合成為E'點（C_1', C_2'），現在的消費（C_1）增加的結果，導致儲蓄減少。

將此以替代效果與所得效果加以思考。在圖表12-6中乃將圖表12-5的最適消費組合附近的放大圖畫出。然後，以輔助線畫出和通過原本最適消費組合E*點的無異曲線U_0相切，並且和新的預算限制線A'B'平行之假設的預算限制線ab，該輔助線與U_0的切點用E_1表示。因此，E*→E_1為替代效果，E_1→E'為所得效果。

● 替代效果（E* 點→E_1點）

隨著利率上升以致現在的消費相對昂貴。此結果引發的替代效果，將減少相對昂貴的現在消費（C_1），反而增加未來的消費（C_2），所以現在的消費（C_1）減少的部分，將使儲蓄增加。

● 所得效果（E_1點→E' 點）

在圖表12-5與圖表12-6中，為起初進行正儲蓄的情況下，所以一旦所獲得的利息增加，將使所得提高。因為現在的消費（C_1）、未來的消費（C_2）兩者均為正常財，因而將增加。現在的消費（C_1）增加的話，將使儲蓄減少。

● 總效果（E*點→E' 點）

替代效果導致現在的消費減少因而使儲蓄增加，但所得效果則是因為起初正儲蓄，連帶實質所得提高，導致消費增加進而減少儲蓄。結果，將因何者的效果較大而影響最終儲蓄的增減。

補 充

此情況下，隨著利率上升，現在的消費C_1增加，進而儲蓄減少，但U_1的位置不在U_0的右上方而是在稍微左上方的話，也會有現在的消費量減少，儲蓄增加的情況。

理 由

利率一旦上升，而不將現在的1萬日圓作為消費，而用來儲蓄的話，未來將獲得較多利息，此部分也將增加未來的消費。也就是說，利率上升的話，現在消費將顯得可惜。

補 充

此外，起初為負儲蓄（借貸）的情況下，因利率上升將導致實質所得下滑，即使在所得效果下，亦將減少現在的消費（C_1）進而增加儲蓄。

▶▶徹底解說◀◀

預算限制線從ab向右上方平行位移到A'B'，可知所得提高。

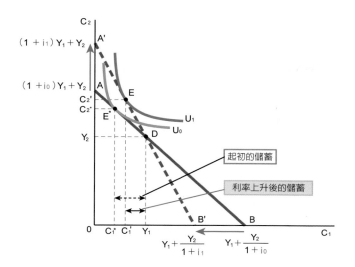

圖表12-5　隨利率上升導致儲蓄金額的變動

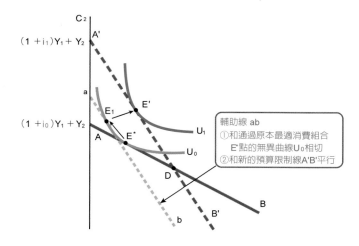

圖表12-6　替代效果與所得效果（起初正儲蓄）

接著，包括在起初正儲蓄的情況與
負儲蓄的情況下，分別用替代效果與所
得效果，整理出隨著利率上升導致儲蓄
增加與否的狀況。

圖表12-7　替代效果與所得效果（以文字說明）

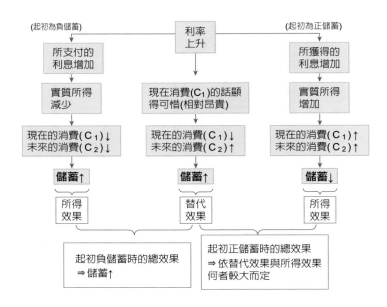

接下來，我們將在解答歷屆考題的同時，解釋儲蓄計算題的解法。

【問題12-1】

　　假設某消費者的本期所得為100，下期的所得為121。若效用函數表示為U= $C_1 C_2$ [C_1：本期的消費，C_2：下期的消費]的話，此人本期將儲蓄或借貸多少，請從下列1到5中選出合理的選項。假設此處利率為10%。

> 1. 儲蓄5。　　　　　　4. 借貸5。
> 2. 儲蓄10.5。　　　　 5. 借貸10.5。
> 3. 儲蓄15。

（國家公務員Ⅰ種）

戰　略

　　首先，求出現在的消費C_1，其次，從儲蓄S=現在的所得Y_1－現在的消費C_1，求出儲蓄。此外，當儲蓄為負值的情況下，與現在的所得Y_1相比，現在的消費C_1較多，所以為借貸（貸款）狀態。

　　預算限制線為重點，要活用原則5。

　　再來，運用原則1計算效用極大　微分後為0。

原則5　現在消費（C_1）與未來消費（C_2）的選擇

　　假設現在的所得為Y_1，未來的所得為Y_2，利率為r，則預算限制線為

$$C_2 = （1+r） \underbrace{（Y_1-C_1）}_{\text{儲蓄}} +Y_2$$

　　這表示未來的消費（C_2），可能為儲蓄的部分 [由於有利息，所以為（1+r）倍] 與未來的所得（Y_2）的加總。

計 算

依據原則5，預算限制線為

$$C_2 = (1+r)(Y_1-C_1)+Y_2$$
$$= (1+0.1)(100-C_1)+121$$
$$= 231-1.1C_1$$

$$U = C_1 C_2 = C_1(231-1.1C_1) = 231C_1-1.1C_1^2$$

效用極大的條件為 $\frac{dU}{dC_1} = 0$，將 $U = 231C_1-1.1C_1^2$ 以 C_1 微分後為 0。因此，

$$\frac{dU}{dC_1} = 231-1.1 \times 2C_1 = 0$$

$$C_1 = \frac{231}{1.1 \times 2} = 105$$

儲蓄 $S = Y_1-C_1 = 100 - 105 = -5$

正確解答　4

Chapter 13

顯示性偏好理論
一如何瞭解人的喜好？

Point

1 表示家計單位喜好的無異曲線無法觀察。取而代之，以個人以往的購買行為判斷喜好，即顯示性偏好理論。

2 當A、B兩者皆有能力購買時，會選擇A的家計單位，若在其他時機下不選擇A而選擇B的話，此乃基於當時的預算與價格考量，而無法購買A之故【顯示性偏好弱公理】。

難易度　B

出題可能性	
國家Ⅱ種	B
國稅專門官	C
地方上級、市政廳、特別區	B
國家Ⅰ種	B
中小企業顧問	B
證券分析師	C
註冊會計師	C
政府辦公室等記錄	C
不動產估價師	C
外務專門職務	C

在本章裡，將學習為了克服無異曲線理論的問題點所想出的顯示性偏好理論。由於顯示性偏好理論無法細部分析，所以和無異曲線理論容易理解的情況有所差異，在考試中也不像無異曲線理論那樣常出題。如國家公務員Ⅰ種試驗等困難的考試中，雖然從以前便偶爾會在單選題出現，但最近在地方公務員上級試驗、國稅專門官、國家公務員第Ⅱ種試驗及中小企業顧問試驗也都有出題的傾向，因此有必要注意。此外，因為問答題的題目不好出，因此不太會出題。

1. 概　要

　　本章將討論作為消費理論中第三理論，由保羅・薩默爾森（P.Samuelson）所創建的顯示性偏好理論。

　　無異曲線理論的問題點，在於無異曲線無法被外人瞭解，經濟學者無法確認實際的消費行為是否基於無異曲線理論，以預算限制線與無異曲線的切線所在之最適消費組合為行為依據（無異曲線計測困難）。

　　在現實世界中，我們可以判斷「那個人有如此喜好」，乃從此人以往的購買行為而得知。因此，此顯示性偏好理論，乃在其家計單位簿中，從以往購買的紀錄所表現（顯示）出的喜好（偏好），由此來思考其消費行為。

　　另外，此顯示性偏好理論中有所謂「顯示性偏好弱公理」。此指「某個時候，當A、B兩者皆有能力購買時，會選擇A的家計單位，若在其他時機下不選擇A而選擇B的話，此乃基於當時的預算與價格考量，而無法購買A之故」。

　　此處「當A、B兩者皆有能力購買時，會選擇A」，表示對此家計單位而言，選擇A時的效用U（A）比選擇B時的效用U（B）來得大，所以會選擇A。也就是說，效用的大小為U（A）>U（B）。因此，該家計單位當A、B兩者皆有能力購買時，照理會選擇效用較大的A，該家計單位不選擇A而選擇B，表示此時無法選擇A，亦即A將造成預算赤字（超過預算限制）。

Point!

　　如果無法滿足顯示性偏好弱公理，此家計單位無論A、B皆有能力購買，卻不選擇A而選擇B的話，此次便成為喜愛B勝過A，將與一開始喜愛A勝過B的事實產生矛盾。

　　運用此顯示性偏好理論，可以判斷家計單位的偏好（喜好）是否矛盾，以及A與B何者的效用較大。在圖表13-1、圖表13-2、圖表13-3中有具體地說明。

2. 滿足顯示性偏好弱公理的例子

接著，我們將說明圖表13-1的例子。某家計單位，當預算限制線 α 時選擇A，當預算限制線 β 時選擇B。

首先，當預算限制線 α 時，由於A、B都在消費可能集合△OCD內，所以此家計單位均可選擇。當A、B都可選擇時選擇了A，可知此家計單位喜好A勝過B。效用大小為U（A）>U（B）。

其次，當預算限制線 β 時，此家計單位不選擇A而選擇B，可知此乃A位於消費可能集合△OFG之外而無法選擇。也就是說，此例與喜好（偏好）並無矛盾之處，可知為滿足所謂「某個時候，當A、B兩者皆有能力購買時，會選擇A的家計單位，若在其他時機下不選擇A而選擇B的話，此乃基於當時的預算與價格考量，而無法購買A之故」的顯示性偏好弱公理的例子。

▶▶ 徹底解說 ◀◀

A點、B點為X財貨與Y財貨消費量之組合，預算限制線從 α 變動到 β，乃因所得與財貨價格同時變動所造成。

圖表13-1　滿足顯示性偏好弱公理的例子

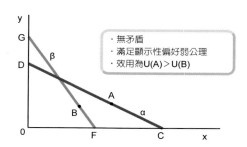

・無矛盾
・滿足顯示性偏好弱公理
・效用為U(A) > U(B)

3. 與顯示性偏好弱公理無關的例子

接著以下試想如圖表13-2所示的例子。此例當預算限制線 α 時選擇A，而B由於在△OCD之外，所以無法選擇。因此，不選擇B而選擇A，是因為喜愛A勝過B，還是並非如此，儘管喜愛B卻因為超過預算，不得已才選擇A，究竟為何並不得而知。也就是說，無從得知喜愛A與B的何者。

圖表13-2　與顯示性偏好弱公理無關的例子

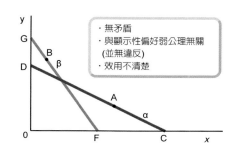

・無矛盾
・與顯示性偏好弱公理無關 (並無違反)
・效用不清楚

同樣地，當預算限制線 β 時選擇B，此時A由於在△OFG之外，所以終究無法選擇。因此，不選擇A而選擇B，是因為喜愛B勝過A，還是並非如此，儘管喜愛A卻因為超過預算，不得已才選擇B，究竟為何並不得而知。也就是說，還是無從得知喜愛A與B的何

者。

以上的例子，雖無任何矛盾的組合，但有關喜愛A與B的何者一事卻完全無法知道。此外，此例與顯示性偏好弱公理無關，雖未能滿足公理，亦無與公理矛盾之處。

4. 違反顯示性偏好弱公理的例子

接著以下考慮如圖表13-3所示的例子。當預算限制線 α 時，由於A、B都在消費可能集合△OCD之內，所以在可選擇狀態下選擇了A，而預算限制線 β 也由於A、B都在消費可能集合△OFG之內，所以在可選擇狀態下選擇了B。如此一來，當預算限制線 α 時喜愛A勝過B，當預算限制線 β 時喜愛B勝過A，因而產生矛盾。也就是說，此例違反了顯示性偏好弱公理。

圖表13-3　違反顯示性偏好弱公理的例子

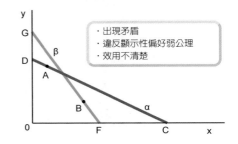

- ·出現矛盾
- ·違反顯示性偏好弱公理
- ·效用不清楚

5. 評價（優點與問題點）

如以上所述之顯示性偏好理論，藉由利用實際可觀察的家計單位購買行為，可對於家計單位的消費行為得到某種程度上的理解。

然而，此理論無法像無異曲線理論一樣可詳細地分析。因此，對於無異曲線理論來說，並不具有替代理論這樣的地位。

舉　例

　　無法像無異曲線理論一樣，用「家計單位乃由無異曲線與預算限制線的切點E點（x_e, y_e）所決定」的方式，明確地解釋消費行為。

完全競爭企業的行為

─要僱用多少人，要生產多少個較為適當呢？

　　在此部內容中，將對勞動與機械等資本有需求，並藉此生產財貨的企業行為進行分析。具體而言，將就「要生產多少個財貨較為適當呢」、「要僱用多少人較為適當呢」等等問題加以思考。從個體經濟學的概觀之觀點作為考量的話，前面的第2部中，乃是從家計單位的消費行為推導出需求曲線，而此第3部則是從企業的生產行為推導出供給曲線。

　　儘管如此，由於實體經濟的原貌過於複雜而不易理解，所以訂定假設，創建單純化的理論模型，並就該模型加以分析。如第1部所學習過的，雖然訂定假設加以單純化，將使分析變得容易，但存在背離現實的風險。請在學習的同時注意此點。

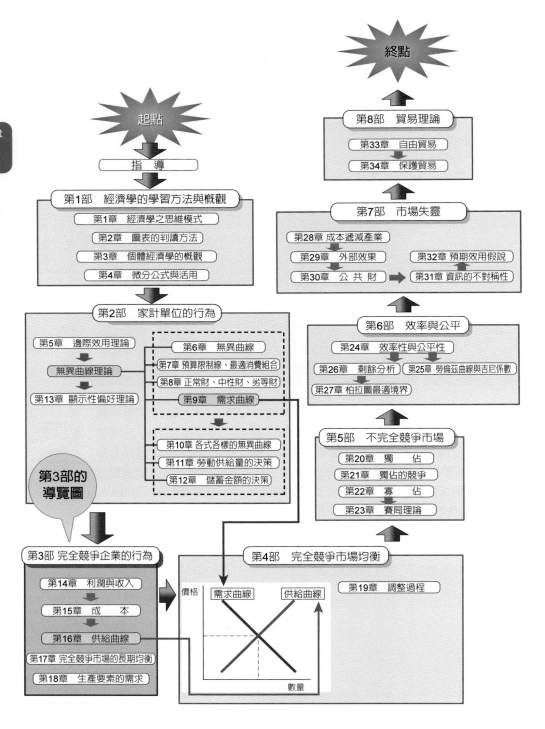

第3部的登場人物‧舞台與故事

登場人物（經濟主體）

在第3部裡，作為個體經濟學的登場人物之家計單位、企業、政府、海外（外國）等角色中，將聚焦在企業。

企業：所謂企業，乃指有勞動與資本等生產要素需求，並藉此生產財貨並作為供給之經濟主體稱之，具體而言，以公司為概念即可。

復　習

在經濟學中從事經濟活動的人與組織（登場人物）稱為經濟主體。

用　語

所謂資本乃指人所生產物品的生產要素，具體而言，請以機械等設備為其概念。

圖表0-1（同前圖）　在舞台上主要登場人物所扮演的角色

舞台	需要者	供給者
財貨市場	家計單位 海外（出口）	企業 海外（進口）
勞動市場	企業	家計單位

舞　台

實體經濟

　　健太君的家開便當店。除了像幕之內便當一樣的日式便當之外，也有製作中式便當、漢堡便當等商品進行販售。

　　由於附近有競爭對手開店，健太君的父母總是說「因為不能漲價，所以不節省的話，就無法削減經費」。

　　只有在忙碌的白天，才有僱用1名打工的人。然後，每天隨著「本月有盈餘」或是「本月虧損」而憂喜摻雜，並且煩惱下個月要做幾個便當。

商品很多的話，將使情況變得複雜。

單純化後的理論模型

‧健太君的便當店，由於生產並提供便當這樣的財貨，所以相當於經濟學裡的「企業」。

‧假設只有1種商品。

‧假設存在眾多競爭對手，都生產相同便當（商品具同質性）。商品性質存在差異的模型將在第21章獨佔的競爭中學到。

‧價格與成本為考量重點。

‧所謂需要多少勞動力即「生產要素需求量的決策」之問題。

‧假設企業為了追求利潤極大化為目的。

‧所謂要生產多少商品即「生產量的決策」之問題。

在個體經濟學概觀中的地位

在經濟學中，企業乃以從事生產為考量。企業從生產要素市場調度資本與勞動服務等生產要素，利用該資本與勞動力，進而生產財貨（產品），並藉由向市場供給而獲得收入。從該收入中，將對於生產過程有所貢獻的家計單位，支付薪資與分紅。所謂分紅，乃指對企業擁有者的股東，基於共同分享企業利潤而支付的金額。在此部內容裡，將從這樣一連串的經濟活動中，就企業的生產行為加以思考。

然而，說到此生產理論在第3章的概觀（圖表2-2）中相當於何者的話，將相當於供給曲線。因此，此後所學習的內容，均為思考為何在某財貨的供給量與價格之間，一般都存在價格一旦上漲，供給量便會增加的關係，亦即形成向右上方傾斜的供給曲線。

圖表2-2　個體經濟學的概觀（同前圖）

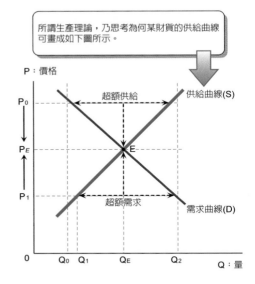

前提（假設）

個體經濟學中，一般假設企業為追求利潤極大化而作為。也就是說，可以想成企業總是為了追求本身的利潤極大，而從事生產行為。此乃被稱為利潤極大化原則之非常重要的前提。

> **假設1　企業為了追求利潤極大化而作為（利潤極大化原則）**

再者，在本書中為求議題單純化，假設企業只從事生產1種財貨。

藉由這2個假設，考量某財貨經由

補充
因此，企業並非為了特定的員工或總經理的利益而作為。

補充
所謂行為原則，乃指企業的行為全都是為了達到利潤極大化的目的而作為，而利潤極大化則表示企業的行為方針。

補充
在應用題中排除此假設，企業也會從事生產2種財貨。

生產所獲得的收入，以及經由生產所承擔的成本，冷靜地檢討能從中獲取多少的利潤，進而探討所謂爲追求本身利潤極大化而作爲之合理的企業。

| 假設2　企業只從事生產1種財貨 |

時間：短期與長期

在生產要素當中，數量可以改變的生產要素稱爲變動生產要素（Variable factor），而數量不可以改變的生產要素稱爲固定生產要素（Fixed factor）。

只存在變動生產要素的特定期間稱爲長期（Long-run），只存在固定生產要素的特定期間稱爲短期（Short-run）。一般來說，機械與工場無法立即增加，就短期而言爲固定生產要素。相對於此，所謂全部皆爲變動生產要素的長期，乃指機械與工廠都可能增加的期間稱之。至於機械與工廠都可以增加的期間，由於因產業而有所差異，因此無法一概而論究竟是幾年。

那麼，爲何要以短期與長期兩種期間區分加以思考，乃由於企業的作爲會因期間長短而有所不同之故。

此外，若在生產理論中無特別聲明的話，多半以短期爲前提進行討論。

| 短期：存在固定生產要素的特定期間 |
| 長期：不存在固定生產要素，全部均 |
| 　　　爲變動生產要素的特定期間 |

復　習

生產上所必要的事物，稱爲生產要素，一般而言，在經濟學裡以資本（機械）與勞動（人力）爲考量。

舉　例

以拉麵店而言，相當於資本的即爲店面與調理設備，幾個月即可變動。也就是說，幾個月即爲長期。相對於此，由於相當於電力公司資本的乃是發電廠，從環境評估、地點獲得認可、用地購買取得，以及建蓋發電廠需要花費長達10年乃至20年的時間。如此一來，對電力公司而言，所謂長期將是10年乃至20年的期間。

舉　例

當訂單急速增加時，由於短期而言無法增加機械數量，所以只能以現有的機械，儘量採取增加僱用打工等勞動力的方式作爲因應。然而，就長期而言，因應訂單的增加，也可以擴充機械的數量。像這樣，就短期與長期而言，企業的行爲模式不同，因而有所區別。

故事的進展（構成）

此部內容的最大目的，乃是從企業的生產行為推導出供給曲線。

在經濟學裡，訂定以企業為追求利潤極大化而作為之前提而加以分析。此處，首先在第14章中，說明我們常用的「利益」與經濟學提到的「利潤」之差異。此利潤可將總收入減去總成本而求出。另外，在第14章也學習有關收入，在第15章則是學習關於成本。然後，在第16章裡，將學習企業要如何決定利潤極大所在的生產量。

利潤＝總收入－總成本

其實，以上均以短期作為討論，在長期的話將有所不同。因此在第17章裡，將學習在長期條件下企業的生產行為。

復　習

就長期而言，資本(工廠與機械)的數量可以改變。

接著，最後的第18章中，不僅將學習商品生產量的決策，還要學習如何決定為了生產商品所必要生產要素的需求量。

復　習

所謂生產要素，乃指在商品(財貨)的生產上所必要的事物之意。在個體經濟學中，僅區分為勞動與資本2種類，而加以單純化。

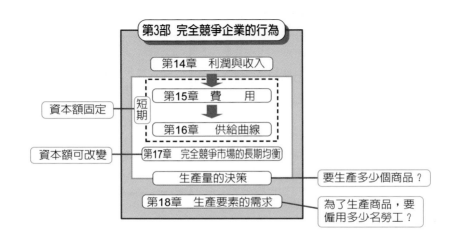

Chapter 14

利潤與收入
—利潤與利益有何差異？

Point

1 假設企業以追求利潤極大化為目的而作為【利潤極大化原則】。

2 利益＝總收入－（有已支付意涵的）總成本，利潤＝總收入－（有機會成本意涵的）總成本。所謂機會成本，乃指從事某行為時所失去的全部價值。

3 所謂利潤0並非利益0，而是與其他產業有相同利益。

4 所謂邊際利潤，乃指生產量增加1單位時利潤的增加差額，所謂邊際收入，乃指產量增加1單位時收入的增加差額。

難易度　A

出題可能性

國家Ⅱ種	C
國稅專門官	B
地方上級、市政廳、特別區	C
國家Ⅰ種	C
中小企業顧問	C
證券分析師	B
註冊會計師	C
政府辦公室等記錄	C
不動產估價師	C
外務專門職務	C

　　在本章裡，將學習有關利潤與收入的意涵。本章的論點本身雖不太會出題，但是在往後分析企業行為上是必要的基本知識。尤其邊際利潤與邊際收入乃是第16章做產量決策時的重點，所以請確實的理解。

1. 利　潤

【1】利潤與利益有何差異?

首先，將作為企業行為之目的的「利潤極大化」中「利潤」一詞，就其意涵與利益比較並加以說明。

所謂利潤，乃指總收入減去總成本。利潤常略稱為 π（讀作pi）。經濟學的「利潤」與我們一般用的「利益」有些許不同。求出「利潤」時的成本，不僅是已支付的成本，就連從事某行為時所失去的利益，也算在成本裡。例如，一旦去上課，將不能去做可賺10萬日圓的打工，因為去上課將失去10萬日圓，所以上課的成本除了包含課程費用等已支付的金額外，也要加上該10萬日圓。

像這樣從事某行為時所失去的利益，因為是放棄獲得利益的機會所增加的成本，所以稱為**機會成本**。

我們一般使用的「利益」，可用總收入−總成本求出，乍看之下與「利潤」相同，但總成本僅為已支出的成本，並非機會成本。此點即「利益」與「利潤」的差異。

利益＝總收入−總成本
　　　　↑
已花費的成本，僅限已支出的成本
利潤＝總收入−總成本　　　經濟學
　　　　↑　　　　　　　的觀點
----**機會**成本
從事某行為時所失去的全部價值

━ 舉　例 ━

某汽車公司的總收入＝100億日圓，假設有已支付意涵的總成本＝80億日圓。因此算出，利益＝總收入−總成本＝100億日圓−80億日圓＝20億日圓。

此處，若此汽車公司並非汽車公司，而是從事其他事業的話，還是可以獲得20億日圓的利益。因此，此汽車公司放棄了從事其他事業可獲得的20億日圓，而經營汽車公司，此20億日圓應作為機會成本併入總成本裡。如此一來，利潤＝總收入−總成本（機會成本）＝100億日圓−（80億日圓＋20億日圓）＝0。也就是說，所謂利潤為0，並非利益為0，而是指與其他產業有相同利益的意思。

其次，此公司若從事其他產業，考慮該企業可獲得30億日圓的利益。由於失去了從事其他產業可獲得的30億日圓，所以作為機會成本而內含在總成本裡，利潤即20億日圓的利益減去30億日圓的機會成本，而成為−10億日圓。像這樣所謂利潤為負值，表示與其他產業相比利益較少的意思。

此外，此公司若從事其他產業，假設可獲得5億日圓的利益。由於失去了從事其他產業可獲得的5億日圓，所以作為機會成本而內含在總成本裡，利潤即20億日圓的利益減去5億日圓的機會成本，而成為＋15億日圓。像這樣所謂利潤為正值，表示與其他產業相比利益較大的意思。

那麼，爲何在經濟學裡，並非我們一般所使用「利益」而是採用「利潤」呢？這是因爲可以明確地瞭解，當利潤爲正值的話，由於與其他產業相比利益較大，故應從事該產業，當利潤爲0時，與其他產業利益相同，當利潤爲負值的話，由於與其他產業相比利益較少，因此應該放棄該產業。

復 習

順道一提，即使「利益」爲正值，若不與其他產業的利益作比較的話，仍無法瞭解是否應該從事該產業。

【2】平均利潤（Aπ）

所謂平均利潤，乃每1單位產量的平均利潤。平均爲Average，所以略稱爲Aπ。

平均利潤（Aπ）$= \dfrac{\pi}{q}$，可由利潤π除以生產量q而求出。例如，生產量10個利潤100萬日圓的話，平均利潤（Aπ）$= \dfrac{100萬日圓}{10個} = 10萬日圓$，可知每1個平均有10萬日圓的利潤。

略 語

數量在英文中爲quantity，所以生產量大多設爲q。然而，也有以x、y作爲生產量的情況。此外，在本書中，將個別企業的生產量以q表示、市場需求量與供給量以Q表示加以區別。當然，不加以區別而使用同一符號也可以，但以符號區別的話，將可以更加容易瞭解是在討論有關單一企業，還是全體市場。

【3】邊際利潤（Mπ）

所謂邊際利潤，指產量增加1單位時，利潤增加的差額。因爲利潤爲π、邊際爲Marginal，所以略稱爲Mπ。

邊際利潤（Mπ）$= \dfrac{\Delta \pi}{\Delta q}$，可由利潤的增加差額Δπ除以生產量的增加差額Δq而求出。

舉 例

若生產量增加5個時，利潤的增加差額爲100萬日圓的話，生產量增加1個時利潤的增加差額，可知爲100萬日圓除以5個即20萬日圓。在此例中，

因爲Δq＝＋5個，Δπ＝＋100萬日圓，所以可計算出

邊際利潤（Mπ）$= \dfrac{\Delta \pi}{\Delta q}$

$= \dfrac{＋100萬日圓}{＋5個}$

$=20萬日圓$

邊際利潤（Mπ）$= \dfrac{\Delta \pi}{\Delta q}$

2. 收　入

接著，將就利潤＝總收入－總成本中，說明有關收入的部分。

【1】總收入（TR, R）

所謂總收入，乃藉由生產所獲得收入的加總。

然而，爲求單純化，假設企業僅生產單一財貨，所以即爲總收入（TR）＝價格（P）×供給量（q）。

【2】平均收入（AR）

所謂平均收入，乃每1單位生產量的平均收入。平均收入（AR）＝ $\dfrac{TR}{q}$ ，可由總收入（TR）除以生產量q而求出。因爲總收入（TR）＝P×q，所以即爲平均收入（AR）＝ $\dfrac{TR}{q}=\dfrac{P \times q}{q}$ ＝P。

【3】邊際收入(MR)

所謂邊際收入，指生產量增加1單位時，可獲得總收入增加的差額。因爲邊際收入爲Marginal Revenue，所以略稱爲MR。邊際收入（MR）＝ $\dfrac{\triangle TR}{\triangle q}$ ，可由總收入的增加差額△TR除以生產量的增加差額△q而求出。

略語

因爲總收入爲Total Revenue，所以用TR或單以R略稱之。

總收入（TR）＝價格（P）×供給量（q）

略語

因爲平均收入爲Average Revenue，所以略稱爲AR。

平均收入（AR）＝價格（P）

舉　例

生產量增加5個時，總收入的增加差額爲500萬日圓的話，則生產量增加1個時總收入的增加差額，可知爲500萬日圓除以5個，即100萬日圓。在此例中，

因爲△q＝＋5個，△TR＝＋500萬日圓，所以可計算出

$$\text{邊際收入（MR）}=\frac{\triangle TR}{\triangle q}$$
$$=\frac{+500萬日圓}{+5個}$$
$$=100萬日圓$$

$$\text{邊際利潤（MR）}=\frac{\triangle TR}{\triangle q}$$

Chapter 15

成　本
一企業的成本種類甚多

Point

1　MC←假設為U字型

2　MC在AVC的極小點
　由下往上突破

3　AFC為減少

4　差額為AFC

5　MC在AVC的極小點
　由下往上突破

難易度　C

出題可能性

國家Ⅱ種　B
國稅專門官　C
地方上級、市政廳
、特別區　B
國家Ⅰ種　B
中小企業顧問　B
證券分析師　B
註冊會計師　B
政府辦公室等記錄　C
不動產估價師　C
外務專門職務　C

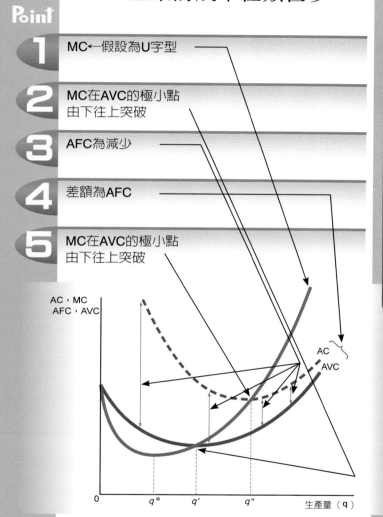

在本章裡，將學習有關企業的成本。上圖的成本曲線在第16章做產量決策及供給曲線上乃是不可或缺的知識。請掌握住5個重點，俾利能夠正確地作圖。

在本章中，將就利潤＝總收入－總成本中，說明有關成本的部分。

【1】總成本（TC, C）

所謂總成本，乃生產所花費成本的加總。

然而，在生產要素中，有固定生產要素與變動生產要素。因此，在固定生產要素上所花費的成本稱為固定成本（FC：Fixed Cost），在變動生產要素上所花費的成本稱為變動成本（VC：Variable Cost）。由於生產要素必定區分為固定生產要素與變動生產要素，所以成本也區分為固定成本與變動成本，即總成本＝固定成本＋變動成本。

$$
\begin{array}{ccccc}
\text{總成本} & & \text{固定成本} & + & \text{變動成本} \\
\text{TC} & = & \text{FC} & + & \text{VC}
\end{array}
$$

【2】平均成本（AC）

所謂平均成本，乃每1單位產量的平均成本。平均成本為Average Cost，所以略稱為AC。

平均成本（AC）＝$\dfrac{TC}{q}$，可由總成本（TC）除以生產量q而求出。因為總成本（TC）＝固定成本（FC）＋變動成本（VC），所以

$$
\begin{aligned}
\text{平均成本（AC）} &= \frac{TC}{q} \\
&= \frac{FC+VC}{q} \\
&= \frac{FC}{q} + \frac{VC}{q}
\end{aligned}
$$

$\dfrac{TC}{q}$ 稱為平均固定成本（Average Fixed Cost），略稱為AFC，$\dfrac{VC}{q}$ 稱為平均變動成本（Average Variable Cost），略稱為AVC。

從文章敘述中瞭解是短期還是長期

此處並未明確指出長期‧短期，但是因有固定成本、變動成本，所以可知是討論短期的成本。為何如此，乃因為就長期而言並無固定生產要素，全部均為變動生產要素之故，所以無固定成本，只有變動成本。

另一方面，在第17章中提到的長期理論中，並未出現固定成本與變動成本，只有出現總成本與平均成本而已。

$$
\begin{aligned}
\text{平均成本（AC）} &= \frac{TC}{q} \\
&= \text{平均固定成本＋平均變動成本}
\end{aligned}
$$
$$
\left(\text{AFC}=\frac{FC}{q}\right) \quad \left(\text{AVC}=\frac{VC}{q}\right)
$$

【3】邊際成本（MC）

　　所謂邊際成本，指生產量增加1單位時所需總成本增加的差額。

　　邊際成本（MC）$=\dfrac{\triangle TC}{\triangle q}$，可由總成本的增加差額$\triangle TC$除以生產量的增加差額$\triangle q$而求出。

　　生產量增加1單位時所需「總成本」的增加，因為是「總成本」，所以應有變動成本與固定成本。然而，固定成本並不會隨生產量而有所改變，因此生產量增加1單位時的固定成本增加差額為0。如此一來，邊際成本（MC）雖為生產量增加1單位時所需「總成本」的增加，但其內涵全部為變動成本。

$$邊際成本（MC）=\dfrac{\triangle TC}{\triangle q}$$

Chapter
15

成本

舉　例

　　若生產量增加2個（$\triangle q=+2$）時，總成本增加200日圓（$\triangle TC=+200$）的話，可算出邊際成本$=\dfrac{\triangle TC}{\triangle q}=\dfrac{+200}{+2}$ $=100$。也就是說，生產量增加2個時，總成本增加200日圓，亦即生產量增加1個時總成本應該只有增加其一半的100日圓。

總成本（TC）：生產所花費成本的加總 TC＝FC＋VC
固定成本（FC）：固定生產要素所需成本
變動成本（VC）：變動生產要素所需成本
平均成本（AC）：平均每1個所需的總成本 AC＝AFC＋AVC
平均固定成本（AFC）：平均每1個所需固定生產要素的成本
平均變動成本（AVC）：平均每1個所需變動生產要素的成本
邊際成本（MC）：生產量增加1單位時所需總成本增加的差額

【4】邊際成本、平均變動成本與平均成本的關係

　　接著，讓我們思考有關目前已說明的各項成本，伴隨著生產量改變將發生如何變動，並具有何種特性。

　　此外，現在要說明的平均變動成本曲線（AVC）與邊際成本曲線（MC）的關係（圖表15-2、15-3、15-4），以及平均成本曲線（AC）與邊際成本曲線（MC）的關係（圖表15-7、15-8）非常複雜，即使是在各種考試及格的人也有不少人不太瞭解。

Point !

　　這些重點只要掌握住結論即可，在考試應對上應該沒什麼問題，所以不太瞭解的人也請掌握圖表15-9的5個重點繼續學習。

　　能夠正確地作出圖表15-9的圖形，相當重要！

①邊際成本曲線（MC）U字形的假設

首先，假設邊際成本（MC）在某生產量q*之前為遞減、在q*之後為遞增。因此，如圖表15-1所示，邊際成本曲線（MC）形成U字型。訂定如此假設，乃是以下列的經濟狀態為前提之故。

就短期而言，固定生產要素雖然存在，但一般此生產要素為資本（機械）。以機械的數量固定下的短期而言，調整作為變動生產要素的勞動量藉以增減產量。因為機械與勞動力之間存在最適組合，所以生產量達到q*之前，勞動力一旦增加，當愈接近機械與勞動力的最適組合時，效率愈高，而邊際成本（MC）也將持續減少。然而，一旦超過機械與勞動力的最適組合後，亦即生產量超越q*時，勞動力相較於機械變得過多，所以效率變差，邊際成本將持續增加。

如此邊際成本曲線（MC）呈U字型的假設，除了考慮固定生產要素與變動生產要素間存在最適均衡的生產量q*外，無其他理由。

②邊際成本曲線（MC）從平均變動成本曲線（AVC）的極小點由下往上突破

由於邊際成本乃隨生產量同步增加的成本，所以事實上其內涵為變動成本。如此一來，變動成本即為從第1個產量起所有邊際成本的加總。

因此，平均變動成本（AVC），即為將邊際成本加總而得的變動成本除以生產量q所得到的平均。也就是說，所謂平均變動成本乃邊際成本的平均，所以應該也可以稱為平均邊際成本。

圖表15-1　U字型的邊際成本曲線（MC）

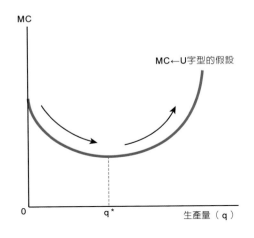

圖表15-2　邊際成本（MC）與平均變動成本（AVC）的關係

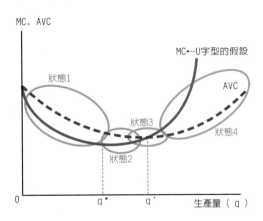

接著，將就圖表15-2中所區分AVC的4個狀態加以說明。

● 狀態1：

在MC逐漸減少的狀態下，作為平均的AVC減少較為緩慢。因此，AVC比MC較慢向右下方傾向。

● 狀態2：

當超過q*後，MC雖然增加，但只要MC在作為平均的AVC之下，由於作為平均的AVC減少，所以AVC向右下方傾斜。

● 狀態3：

當超過q*後，隨著MC逐漸增加，總算與向右下方傾斜的AVC完全相同（q'）。

● 狀態4：

當超過q'後生產的話，由於MC將變得比AVC還大，所以作為平均的AVC將緩慢增加，AVC將變成向右上方傾斜。

由上可知，在q'當MC與AVC交叉的同時，q'將使AVC成為極小。

以上雖然說明了邊際成本與平均變動成本的關係，但較為抽象或許不太能理解。因此，試以具體實例思考看看。

現如圖表15-3所示，生產量從1個、2個、3個逐漸增加，邊際成本從170日圓、130日圓、95日圓逐漸減少，在6個時的65日圓成為極小，超過7個的話，生產量一旦增加，假設將從70日圓、80日圓、95日圓逐漸提高（假設MC呈U字型）。

此時，因為變動成本為邊際成本的加總，所以隨著生產量增加的同時，漸漸提高到170日圓、300日圓、395日圓……。然後，由於平均變動成本為變動成本除以生產量之故，所以隨著生產量增加的同時，逐漸下滑到170日圓、150日圓、132日圓、119日圓，在8個與9個時的95日圓成為極小。

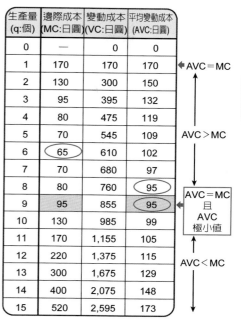

圖表15-3　邊際成本與平均變動成本的關係（表）

生產量 (q:個)	邊際成本 (MC:日圓)	變動成本 (VC:日圓)	平均變動成本 (AVC:日圓)	
0	—	0	0	
1	170	170	170	◀AVC＝MC
2	130	300	150	
3	95	395	132	
4	80	475	119	
5	70	545	109	AVC＞MC
6	65	610	102	
7	70	680	97	
8	80	760	95	
9	95	855	95	◀ AVC＝MC 且 AVC 極小值
10	130	985	99	
11	170	1,155	105	
12	220	1,375	115	AVC＜MC
13	300	1,675	129	
14	400	2,075	148	
15	520	2,595	173	

接著，一旦超過第10個之後，隨著生產量增加的同時，漸漸提高到99日圓、105日圓、115日圓、129日圓……。

從圖表15-3來看，當生產量達到8個為止，平均變動成本（AVC）比邊際成本（MC）還大，當9個時兩者變得相等，從10個起邊際成本（MC）變得比平均變動成本（AVC）還大。如此一來，可知MC與AVC的交點乃生產量為9個的時候。

此外，從平均變動成本（AVC）來看，可知生產量9個時為極小。因此，將圖表15-3圖形化即如圖表15-4所示，可知MC在AVC的極小點突破AVC。

③平均固定成本（AFC）隨生產量的增加而遞減

AFC＝$\dfrac{\text{FC}}{q}$，因為FC與生產量q無關乃固定，所以AFC＝$\dfrac{\text{FC}}{q}$ 隨q的增加而減少，如圖表15-5的平均固定成本(AFC)所示向右下方傾斜。

④平均成本（AC）與平均變動成本（AVC）的差額，即為平均固定成本（AFC）

因為平均成本（AC）＝平均變動成本（AVC）＋平均固定成本（AFC），所以在圖表15-4中所畫的平均變動成本（AVC），加上在圖表15-5中所求得的平均固定成本（AFC）的話，即可求出平均成本（AC）。

在圖形中，於AVC上的縱軸方向只要加上AFC的話，即成為AC（圖表15-6）。

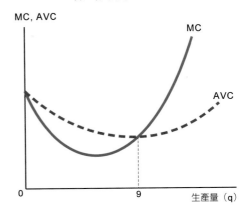

圖表15-4　邊際成本與平均變動成本的關係（圖形）

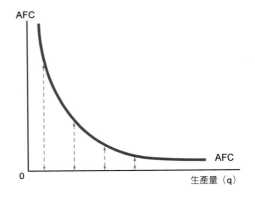

圖表15-5　平均固定成本（AFC）曲線

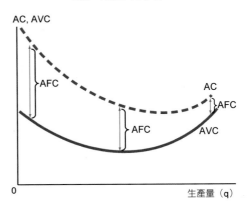

圖表15-6　平均成本（AC）曲線
　　　　　　AC＝AVC＋AFC

另外，平均成本（AC）與平均變動成本（AVC）的差額所得到的平均固定成本（AFC），乃隨著生產量q的增加而減少。

⑤邊際成本曲線（MC）在平均成本曲線（AC）的極小點由下往上突破

儘管邊際成本（MC）與作為總成本（TC）之平均的平均成本（AC）之關係非常複雜，但結果卻和MC與AVC的關係一樣。

該情況可以用圖表15-7的具體實例加以思考。此為圖表15-3加上平均固定成本所得結果。假設固定成本為710日圓，由於平均固定成本為固定成本除以生產量所得結果，所以當生產量以1個、2個、3個增加的話，將會以710日圓、355日圓、237日圓的方式隨之減少。平均成本（AC）可以藉由平均變動成本（AVC）與平均固定成本（AFC）相加而求出。

從圖表15-7來看，當生產量達到10個為止，平均成本（AC）比邊際成本（MC）還大，當11個時兩者變得相等，從12個起邊際成本（MC）變得比平均成本(AC)還大。如此一來，可知MC曲線與AC曲線的交點乃生產量（q）為11個的時候。

此外，從平均成本（AC）來看，可知生產量11個時為極小。因此，如圖表15-8所示，可以確認MC在AC的極小點突破AC。

以上所說明之成本曲線的重點已整理在圖表15-9裡。畫成本曲線時，請務必考量這些重點作圖。

圖表15-7　邊際成本與平均成本的關係（以數值為例）

生產量 (q個)	邊際成本 (MC: 日圓)	變動成本 (VC: 日圓)	平均變動成本 (AVC: 日圓)	平均固定成本 (AFC: 日圓)	平均成本 (AC: 日圓)
0	—	0	0	—	—
1	170	170	170	710	880
2	130	300	150	355	505
3	95	395	132	237	368
4	80	475	119	178	296
5	70	545	109	142	251
6	65	610	102	118	220
7	70	680	97	101	199
8	80	760	95	89	184
9	95	855	95	79	174
10	130	985	99	71	170
11	170	1,155	105	65	170
12	220	1,375	115	59	174
13	300	1,675	129	55	183
14	400	2,075	148	51	199
15	520	2,595	173	47	220

AC＞MC

AC＝MC
且
AC
極小值

AC＜MC

圖表15-8　邊際成本與平均成本（圖形）

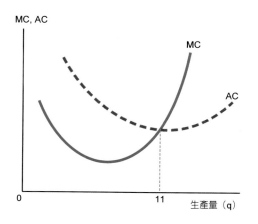

MC, AC

MC

AC

0　　　　　　　　11　　生產量（q）

圖表15-9　各種成本曲線與5個重點

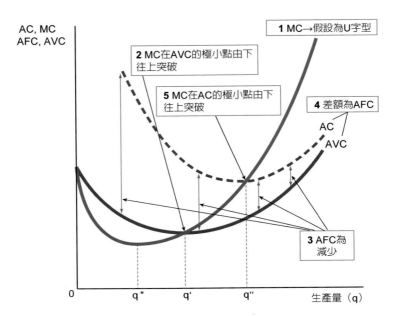

接下來，請大家參考圖表15-9，試著在以下的空白欄內，依MC→AVC→AC的順序畫出各種成本曲線。請確實地留意5個重點。

【5】總成本曲線與邊際成本曲線

接著，首先，我們將總成本曲線、固定成本曲線、變動成本曲線的關係以圖表15-10表示。這次生產量不用q而是用x表示。企業的生產量為q、x、y等，以何種符號表示皆可。由於在其他的書與考試裡，也有使用q以外的符號，因此q以外的符號也應該要習慣。

與生產量無關，表示不變動的固定成本之固定成本曲線，在A點的高度呈水平之直線。然而，因為存在總成本（TC）＝固定成本（FC）＋變動成本（VC）這樣的關係，所以在該固定成本曲線上加上變動成本，即成為總成本曲線。

此處假設變動成本一開始斜率為＋4（A點），而後＋3（B點）、＋2（C點）逐漸變小，但超過F點時則是＋1（F點）、＋2（G點）、＋3（H點）斜率逐漸變大的情況。此時，由於變動成本曲線呈現將S字母反過來的形狀，所以稱為反S字型。若變動成本曲線呈反S字型的話，總成本曲線也會呈S字型。

再者，因為總成本曲線（TC）的（切線的）斜率為「橫軸上生產量增加1單位時，縱軸上總成本的增加差額」，所以只有邊際成本。在此我們將圖表15-10的總成本曲線與邊際成本曲線之關係畫成圖表15-11。在圖表15-11中，以圖表15-10的反S字型總成本曲線為前提，所畫出的邊際成本曲線（MC）如下所示。從圖表15-10的A點到F點（生產量0到xf為止）之總成本曲線的斜率，亦即邊際成本減少。因此，圖表15-11的邊際成本曲線（MC）從生產量0到xf為止，成為向右下方傾斜。

圖表15-10　反S字型總成本曲線

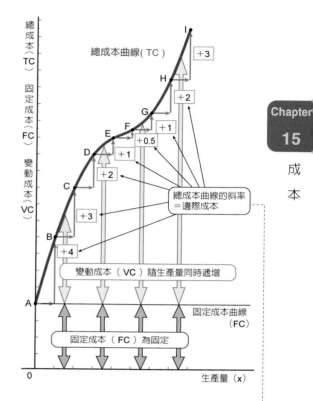

圖表15-11　U字型邊際成本曲線

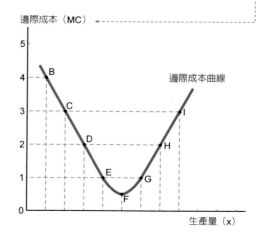

其次，因為從F點（生產量為xf以上）起總成本曲線的斜率，亦即邊際成本變大，所以圖表15-11的邊際成本曲線（MC）自生產量xf以上呈現向右上方傾斜。然後，在總成本曲線上斜率自減少轉變為增加的F點，因為其斜率為極小，所以在圖表15-11中的邊際成本曲線上成為MC的極小點。

由上可知，假設反S字型總成本等同於假設U字型邊際成本曲線。

反S字型總成本曲線的假設
=U字型邊際成本曲線的假設

Chapter 16

供給曲線

一企業為了追求最大獲利而決定生產量

Point

1 當企業在邊際收入（MR）＝邊際成本（MC）的時候，因邊際利潤為0而利潤極大，所以決定為此時的生產量。

2 完全競爭企業為價格接受者（Price taker），邊際收入＝價格。

3 所謂完全競爭市場，乃滿足以下條件的市場。
①存在眾多的供給者‧需求者
②產品具有同質性（不存在差異化）
③在長期間內可自由地進入‧退出市場
④交易上所必需的資訊完全揭露

難易度　B

出題可能性

國家Ⅱ種	B
國稅專門官	B
地方上級、市政廳、特別區	B
國家Ⅰ種	B
中小企業顧問	B
證券分析師	A
註冊會計師	B
政府辦公室等記錄	B
不動產估價師	A
外務專門職務	B

　　終於在本章裡，將學習有關企業的生產行為。由於企業也有各種不同的樣貌，在本章中，考慮的是只能接受市場所決定之價格，而無法自行設定價格的企業（完全競爭企業）。因為是計算、圖形的題目中均會出題的論點，所以請確實地學習。

在本章中，將思考有關完全競爭企業這種類型的企業如何決定產量。

1. 完全競爭企業的收入

所謂完全競爭企業即存在於完全競爭市場上的企業。完全競爭企業規模小、存在感低，由於供應和其他公司相同的產品，所以無法影響市場價格，僅具備接受市場價格的存在地位。此稱為價格接受者（Price taker）。

在圖表16-1的A中，當市場一旦決定價格為P_0時，無論價格為多少，完全競爭企業皆以P_0的價格接受以滿足經常性需求。這可以說，完全競爭企業所面對的需求曲線（d）呈現水平。（圖表16-1的B）

如此一來，總收入（TR）為$TR = P_0 \times q$（q為單一企業的生產量），平均收入$（AR） = \dfrac{TR}{q} = P_0$，由於邊際收入（MR）也就是生產量增加1單位時，收入將增加P_0日圓，所以$MR = P_0$。因此，邊際收入曲線在P_0的位置呈水平的直線，與需求曲線（d）相同。

用 語

所謂完全競爭市場，乃滿足以下4個條件的市場稱之。
①存在眾多的供給者‧需求者
②產品具有同質性（不存在差異化）
③在長期間內可自由地進入‧退出市場
④交易上所必需的資訊完全揭露

理 由

完全競爭企業由於「①存在眾多的供給者‧需求者」，因此在市場中不過是微小的存在，無法對市場價格造成影響。此外，因為「②產品具有同質性」且「④資訊完全揭露」，所以即使想賣得比市場所決定的價格還要高，需求者在知道比市場價格還高後，誰也不會買該企業的商品，以致於最後只能以市場價格出售。

▶▶▶ 徹底解說 ◀◀◀

雖然市場全體的需求曲線（D）為向右下方傾斜〈圖表16-1A〉，但企業所對的需求曲線（d）卻是水平（B）。此差異乃因橫軸數量的單位不同所致。也就是說，企業的生產量為個位數量單位，即使生產量增加到10倍，但因為整體市場的數量在橫軸上為億個單位，仍無法有所影響。

圖表16-1　完全競爭企業面對的需求曲線

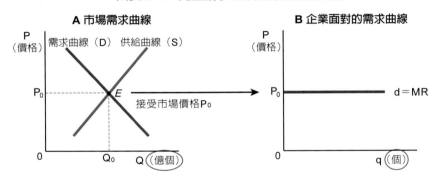

A 市場需求曲線

B 企業面對的需求曲線

接受市場價格P_0

2. 生產量的決定①與供給曲線的推導

【1】利潤極大時的生產量

接著，讓我們在圖表16-2中，具體地思考有關利潤極大時的生產量。

首先，生產量從0個到1個增加的話，雖然邊際收入=100日圓使總收入僅增加100日圓，但邊際成本=80日圓亦使總成本僅增加80日圓。也就是說，生產量增加1個時，作為利潤變動差額的邊際利潤=邊際收入−邊際成本=100日圓−80日圓=20日圓，因此利潤增加20日圓。

同樣地，當生產第2個時，相對於邊際收入為100日圓，因為邊際成本為70日圓，所以利潤增加100−70=30日圓。直到在第8個時邊際收入與邊際成本變成同為100日圓為止，生產量一旦增加，利潤也將持續提高。

到了第8個時，邊際成本=100日圓，與邊際收入=100日圓相同（MR=MC）。也就是說，即使生產量增加1個，利潤的增加為0（邊際利潤=0）。換言之，即使生產量增加1個，也已經是無法再增加更多利潤的狀況。

當生產量超過8個而增加到第9個時，邊際成本=130日圓，邊際收入=100日圓，利潤將減少30日圓（邊際利潤=−30）。換言之，一旦超過了MR=MC之E點所在的8個生產量仍生產的話，利潤將減少。

從以上所述可知，利潤極大時的生產量為MR=MC之E點所在的8個生產量。此處，因為企業的行為乃追求利潤極大之故，生產量將決定為利潤極大時的8個生產量。

+ 補 充 :·□·:

首先，假設邊際成本（MC）呈U型。其次，因為是完全競爭企業，所以為價格接受者，無論市場價格是100日圓或是多少錢，都只能接受而購買。此即所面對的需求曲線（d）在100日圓的位置呈水平，隨著生產量增加1個，收入也總是增加100日圓之故，邊際收入（MR）也是在100日圓位置呈水平的直線。

圖表16-2　利潤極大時的生產量

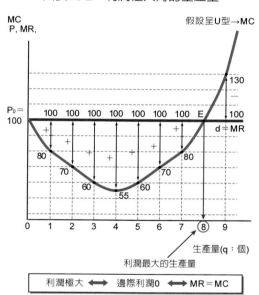

利潤極大 ⟷ 邊際利潤0 ⟷ MR＝MC

$$
\underset{\text{邊際利潤}}{M\pi} = \underset{\text{邊際收入}}{MR} - \underset{\text{邊際成本}}{MC} = 0
$$

（已經無法再增加更多利潤=利潤極大）

$$
\underset{\text{邊際收入}}{MR} = \underset{\text{邊際成本}}{MC}
$$

【2】利潤大小的求法

已知利潤極大時生產量為MR=MC時的生產量。接著，讓我們從圖表16-3求出極大利潤為多少。

假設市場價格為P_0日圓，由於完全競爭企業為價格接受者，無論市場價格P_0是多少錢，都迫於需求只能接受。如此一來，邊際收入=P_0，邊際收入曲線（MR）在市場價格P_0的位置呈水平狀態。

因為企業在利潤極大的MR=MC決定了生產量，所以在圖表16-3中，決定為E點的生產量q_e。接下來，我們來求出生產量為q_e時的利潤。

由於在價格P_0販賣，所以每1個平均收入為P_0。相對於此，由圖可知，平均成本（AC）為在q_e時平均成本曲線（AC）的高F點。因為此平均成本（AC）比價格P_0還小，每1個平均為P_0-AC的差額，可知也就是只能獲利EF（有正值的平均利潤）。若EF為每1個的平均利潤，利潤可由平均利潤×生產量求出。生產量為q_e時與HE相同。因此，利潤=平均利潤×生產量=EF×HE，可知為長方形的面積EFGH。

【3】損益平衡點與停業點

在圖表16-4中，這次讓我們思考當市場價格以P_0、P_1、P_2變動時，企業所對應的生產量。

市場價格為P_0時，邊際收入曲線在P_0的位置呈水平的MR_0，企業在利潤極大的MR_0=MC所在F點，決定了生產量q_0。

當市場價格下滑到P_1時，邊際收入曲線在P_1位置呈水平的MR_1，企業在利潤

圖表16-3　利潤的大小

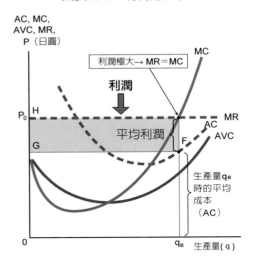

圖表16-4　損益平衡點與停業點

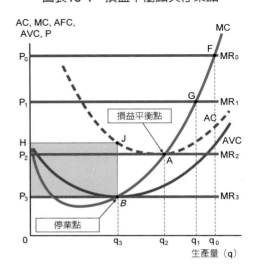

極大的MR_1=MC所在G點，決定了生產量q_1。

當市場價格進一步下滑到P_2時，邊際收入曲線在P_2的位置呈水平的MR_2，企業在利潤極大的MR_2=MC所在A點，決定了生產量q_2。然而，當生產量為q_2時，平均成本與其說AC不如說是A的高，與市場價格P_2相同。如此一來，製作100日圓價格的商品，而平均成本為100日圓的情況下，每1個的平均利潤為0。理所當然，全部商品的利潤也將是0。

像這樣利潤為0時的價格與生產量之組合形成的A點，稱為損益平衡點。

從以上所述，當達到AC與MC的交點A所在高度之價格水準P_2時，企業決定了利潤極大的生產量（q_2），亦使得利潤成為0。

然而，儘管利潤為0，仍無停止運作（生產）的必要。為了判斷是否要停止運作，有必要知道停止運作時的利潤。在停止運作的情況下，因為生產量=0，所以總收入=0，成本方面，由於變動成本可變動故可為0，但固定成本無法變動，所以仍將殘留下來。

如此一來，即成為

利潤＝總收入－總成本

$\quad$＝價格×生產量－（固定成本＋變動成本）

$\quad$＝0－（固定成本＋0）

$\quad$＝－固定成本

也就是說，停止運作時的利潤＝－固定成本。

因為損益平衡點利潤＝0，比停止運作時的利潤＝－固定成本還要大，所以將繼續運作。

補　充

所謂損益平衡點，乃損（利潤為負值）與益（利潤為正值）之區分點的意思，表示利潤為0的點。此損益平衡點即AC與MC的交點A（也可說是AC的極小點）。

補　充

請將固定成本想成是固定的生產要素，也就是無法改變生產量的生產要素所需花費的成本。

所謂「無法改變產量」，不只是無法增加，同樣也是無法減少之意。

舉　例

試想以100萬日圓購入而開業的麵包店為例。由於開業所花費用無法變動，所以視為固定生產要素。一旦停止運作（生產）的話，總收入=0，成本方面，開業成本100萬日圓，所以利潤=-100日圓。另一方面，所謂利潤=0，表示至少藉由繼續生產，可以填補開業成本100萬日圓的赤字之意。

那麼，當什麼價格時要停止運作呢？此即P_3的價格。市場價格進一步下滑到P_3時，邊際收入曲線在P_3的位置呈水平的MR_3，企業在利潤極大的$MR_3=MC$所在B點，決定了生產量q_3。

然而，當生產量為q_3時，平均成本與其說AC不如說是J的高，市場價格為P_3即B的高。如此一來，平均成本比價格多了JB，出現了負值為JB的平均利潤。

另外，因為此JB為AC與AVC的差額，所以表示平均固定成本（AFC）。如此一來，將會發生負值為平均固定成本（AFC=JB）的平均利潤。

由於利潤為平均利潤×生產量，乃負值的平均利潤JB乘以生產量HJ，將成為長方形的面積$HJBP_3$。表示發生相當於$HJBP_3$面積之負值的平均利潤。此負值的利潤由於是「負值的平均利潤JB乘以生產量HJ」，所以大小將為「平均固定成本JB×生產量＝固定成本」。也就是說，所謂「發生相當於$HJBP_3$面積之負值的平均利潤」，可知即為利潤＝－固定成本。

當市場價格為P_3時，企業就算選擇了利潤極大的生產量q_3，但利潤＝－固定成本，仍將同樣面對停業的狀況。

像這樣利潤＝－固定成本時，價格與生產量的組合所在B點，稱為停業點。

舉　例

生產價格為100日圓的商品，但平均成本卻要花費120日圓的情況。

補　充

所謂停業點，無論停止運作與否利潤均為相同的點，惟一旦價格下跌幅度大於現在的程度，停業反而是利潤較大的點。

此停業點為AVC與MC的交點B（也可以說是AVC的極小點）。

【4】完全競爭企業供給曲線的導出

在圖表16-5中，市場價格在P_0時的生產量為F點所在的生產量q_0，市場價格在P_1時的生產量為G點所在的生產量q_1，市場價格在P_2時的生產量為H點所在的生產量q_2，其價格與供給量的關係，亦即供給曲線之F點、G點、A點、B點，與邊際成本曲線（MC）相同。

然而，當市場價格下滑到P_3時，即使達到B點的生產量q_3，也和停業時的利潤相同。也就是說，從利潤極大化的觀點來看，生產量無論是q_3、是0（停業）還是任何數值，結果都將會是相同。因此，當市場價格比P_3還要低時，繼續生產的話將比利潤＝－固定成本還要惡化，所以停業使利潤＝－固定成本反而有利。亦即利潤極大的生產量=0。

如此一來，價格在P_3以下時，因為生產量=0，價格與供給量的關係，亦即供給曲線，將是縱軸的一部分。

由此可知，完全競爭企業的供給曲線，包括原點O到P_3為止的縱軸，以及停業點B到右上方部分的邊際成本曲線（MC）。

【5】整體市場供給曲線的導出

由上所述，我們已瞭解了完全競爭企業的供給曲線（令此為A企業的供給曲線，名為Sa），接著將思考整體市場的供給曲線。

用圖表16-6來說明的話，當價格為P_0時，A企業的供給量50個，以及B企業的供給量為40個，加上其他由C、D、E等企業的供給量即為整體市場的供給量。

圖表16-5　完全競爭企業的供給曲線

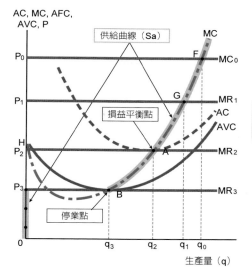

當價格為P_1時，A企業的供給量45個，以及B企業的供給量為35個，加上其他由C、D、E等企業的供給量即為整體市場的供給量。

當價格為P_2時，A企業的供給量20個，以及B企業的供給量為20個，加上其他由C、D、E等企業的供給量即為整體市場的供給量。

如此一來，可求出價格與整體市場的供給量關係，亦即整體市場的供給曲線（S）。最終，將各企業的供給曲線橫向加總後，便求出了整體市場的供給曲線。

由上可求出整體市場的供給曲線。然後，我們也學會了為何價格上升將使供給量增加，而形成向右上方傾斜的供給曲線。此以直覺的想法，當價格一旦上升，因為賺得到更多錢，所以企業想要供給的量（供給量）便會增加。

然而，正確而言，「價格（P）上升＝邊際收入（MR）上升」，利潤極大亦即MR＝MC所在的生產量將增加。

補充

橫向相加亦可稱為水平相加，也有用「市場的供給曲線可由個別企業的供給曲線之水平相加而求出」的表現方式。

補充

在圖表16-6中，雖然可求出市場供給曲線，但在進行市場分析時，忽略縱軸上的部分，僅畫出向右上方傾斜之供給曲線的情況頗多，所以請注意（第26章 圖表26-2、26-6等）。

復習

一時之間對此事沒有什麼概念的人，請試想圖表16-5中價格從$P_3 \rightarrow P_2 \rightarrow P_1$上升，利潤極大的生產量會如何變動。

圖表16-6　市場供給曲線的導出

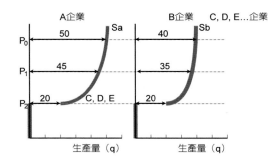
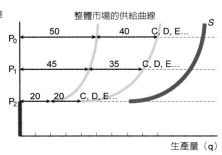

【問題16-1】

下面的圖，乃在完全競爭下的短期均衡狀態，縱軸為價格‧成本、橫軸為生產量，某企業所生產的產品之平均變動成本曲線以AVC、平均成本曲線以AC、邊際成本曲線以MC、邊際收入曲線以MR表示，此外，邊際收入曲線與邊際成本曲線之交點以A、邊際收入曲線與平均成本曲線之交點以B、邊際成本曲線與平均成本曲線極小點之交點以C、邊際成本曲線與平均變動成本曲線極小點之交點以D、邊際成本曲線的極小點以E表示，有關此圖的敘述何者為合理？

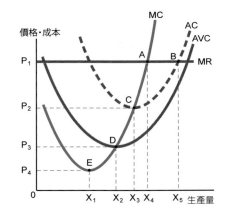

1. 當產品價格為P_1時，此企業利潤極大化時的生產量為X_5。
2. 當產品價格為P_2、生產量為X_3時，此企業的利潤為0。
3. 當產品價格為P_3、生產量為X_2時，儘管此企業的利潤為負值，因為短時間仍持續生產，所以D點稱為損益平衡點。
4. 當產品價格為P_4、生產量為X_1時，因為此企業的利潤為負值，以致停止生產，所以E點稱為停業點。
5. 縱軸的OP_2與C點右上方的邊際成本曲線MC為短期供給曲線。

（特別區Ⅰ類）

解答‧解說

1. ✕當價格為P_1時，邊際收入曲線（MR）在P_1的位置呈水平的直線，利潤極大（MR＝MC）的點為A，因而決定此時的生產量X_4，所以錯誤。

2. ○當價格為P_2時，邊際收入曲線（MR）在P_2的位置呈水平的直線，利潤極大（MR＝MC）的點為C，因而決定此時的生產量X_3。當生產量X_3時的平均成本，因為與AC曲線上C的高度所在價格P_2相同，其平均利潤為0且利潤亦為0，所以是正確的敘述。

3. ✕當價格為P_3時所在的D點並非「損益平衡點」，而是「停業點」，因此錯誤。

4. ✕「停業點」並非E點而是D點，因此錯誤。

5. ✕並非OP_2而是OP_3，且並非C點，而是在停業點D點右方的MC為短期供給曲線，所以錯誤。

正確解答　2

接著，讓我們說明求出完全競爭企業生產量之計算題的解法。

【問題16-2】

在完全競爭市場中，生產某財貨的企業其平均成本曲線如下所示。

$$AC = \frac{2}{3}q^2 - 16q + 140 \quad （AC：平均成本，q：生產量）$$

當財貨的價格為12時，利潤極大時的生產量為下列何者？

1. 5
2. 8
3. 10
4. 16
5. 20

（國稅專門官）

在計算上必要的知識

・利潤極大時生產量的決定
・利潤極大時生產量的計算

原則6　利潤極大時的生產量
利潤極大的條件 ⇔ ①MR=MC或②利潤函數微分=0

戰　略

解法1 ⋯⋯⋯⋯⋯⋯⋯⋯⋯⋯⋯⋯⋯⋯⋯⋯⋯⋯⋯⋯⋯⋯⋯⋯⋯⋯⋯⋯⋯⋯⋯⋯⋯

Step 1 求出MC

Step 2 求出MR

→ **Step 3** MR=MC（原則6 ①）

解法2 ⋯⋯⋯⋯⋯⋯⋯⋯⋯⋯⋯⋯⋯⋯⋯⋯⋯⋯⋯⋯⋯⋯⋯⋯⋯⋯⋯⋯⋯⋯⋯⋯⋯

Step 1 求出利潤函數。

Step 2 求出利潤極大時的生產量。　$\dfrac{d\pi}{dq}=0$（原則6 ②）

計 算

解法1 活用原則6 ①的方法⋯⋯⋯⋯⋯⋯⋯⋯⋯⋯⋯⋯⋯⋯⋯⋯⋯⋯⋯⋯⋯⋯⋯⋯⋯⋯⋯⋯⋯

Step 1

總成本$C=AC \times q = \frac{2}{3}q^3 - 16q^2 + 140q$

$MC = \frac{dC}{dq} = 2q^2 - 16 \times 2q + 140$ ⋯⋯①

Step 2 因為完全競爭企業通常可用12的價格銷售，所以

邊際收入（MR）$=12$ ⋯⋯②

Step 3 由①、②，利潤極大化條件MR=MC，

$12 = 2q^2 - 16 \times 2q + 140$

$2q^2 - 16 \times 2q + 128 = 0$

$q^2 - 16q + 64 = 0$

因此，$q=8$

正確解答 **2**

解法2 活用原則6 ②的方法⋯⋯⋯⋯⋯⋯⋯⋯⋯⋯⋯⋯⋯⋯⋯⋯⋯⋯⋯⋯⋯⋯⋯⋯⋯⋯⋯⋯⋯

Step 1 利潤函數

平均利潤（$A\pi$）　＝平均收入－平均成本

　　　　　　　　＝價格（P）－平均成本（AC）

　　　　　　　　$= 12 - (\frac{2}{3}q^2 - 16q + 140) = -\frac{2}{3}q^2 + 16q - 128$

利潤（π）$=$平均利潤（$A\pi$）$\times$生產量（q）

　　　$= (-\frac{2}{3}q^2 + 16q - 128)q = -\frac{2}{3}q^3 + 16q^2 - 128q$ ⋯⋯①

Step 2 利潤極大時的生產量

利潤極大化條件乃將①式以q微分，因為$\frac{d\pi}{dq} = 0$

$\frac{d\pi}{dq} = -\frac{2}{3} \times 3q^{3-1} + 16 \times 2q^{2-1} - 128$

　　　$= -2q^2 + 32q - 128$

　　　$= -2(q^2 - 16q + 64)$

　　　$= -2(q-8)^2 = 0$

因此，$q=8$

正確解答 **2**

3. 生產量的決定②

【1】總收入曲線

因為完全競爭企業為價格接受者，所以通常可以在固定的市場價格下供給。由於總收入（TR）=價格（P）×生產量（x），一旦價格固定的話，表示生產量（x）與總收入（TR）之關係的總收入曲線將如圖表16-7所示的直線。

其次，雖然邊際收入可說是生產量增加1單位時總收入增加的差額，但就圖表16-7來說，不外乎是總收入曲線的斜率罷了。

完全競爭企業為價格接受者且通常以價格（P）供給，所以總收入曲線的斜率為價格（P）並維持固定，而邊際收入（MR）亦通常維持固定。

【2】利潤極大生產量的決定

接下來，在圖表16-8中，畫了反S型總成本曲線與直線的總收入曲線，試求出利潤。利潤可將各生產量所得到的總收入減去總成本而求出。

另外，利潤最大的點為F，可知此乃將圖表16-8的上圖中斜率P的總收入曲線（TR）向下平移，剛好與總成本曲線（TC）相切的點。在和總收入曲線平行的輔助線TR'與總成本曲線的切點F上，總收入曲線的斜率（=邊際收入=P）與總成本曲線的斜率（=邊際成本）相同，滿足了邊際收入與邊際成本相同的利潤極大化條件。

圖表16-7 完全競爭企業的總收入曲線

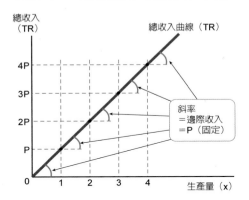

舉 例

當生產量為0的時候，總收入雖為0，但由於總成本為OA，所以利潤=0-AO=-AO。當生產量為x_1時，總收入只有b所在高度，因為總成本為B所在高度，所以利潤=-Bb。當生產量為x_2時，總收入也只有c所在高度，因為總成本為C所在高度，所以利潤=-Cc，雖然仍是負值的利潤，但當生產量為x_3時，總成本與總收入皆為D所在高度，所以利潤為0。接著，當生產量為x_4時，總收入為e所在高度，因為總成本為E所在高度，所以利潤=eE成為正值，當生產量為x_5時，總收入為f所在高度，因為總成本為F所在高度，所以利潤為正值，達到fF而成為極大，當生產量超過x_5的話，利潤將會開始減少，當生產量為x_6時，總成本與總收入皆為相同高度，利潤再度成為0。然後，生產量達x_7時，因為總成本（H）超過總收入（h），所以利潤為-Hh而成為負值。

圖表16-8　利潤極大之生產量的決定

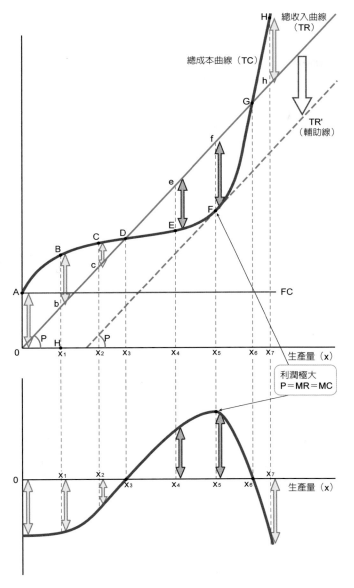

MEMO

_____

_____

_____

_____

_____

_____

_____

_____

_____

_____

_____

_____

Chapter 17

完全競爭市場的長期均衡

─即使薪資增加也未必能買得多

Point

1 存在固定生產要素的限定期間稱為短期，不存在固定生產要素，全部均為變動生產要素的期間稱為長期。

2 全部的生產要素（資本與勞動）為原有之2倍時，生產量擴增至2倍以上，稱為規模報酬遞增，生產量恰為2倍時稱為規模報酬固定，而生產量增加未達2倍者，稱為規模報酬遞減。

3 總成本、平均成本可由短期成本曲線之包絡線構成長期曲線，但邊際成本則否。

4 若長期邊際成本呈U型，則長期平均成本曲線亦呈U型，長期邊際成本曲線從長期平均成本曲線的極小點穿越。

5 若長期利潤為正，當有新加入者出現，則利潤將變為0，所以所謂長期市場均衡，乃指需要與供給的交點，並且企業利潤＝0的狀態。

　　第16章裡，已學習過有關短期完全競爭企業的生產行為，本章將學習長期生產行為。長期的話，由於可改變在短期中固定的資本額，所以企業的自由度較高。此結果導致市場上發生新加入‧退出的情況，最終使利潤為0，我們要學習的便是這樣的【長期均衡】。

　　因為短期與長期的成本曲線之關係頗為複雜，所以留待後面再學也可以。首先，讓我們學習出題可能性較高的完全競爭企業的長期均衡。

1. 短期與長期的成本曲線

【1】短期與長期的差異

所謂短期，指雖然可以改變勞動量，卻無法變動資本額的限定期間稱之，所謂長期則不只是勞動量，連資本額也可變動的限定期間稱之。因此，在此將短期的平均成本以SAC、短期的邊際成本用SMC表示。如先前已提過的，一般短期平均成本曲線如圖表17-1所示SAC$_1$一樣呈U型，作為短期邊際成本的SMC$_1$自SAC$_1$的極小點由左下方往右上方穿越。

此處將資本額（機器）1台時的平均成本以SAC$_1$、邊際成本以SMC$_1$，2台時的平均成本以SAC$_2$、邊際成本以SMC$_2$表示。同樣的，資本額5台時，短期的成本曲線為SAC$_5$、SMC$_5$。如此一來，資金額一旦決定後，作為短期成本曲線的SMC與SAC也同時決定。

相對於此，長期的話由於資本額可以變動，所以資本額1台的話可選擇SAC$_1$與SMC$_1$，2台的話可選擇SAC$_2$與SMC$_2$。

【2】假設

此處，儘管隨著資本額從1台、2台、3台增加，將使效率提高且平均成本下降，但假設從第4台起，資本額增加反而將使效率下降且平均成本提高。

當資本額從1台、2台、3台增加的情況下，一般而言，伴隨著資本的增加，勞動力也將增加。當資本與勞動力

補 充

就長期而言，全部的生產要素均為可變動的。

Point!

長期因隨著資本額變動，所以可選擇最為有利的短期成本曲線SMC、SAC。

圖形化 graph

在圖表17-1中，因為隨著資本額從1台、2台、3台增加，將使效率提高且平均成本下降，所以將以SAC$_1$、SAC$_2$、SAC$_3$的方式，SAC的位置逐漸下降。然而，從第4台起資本額增加反而將使效率下降且平均成本提高，所以將以SAC$_1$、SAC$_2$、SAC$_3$的方式，SAC的位置逐漸升高。

用 語

如此全部的生產要素以同比率增加，稱為規模的擴大。

圖形化 graph

此時，平均成本＝總成本／生產量，因為全部的生產要素為2倍，所以總成本變為2倍，生產量也剛好2倍之故，所以平均成本並未改變。由於如此，即使資本額增加，但因為短期平均成本不變，所以如圖表17-2所示SAC$_1$、SAC$_2$、SAC$_3$位於相同高度。

提高到2倍時，生產量剛好2倍時稱為規模報酬固定。

當資本與勞動提高到2倍時，例如生產量達到4倍，乃超過2倍的情況，稱為規模報酬遞增。此為所有的生產要素提高到2倍，因而總成本也為2倍，但生產量卻比2倍還大，並成為4倍的情況。此時，平均成本 $= \dfrac{總成本}{生產量}$，由於總成本2倍、生產量4倍，所以為0.5即減少一半。

當資本與勞動提高到2倍時，例如生產量達到1.5倍，乃低於2倍的情況，稱為規模報酬遞減。此時所有的生產要素提高到2倍，因而總成本也為2倍，但生產量僅1.5倍，比2倍還小，由於平均成本 $= \dfrac{總成本}{生產量}$，其中總成本2倍、生產量1.5倍，$\dfrac{2}{1.5} = \dfrac{4}{3} \fallingdotseq 1.333$，所以較以往增加約1.333倍。

一般而言，在思考長期平均成本曲線的情況下，如圖表17-1所示，會訂定在某規模（資本3台）以前仍具規模利益，一旦超過後反而規模利益下滑的假設。

圖形化　graph

如此與規模相關報酬遞增的情況下，如圖表17-1的 SAC_1、SAC_2、SAC_3 一樣，平均成本逐漸下降到較低的位置。

圖形化　graph

如此與規模相關報酬遞減的情況下，如圖表17-1的 SAC_3、SAC_4、SAC_5 一樣，平均成本逐漸上升到較高的位置。

理　由

此可想成在達到某規模前，若規模擴大可使分工與知名度提升等正面效果增加，但規模一旦過大，由於管理眾多員工將使組織變得複雜，反而導致效率變差的情況。

圖表17-1　隨短期成本曲線的資本額變動而造成的推移（一般情況）

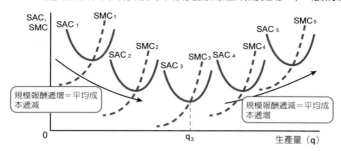

圖表17-2　隨短期成本曲線的資本額變動而造成的推移（規模報酬固定情況）

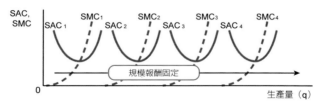

【3】長期平均成本曲線

接著，從圖表17-1（一般情況）中，僅將SAC取出，並將SAC的左右加以延長作圖，在圖表17-3裡畫出。

因為當生產量q_1時，在資本1台的SAC_1下，其平均成本為極小，就長期而言，生產量q_1時，機器1台的平均成本為極小之A_1點的高度。

其次，因為當生產量q_2時，在資本2台的SAC_2下，其平均成本為極小，就長期而言，生產量q_2時，機器2台的平均成本為極小之B_2點的高度。

在生產量q_3的情況下，資本3台時平均成本以C_3點為極小，就長期而言，當生產量q_3時，資本額3台的平均成本為極小之C_3點的高度。

同樣地，當生產量q_4時，資本4台SAC_4時的D_4點之高度為平均成本極小，所以選擇資本4台其平均成本將為D_4點，當生產量q_5時，資本5台SAC_5時的F_5點之高度為平均成本極小，所以選擇資本5台其平均成本將為F_5點。

如此一來，長期平均成本曲線（LAC）乃由A_1、B_2、C_3、D_4、F_5點所連接而成的曲線。長期而言，隨著機器數量的變動，因為可選擇對應某生產量的平均成本極小之SAC，所以長期平均成本曲線（LAC）為特定生產量時的SAC中最低點之集合所構成。在圖形中，與各SAC相切，將其自下方包進裡面，所以稱為包絡線。

此外，此處請注意SAC與LAC的切點A_1、B_2、D_4、F_5（圖中為○），和SAC的極小點（圖中為△）有所偏離。

理 由

像q_1這樣生產量較少的情況，機器（資本）為1台，平均成本曲線為SAC_1，此時q_1的平均成本為SAC_1上A_1點之高度。然而，在生產量為q_1，擁有2台機器（資本）的情況下，平均成本曲線為SAC_2，此時q_1的平均成本為SAC_2上A_2點之高度。擁有3台機器的情況為SAC_3，當生產量為q_1時，將變成圖形中無法容納的高度。

理 由

在生產量為q_2的情況下，機器（資本）為1台，平均成本曲線為SAC_1，此時q_2的平均成本為SAC_1上B_1點之高度。然而，在生產量為q_2，資本為2台的情況下，平均成本曲線為SAC_2，此時q_2的平均成本為SAC_2上B_2點之高度，比資本為1台的時候還要小。不過，機器達到3台時成為SAC_3，較生產量q_2時SAC_3上的B_3點還要高。當機器為4台、5台的情況，則為SAC_4、SAC_5，將變成圖形中無法容納的高度。

理 由

在生產量為q_3的情況下，機器（資本）為1台，平均成本曲線為SAC_1，此時q_3的平均成本為圖形中無法容納的高度。再也不是用1台機器可以負荷的生產量了。在生產量為q_3，資本為2台的情況下，平均成本曲線為SAC_2，此時q_3的平均成本為SAC_2上C_2點之高度，當資本達到3台時成為SAC_3，與生產量q_3時SAC_3上的C_3點相比，平均成本還要更低。然而，當資本達到4台時成為SAC_4，平均成本比SAC_4上C_4點之高度還高。

只有當LAC的極小點C₃時，LAC與SAC的切點和SAC的極小點是相同的。

圖表17-3　長期平均成本曲線之導出

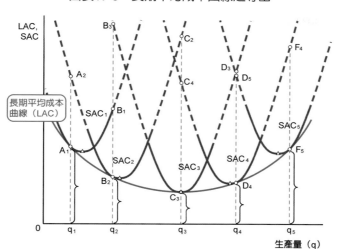

【4】長期邊際成本曲線

接下來我們將導出長期的邊際成本曲線。若企業生產量為q_1的話，機器數量將決定是1台機器。該結果將決定邊際成本曲線為SMC_1。因為是q_1的生產量，所以從SMC_1可知，邊際成本為a點的高度。

理　由

如先前所述，長期而言，可選擇使平均成本極小化的機器台數（資本額）。以圖表17-4來說，若生產量為q_1的話，因為平均成本最低的是SAC_1，所以決定機器數量為1台。

圖表17-4　長期邊際成本曲線之導出

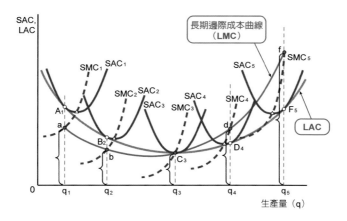

其次，若生產量為q_2的話，因為平均成本最低的是SAC_2，所以決定機器數量為2台。由於是2台機器，所以不僅是SAC_2，連邊際成本曲線也決定是SMC_2。因為是q_2的生產量，所以從SMC_2可知，邊際成本為b點的高度。

同樣地，若生產量為q_3的話，因為平均成本最低的是SAC_3，所以決定機器數量為3台。由於是3台機器，所以不僅是SAC_3，連邊際成本曲線也決定是SMC_3。因為是q_3的生產量，所以從SMC_3可知，邊際成本為C_3點的高度。此外，若生產量為q_4的話，因為平均成本最低的是SAC_4，所以決定機器數量為4台，由於是4台機器，因此邊際成本曲線也決定是SMC_4，且因為是q_4的生產量，所以從SMC_4可知，邊際成本為d點的高度。生產量為q_5時，也因為平均成本最低的是SAC_5，故決定機器數量為5台，由於是5台機器，所以邊際成本曲線也決定是SMC_5，且因為是q_5的生產量，所以從SMC_5可知，邊際成本為f點的高度。

由上所述，長期邊際成本當生產量q_1時為a點的高度、當生產量q_2時為b點的高度、當生產量q_3時為C_3點的高度、當生產量q_4時為d點的高度、當生產量q_5時為f點的高度，因此將這些a、b、C_3、d、f點連接而成的紅色曲線，即為長期邊際成本曲線（LMC）。

〈長期邊際成本（LMC）的求法〉

在某生產量下，決定可使短期平均成本（SAC）極小的資本額

↓

基於資本額，決定短期邊際成本曲線（SMC）

↓

從SMC求出生產量的邊際成本

↓

用相同的方法，求出對應各種不同生產量的邊際成本

↓

將所求出邊際成本的點連接＝長期邊際成本曲線（LMC）

【5】長期平均成本曲線、長期邊際成本曲線的關係

在圖表17-4中，雖然畫出了長期平均成本曲線（LAC）與長期邊際成本曲線（LMC），但將兩者的關係更正確地畫出來的話，即如圖表17-5所示。**LMC自LAC的極小點從左下方向右上方穿越**，由於此情況和短期的平均變動成本（AVC）與邊際成本（MC）的關係相似，爲了作爲參考，所以再次畫出短期成本曲線圖表15-9。

就長期而言，由於資本、勞動均爲可變動的生產要素，並非固定的生產要素，所以沒有固定成本，全部爲變動成本。此結果使總成本與變動成本相等，長期平均成本（LAC）也就是長期平均變動成本。因此，LAC與LMC的關係和短期的AVC與MC的關係相似。

圖表17-5　長期邊際成本與長期平均成本的關係

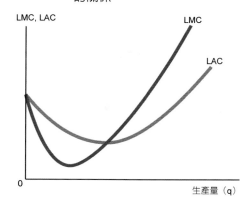

圖表15-9　各種成本曲線與5個重點（同前圖）

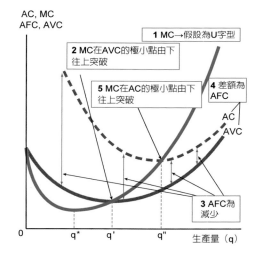

2. 完全競爭企業在長期的生產量決定

由於完全競爭企業爲只能接受市場價格的價格接受者，所以無論市場價格爲多少都會供給。因此，和短期的情況相同，完全競爭企業所面對的需求曲線（d）在市場價格的位置呈水平狀態。

在圖表17-6中，假設市場價格爲 P_0。此時，由於通常在 P_0 供給，所面對的需求曲線 d_0 即在 P_0 的高度呈水平狀態。然後，因爲每個均在 P_0 供給，所以邊際收入（每增加1單位生產量時，收入的增加差額）固定爲 P_0，作爲邊際收入曲線的 MR_0 爲在 P_0 呈水平狀態，和 d_0

為同一條水平的直線。利潤極大的生產量為MR=LMC時的生產量，其理由和短期的情況相同。也就是說，只要邊際收入（MR）比邊際成本（LMC）還大，當企業增加1單位生產量的話，便會增加MR_0-LMC的利潤，所以將持續增加產量。因此，將決定為$MR_0=LMC$時的生產量q_0。為何如此，乃因一旦超過q_0時，LMC將比MR_0還大，造成每增加1單位生產量時，其成本的增加差額（LMC）將比增加的收入（MR）還要大，導致利潤減少之故。

在圖表17-6中，決定為利潤極大，亦即$MR_0=LMC$所在e_0點的生產量q_0。當生產量為q_0時，價格為P_0即e_0的高度，而平均成本從LAC可知為f的高度，所以每1個的平均利潤為e_0f，而全部的利潤即平均利潤e_0f乘以生產量gf，成為長方形e_0fgh的面積（陰影部分）。

圖表17-6　在長期下完全競爭企業的生產量決定

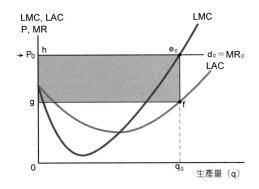

經過以上的說明，或許會認為「為何與短期的情況相同。長期而言企業的均衡點（穩定點）為e_0」。然而，在長期的情況下，企業一旦獲得正利潤，便會有新的企業進入市場，以致市場價格從P_0下滑。如此一來，企業的均衡也就不會是e_0，此點將在稍後詳細說明。

3.　完全競爭企業的長期供給曲線

如在圖表17-6中所說明的，當價格為P_0時，將決定$MR_0=LMC$所在e_0點的生產量q_0。當市場價格為圖表17-7中的P_1時，邊際收入曲線為MR_1，將決定$MR_1=LMC$所在e_1點的生產量q_1。同樣地，當價格為P_2時，將決定e_2的生產量q_2，當價格為P_a時，將決定a點的生產量q_a。

圖表17-7　完全競爭企業的長期供給曲線

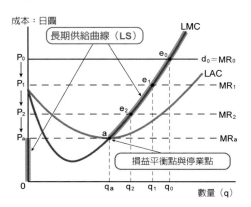

然而，在圖表17-7中，生產量爲 q_a 時價格爲 P_a，即爲a的高度，而平均成本也從LAC可知爲a的高度。也就是說，當市場價格成爲 P_a 時，即使爲了達到利潤極大而決定了生產量爲 q_a，卻因 $P_a=LAC$，以致利潤爲0。總言之，a點可以說是利潤=0的損益平衡點。此外，在長期的情況下，因爲無固定成本，所以此點即成爲停業點。

如此一來，當價格爲比 P_a 還要低的價格下，利潤將會比0更少，由於停業時的利潤0反而更好，因此將會停業，亦即生產量成爲0。

由上所述，企業的長期供給曲線在達到價格 P_a 之前，因爲生產量爲0故爲縱軸，當達到 P_a 以上的價格時，將 e_0、

— 理 由 —

爲何如此，乃由於無論利潤少或是負值，仍是從該產業撤出爲佳。因爲全部皆爲變動生產要素，所以當生產量爲0時，全部的生產要素均可歸0，總成本亦可歸0。將此與短期的停業點間的關係加以思考的話，以短期而言損益平衡點爲利潤=0之點，停業點爲利潤=−固定成本之點。然而，就長期來說，由於固定成本=0，所以利潤=−固定成本=0，而利潤=−固定成本之點，即與利潤=0之點相同。

完全競爭市場的長期均衡

e_1、e_2、a連接而成的線，亦即將是長期邊際成本曲線（LMC）右上方的一部分。

4. 長期均衡

【1】長期市場供給曲線

長期的市場供給曲線也和短期的市場供給曲線（圖表16-6）相同，個別企業的供給曲線呈水平（橫向）狀態。

圖表17-8　長期市場供給曲線

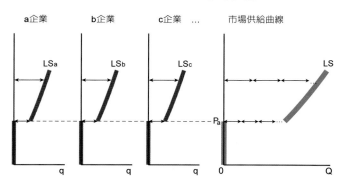

【2】長期均衡

既然已導出了市場的長期供給曲線，接著讓我們來討論長期均衡。一開始，在圖表17-9中，假設需求曲線為D、供給曲線為LS。如此一來，需求與供給的交點E_0所在位置的經濟呈現均衡。

然而，此E_0並非長期的市場均衡。與短期不同，長期的話全部的生產要素為變動的。也就是說，藉由資本與勞動的調配，也可從其他產業新加入此產業。雖然在完全競爭市場的條件中，包括「可自由地進入、退出市場」的條件，但正確來說，是指在長期的話有必要考慮進入・退出的意思。

其次，考慮新加入的因素，來就長期均衡加以思考。需求與供給的（暫時的）均衡點E_0所在的價格為P_0。由於利潤＝0時的價格為P_a，因此對企業而言在P_0可產生正利潤。

若有正利潤，表示比其他產業存在較多利益，所以會從其他產業進入此產業。如此一來企業家數將會增加，導致由企業的供給曲線橫向加總而成的市場供給曲線（LS），將會伴隨著企業家數的增加而向右位移。因為只要利潤為正的話，連帶新加入發生而使LS向右位移，最終結果將持續向右位移，直到利潤＝0時的價格P_a所形成的供給曲線LS'為止。在LS'與需求曲線D的交點E_a上，因為價格為P_a，且利潤＝0的水準，所以將不再有新加入，供給曲線亦不再位移，經濟在E_a點趨於穩定，此E_a即為市場的長期均衡位置。

補 充

此外，在短期的話，資本為固定生產要素，由於數量無法變動，其他產業的企業在未持有資本，並且無法購入下，因此無法進入。

圖表17-9 長期市場均衡

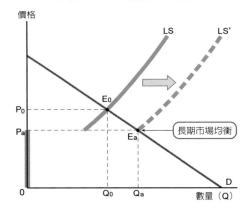

完全競爭市場的長期均衡條件
①需求與供給的交點
②在利潤＝0的價格水準下

【問題17-1】長期均衡價格的計算

在完全競爭市場中，所有企業的成本函數如下所示。

$C=0.5q^3-3q^2+30q+50$ （C：總成本，q：產出量）

此時，此產業的長期均衡價格為多少？

1. 5
2. 25.5
3. 37.5
4. 5.5
5. 67.5

戰　略

原則7　完全競爭市場的長期均衡 ⟶ ①需求曲線與供給曲線的交點，而且
②各企業的利潤=0

從原則7的②「各企業的利潤=0」可知，長期均衡的價格為損益平衡價格（下圖P*）。由於A點為LAC的極小點，所以將LAC的斜率$=\dfrac{dLAC}{dq}=0$時的q計算出來，即可藉此求出q*（解法1）。或者，因為A為長期邊際成本（LMC）與長期平均成本（LAC）的交點，所以將LMC=LAC時的q計算出來，亦可藉此求出q*（解法2）。

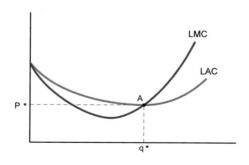

解法1   解法2

$C=0.5q^3-3q^2+30q+50$

$LAC=\dfrac{C}{q}=0.5q^2-3q+30+\boxed{\dfrac{50}{q}}$

$\qquad=0.5q^2-3q+30+\boxed{50q^{-1}}$ ……①

為了使用微分公式而改寫式子。

$\qquad\qquad\qquad\qquad\qquad LMC=\dfrac{dC}{dq}$

$\qquad\qquad\qquad\qquad\qquad\quad=0.5\times3q^{3-1}\times(-3)\times2q^{2-1}+30+0$

因為在A點的LAC為極小，斜率為0，所以

$\qquad\qquad\qquad\qquad\qquad\quad=1.5q^2-6q+30$

$\dfrac{dLAC}{dq}=0.5\times2q^{2-1}-3+0+(-1)\times50\,q^{-1-1}$

$\qquad\qquad\qquad\qquad$ 在A點　LAC　＝　LMC

$\qquad\quad=q^1-3-50q^{-2}$

$\qquad\quad=q-3-\dfrac{50}{q^2}=0$ ……②　　$0.5q^2-3q+30+50q^{-1}=1.5q^2-6q+30$

$\qquad\qquad\qquad\qquad\qquad\qquad q^2-3q-50q^{-1}\qquad\quad=0$

$\qquad\qquad\qquad\qquad\qquad\qquad\qquad\qquad$ 兩邊同乘以q

②的兩邊同乘以q^2 $\qquad\qquad\qquad\quad q\,(q^2-3q-50q^{-1})=0\times q$

$q^2\,(q-3-\dfrac{50}{q^2})\quad=\quad0\times q^2$ $\qquad\qquad q^3-3q^2-50\qquad=\quad0$ ……④

$\quad q^3-3q^2-50\quad=\quad0$

$\qquad\quad q^3-3q^2\quad=\quad50$

$\quad q^2\,(q-3)\quad=\quad50\qquad$ ……③

因為③的q^2大於0所以必然q-3>0，可知q>3。

當q=4時，③為

$4^2\,(4-3)=16\times1=16$

由於並非50，所以不合。

當q=5時，③為

$5^2\,(5-3)=25\times2=50$

合乎所求，所以q=5。此為A點的q*。

將此q=5代入①中

$LAC=0.5q^2-3q+30+\dfrac{50}{q}$

$\qquad=0.5\times5^2-3\times5+30+\dfrac{50}{5}$

$\qquad=12.5-15+30+10$

$\qquad=37.5$

Chapter 18

生產要素的需求
—要僱用多少人、要買多少台機器

1 企業將決定在勞動邊際生產力＝實質工質率所在利潤極大時的勞動需求量【古典學派第一假設】。

2 就長期而言，企業將決定資本邊際生產力＝實質利率所在利潤極大時的資本需求量。

3 就長期而言，企業一旦決定了利潤極大所在的勞動‧資本需求量，勞動的邊際生產量與資本的邊際生產力相等【邊際生產力均等法則】。

4 當企業以某生產量（特定的等量曲線上的組合）進行量產時，將決定總成本極小（離原點最近的等成本線）的勞動需求量。此結果使等量曲線與等成本線的切點成為【最適投入組合】。

難易度　B

出題可能性

國家Ⅱ種	C
國稅專門官	C
地方上級、市政廳 、特別區	B
國家Ⅰ種	B
中小企業顧問	C
證券分析師	A
註冊會計師	B
政府辦公室等記錄	B
不動產估價師	C
外務專門職務	C

　　本章裡，並非商品的生產量決策，而是將學習有關商品生產所必要的生產要素（勞動與資本）的需求量決策。

　　此論點本身雖然並不常出題，但本章所學古典學派的第一假設，將在總體經濟學的AD-AS分析中，導出總供給（AS）曲線時使用。

在本章中，將學習企業如何決定勞動與資本等生產要素的需求量。

1. 勞動需求量的決定

接著首先，讓我們思考勞動需求量。此部分雖然已經在「考試全攻略：圖解總體經濟學入門」中說明過，但這裡還是再一次簡單地說明。

首先，在分析時假設勞動邊際生產力為遞減。因此，如圖表18-1所示，邊際生產力曲線呈向右下方傾斜，此外，假設勞動市場為完全競爭市場。如此一來，作為勞動需求者的企業為價格接受者，除了勞動市場所決定的工資率外，將無法得到勞動需求。在此勞動市場中，假設決定實質工資率為6。

在圖表18-1中，僱用1個人時的邊際生產力，亦即生產量的增加為10個。另一方面，因為實質工資率為6個，所以僱用1名勞動者，必須支付6個產品（商品）的工資。如此一來，由於僱用第1個人將增加10個−6個=4個數量的利潤，所以將僱用第1個人。

同樣地，追加1個人而僱用第2個人時，生產量雖然將增加8個，但是要支付6個數量的工資，因而增加8個−6個=2個數量的利潤，所以企業也將僱用第2個人。

最後結果，企業將決定當邊際生產力與實質工質率相等時所對應的勞動需求量（在圖表18-1中為3個人）【古典學派第一假設】。

【古典學派第一假設】
有關勞動需求量的利潤極大
↓
勞動邊際生產力＝實質工質率

圖表18-1　勞動需求量的決定

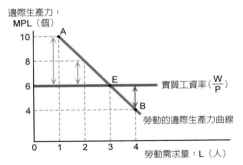

邊際生產力：MPL（個）

實質工資率（W/P）

勞動的邊際生產力曲線

勞動需求量：L（人）

用 語

所謂勞動的邊際生產力遞減，乃指隨著勞動僱用量增加，勞動的邊際生產力（追加僱用1單位勞動力時生產量的增加差額）卻逐漸減少之假設。

用 語

像時薪1,000日圓一樣，以金額表示的工資率稱為名目工資率，或是稱為貨幣工資率。工資在英文為wage，所以名目（貨幣）工資率以W表示。相對於此，以幾個物品表示的工資率稱為實質工資率。例如，名目工資率為1,000日圓，若產品（產出之財貨）的價格為100日圓的話，實質工資率為名目工資率（1,000日圓）÷產品價格（100日圓）=10個，可計算出為10個產品數量的工資率。

➕ 補 充

若超過該數量而僱用第4個人的話，即使支付了6個數量的薪資（實質工資率），由於也只能增加4個生產量（邊際生產力=4），將造成2個數量的損失而使利潤減少。

2. 資本需求量的決定

資本需求量的決定與勞動量的決定大致相同。企業是否追加1單位資本，取決與所需追加1單位資本時的生產量增加差額（資本的邊際生產力），是否比追加1單位資本所需支付的實質利率還要大。

此處以個體經濟學的觀點，亦即古典學派的立場加以思考。古典學派認為利率視為實物資本的租賃價格。以金額表示的利率稱為名目利率，名目利率為1,000日圓，假設產品（產出之財貨）的價格為100日圓的話，實質利率為名目利率（1,000日圓）÷產品價格（100日圓）=10個，則計算出為10個產品數量的利率。若將此與名目利率（r）的關係表示出來的話，即為實質利率=$\frac{r}{P}$（r：名目利率，P：物價）。

此處，隨著資本需求量以第1台、第2台、第3台的方式逐漸增加，當追加所需1單位的資本額時，假設生產量的增加差額（邊際生產力）將以10個、8個、6個的方式逐漸減少（遞減）的話（邊際生產力遞減的假設），在圖表18-2中，資本的邊際生產力曲線將呈向右下方傾斜。

現有資本（租賃）市場亦為完全競爭市場，因此假設實質利率決定為6個，起初第1台需求可增加10個生產量並支付6個數量的利率（每1台的租賃費用），所以相抵後可獲利4個數量。同樣地，第2台也可獲利8個-6個=2個數量，但第3台為6個-6個=0個，變得再也無法獲利而就此停止。

最終結果，企業將決定在資本邊際生產力與實質利率相等之利潤極大時的資本需求量。

圖表18-2　資本需求量的決定

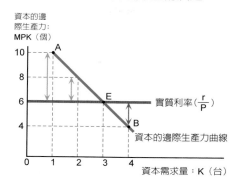

生產要素的需求

理　由

為何如此，乃因若再增加需求量，使所需達到第4台時，依邊際生產力遞減的假設，儘管生產量的增加將減少至4個，但所支付的利率（實質利率）仍為6個不變，所以對企業而言，將造成4個-6個=-2個即2個數量的損失。

補　充

此與勞動相關古典學派的第一假設具有相同意涵。

有關資本需求量的利潤極大化
↓
資本的邊際生產力（MPK）
=實質利率（$\frac{r}{P}$）

3. 邊際生產力均等法則

從以上所述可知，企業爲了追求利潤極大所需勞動需求量的條件

$$MPL = \frac{W}{P} \quad \cdots \cdots ①$$

企業爲了追求利潤極大所需資本需求量的條件爲

$$MPK = \frac{r}{P} \quad \cdots \cdots ②$$

將①改寫後 $\frac{1}{P} = \frac{MPL}{W} \quad \cdots \cdots ①'$

將②改寫後 $\frac{1}{P} = \frac{MPK}{r} \quad \cdots \cdots ②'$

由①'、②'

$$\frac{1}{P} = \frac{MPL}{W} = \frac{MPK}{r}$$

利潤極大時，可知以下式子成立。

$$\frac{MPL}{W} = \frac{MPK}{r} \quad \cdots \cdots ③$$

左邊的 $\frac{MPL}{W}$ 爲勞動的邊際生產力除以作爲勞動價格的W，即每1日圓的勞動邊際生產力。右邊的 $\frac{MPK}{r}$ 爲資本的邊際生產力除以作爲資本價格的r，亦即每1日圓的資本邊際生產力。

此每1日圓的邊際生產力稱爲貨幣的邊際生產力，③式稱爲勞動的邊際生產力與資本的邊際生產力相等的狀態（均等）。

由上所述，企業利潤極大的條件爲勞動邊際生產力與資本邊際生產力相等【邊際生產力均等法則】。

➕ 補 充

到這裡爲止的敘述，應該有人會認爲「與已學習過家計單位的行爲，爲達到家計單位效用極大化條件的貨幣的邊際效用均等法則相似」。把它想成大致相同即可。

因此，爲何勞動與資本的邊際生產力相等，會使利潤極大化的相關說明，將如同下面一樣，與貨幣的邊際效用均等法則大致相同。

理 由

設勞動的邊際生產力爲5，資本的邊際生產力爲10，兩者並不相等。此時，放棄1日圓的勞動（L）支出用於資本（K）的話，雖然放棄1日圓的勞動將減少5個生產量，但以該1日圓用於資本使其增加1日圓後，可提高10個生產量，所以最終可提高5個生產量。也就是說，當邊際生產力不相等時，將邊際生產力較小的生產要素放棄1日圓，而以該1日圓用於邊際生產力較大的生產要素時，在相同成本下，生產量將可提升。生產量可提升，可知亦即生產量尚未達到極大狀態。

然而，當邊際生產力相等時，即使在勞動與資本間轉讓1日圓，由於每1日圓的生產量相同，所以再也無法提高生產量。也就是說，生產量已達到極大，可說是具有效率的。

4. 等量曲線一等成本線模型

【1】模型的概要

　　以下將說明為了達到某個限定的生產量，企業如何決定資本與勞動需求量，其分析所用之等量曲線一等成本線。由於此模型乃與無異曲線理論相似的模型，所以首先在其與無異曲線比較的同時，說明其概要。

　　無異曲線理論乃在橫軸上取X財貨的消費量（x）、在縱軸上取Y財貨的消費量（y），畫出效用水準相等的消費量組合所在之無異曲線，以及預算內所能消費的最大限度之預算限制線，由預算限制線與縱軸、橫軸而圍成的消費可能集合△OAB內即為效用極大。亦即在無異曲線上位於最右上方的組合乃效用極大之組合，為其結論。

　　相對於此，等量曲線一等成本曲線模型乃在橫軸上取勞動投入量（L）、在縱軸上取資本投入量（K），畫出等同生產量之投入量所組合而成的等量曲線，以及等同成本之投入量所組合而成之集合構成的等成本線，在限定的生產量下，亦即達到等量曲線Q=100個的同時成本極小，也就是最接近原點的等成本線上的組合，將是企業所選擇，為其結論。

　　因此，等量曲線與無異曲線相似，而等成本線與預算限制線相似。

　　然而，在無異曲線理論中，以呈直線的預算限制線作為取決的限制條件，而求出在無異曲線上位於最右上方的組合，等量曲線一等成本線模型則是相反，首先，決定了生產量亦即等量曲線後，再依生產量的限制條件下，求出成本極小所在直線的等成本線上之組合，這一點有很大的不同。

圖表18-3　無異曲線理論

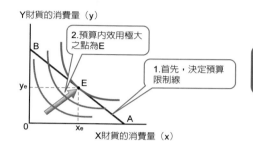

圖表18-4　等量曲線一等成本線模型

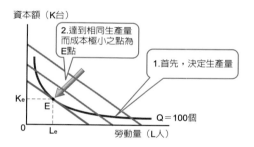

【2】等量曲線

　　所謂等量曲線，乃為了使生產量達到同一水準，所需勞動投入量與資本投入量的組合（點）之集合。例如，在圖表18-5中，勞動力1個人與資本5台的A點、勞動力2個人與資本3台的B點、勞動力3個人與資本2.5台的C點、勞動力4個人與資本2台的D點假設為相同生產量100個。此時，因為A、B、C、D點為相同生產量，這些點連接而成的Q_0為等量曲線。

　　將此想成與將效用相同的組合連接而成之無異曲線相似，應該會容易理解些。然而，無異曲線的效用無法用100還是200計數，乃是以只有順序才能理解的序數概念為前提，而等量曲線的生產量可用100個與200個計數的基數概念為前提，這一點大不相同。

　　與無異曲線理論相同，藉由訂定①完整性的假設，②無飽和的假設，③遞移性的假設，④邊際技術替代率遞減的假設這4個假設，推導出①存在無限多條，②向右下方傾斜，③愈向右上方生產量愈大，④任何兩條不相交，⑤凸向原點的特性。

4個假設	5個特性
①完整性的假設 →	①可畫出無限多條
②無飽和的假設 →	②向右下方傾斜
③遞移性的假設	③愈向右上方生產量愈大
④假設邊際技術替代率遞減（的法則） →	④任何兩條不相交
	⑤凸向原點

圖表18-5　等量曲線

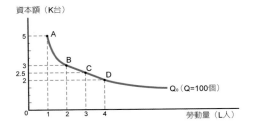

資本額（K台）

Q_0（Q=100個）

勞動量（L人）

【3】等成本線

　　所謂等成本線，乃為了達到同一成本（C）水準，所需勞動投入量（L）與資本投入量（K）的組合之集合。成本大多寫成C，此為Cost之略。

　　假設w（工資率）、r（利率：1單位資本的租賃價格）乃由市場所決定且為固定，則等成本線為**C＝wL＋rK**。

　　成本＝對勞動的支出額＋對資本的支出額，例如，假設成本C＝10,000日圓，w＝2,000日圓，r＝1,000日圓，等成本線可畫成如圖表18-7的AB所示。

　　首先，來確認由A點與B點所連接而成的直線AB為等成本曲線。所謂等成本線，乃為了達到同一成本水準，所需勞動（L）投入量與資本（K）投入量的組合之集合。因此，A點（0，10）為成本＝2,000×0＋1,000×10＝10,000。B點（5，0）亦為成本＝2,000×5＋1,000×0＝10,000，所以數值相同，在相同的等成本線上。

　　同樣地，C點（1，8）也是成本＝2,000×1＋1,000×8＝10,000，D點（2，6）也是成本＝2,000×2＋1,000×6＝10,000，由於成本與A點、B點相同，所以在相同的等成本線上。由上所述，可以確認將A點與B點所連接而成的直線AB為等成本線。

【4】成本更少的等成本線

　　接著，考慮圖表18-7中有關等成本線右上方的組合，以及左下方的組合。

　　H點（1，4）比等成本線AB上的C點（1，8）還要下面，相較於C點，雖然L的量相同，但K的量4個較少，所以成本變少。此外，H點(1,4)比等成本線上的F點

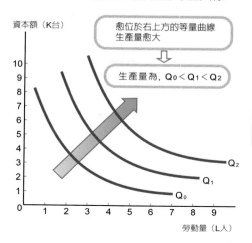

圖表18-6　滿足5個特性的等量曲線

愈位於右上方的等量曲線生產量愈大

生產量為，$Q_0 < Q_1 < Q_2$

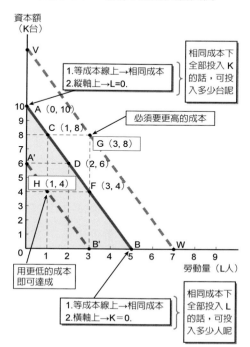

圖表18-7　等成本線的具體實例

相同成本下全部投入 K 的話，可投入多少台呢

1.等成本線上→相同成本
2.縱軸上→L＝0。

必須要更高的成本

用更低的成本即可達成

1.等成本線上→相同成本
2.橫軸上→K＝0.

相同成本下全部投入 L 的話，可投入多少人呢

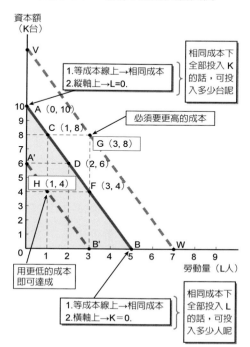

（3，4）還要左邊，相較於F點，雖然K的量相同，但L的量1個較少，所以成本也會變少。

像這樣等成本線左方（下方）的組合，可知為較少成本投入量的組合。也就是說，在圖表18-7中，A'B'是比AB成本還少的等成本線。

相對於此，G點（3，8）比等成本線上的F點（3，4）還要上面，相較於F點，雖然L的量相同，但K的量8個較多，所以成本變多。此外，G點（3，8）比等成本線AB上的C點（1，8）還要右邊，相較於C點，雖然K的量相同，但L的量3個較多，所以成本也會變多。從以上敘述可知，通過G點的等成本線VW是比等成本線AB成本還多的等成本線。

這次我們用圖表18-8將其普遍化加以思考。（總）成本以C_0日圓、L的價格以W_0，K的價格以r_0表示。

首先，請注意等成本線AB與縱軸、橫軸相交的點（截距）。然後，等成本線的縱軸截距A，由於在等成本線AB上，所以是相同成本C_0，並且橫軸上的L＝0，表示勞動並未投入。因此，A點的高度（K）乃以成本C_0作為K需求（投入）時K的台數，所以是$\dfrac{C_0}{r}$台。

另外，等成本線的橫軸截距B，在縱軸上的K＝0，表示資本並未投入。因此，B點的橫軸（L），乃將預算全部用盡，作為L需求（投入）時L的人數，所以是$\dfrac{C_0}{w}$人。此AB所連接而成的線即為等成本線。

補　充

此處只要想起在無異曲線理論中，離原點愈近的預算限制線，即所得較少時的預算限制線，應可容易理解。

圖表18-8　等成本線

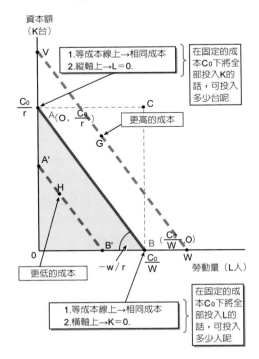

那麼，等成本線的斜率將是多少呢？由於斜率為橫軸上增加1時，縱軸上如何變動，所以AB在橫軸上以AC（＝OB＝$\frac{C_0}{w}$）前進時，縱軸上將以CB（＝OA＝$-\frac{C_0}{r}$）變動，橫軸上增加1時，縱軸上變動$-\frac{w}{r}$。如此一來，<mark>等成本線AB的斜率為$-\frac{w}{r}$</mark>。

【5】最適投入組合

此處假設達到限定生產量之等量曲線決定為Q_0。其次，思考企業在該等量曲線Q_0上的組合之中，如何選擇出成本極小所在的組合。

如先前所提過的，等量曲線具有離原點愈近（左下方）成本愈小的特性。因此，企業在等量曲線Q_0上的組合這樣的限制條件中，將選擇離原點最近（位於左下方）的組合。以圖表18-9來說，可知在Q_0上的組合中，相較於通過A、B點的等成本線ab，通過C、D點的等成本線cd離原點近而成本小。結果，在Q_0上的組合中，等成本線由最接近原點（位於左下方）的組合與Q_0相切，而成為等成本線ee'。此時的投入組合為E，而此E點乃當達到限定生產量時，成本極小之勞動投入量與資本投入量的組合（點），所以稱為最適投入組合。

從圖表18-9來看，<mark>作為最適投入組合的切點E，呈現「等量曲線的斜率＝等成本線的斜率」。此時，邊際生產力均等法則成立</mark>。

圖表18-9　最適投入組合

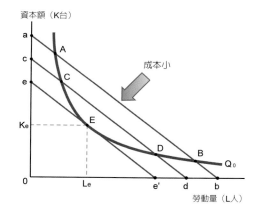

【6】短期與長期

以上乃以勞動（L）、資本（K）兩者均為變動的長期為前提下所進行的討論。然而，在短期的情況下，由於資本額固定因而無法變動。此以圖表18-10說明的話，在短期若資本決定為K*的情況下，將無法達到長期最適投入組合E，而F點將成為短期的最適投入組合。

此外，短期投入組合E的等成本線ff'，位於通過長期最適投入組合E之等成本線ee'的右上方，可知成本較大。

圖表18-10　短期投入組合與長期投入組合

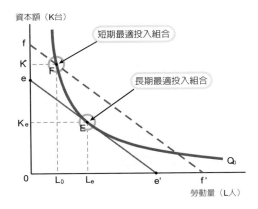

完全競爭市場均衡

一為何會造成價格劇烈波動呢？

　　需求與供給達到相等的狀態稱為市場均衡，一旦經濟狀態偏離市場均衡時，究竟是具有逐漸回復市場均衡而趨於穩定的特性，還是無法回復市場均衡，持續改變而變得不安定，此部內容將就這樣的安定性問題將以思考。

　　此外，從市場均衡改變的過程稱為調整過程，由於常會問到瓦拉斯價格調整、馬歇爾數量調整、蛛網理論調整這3個調整過程之差異，所以要確實地理解。

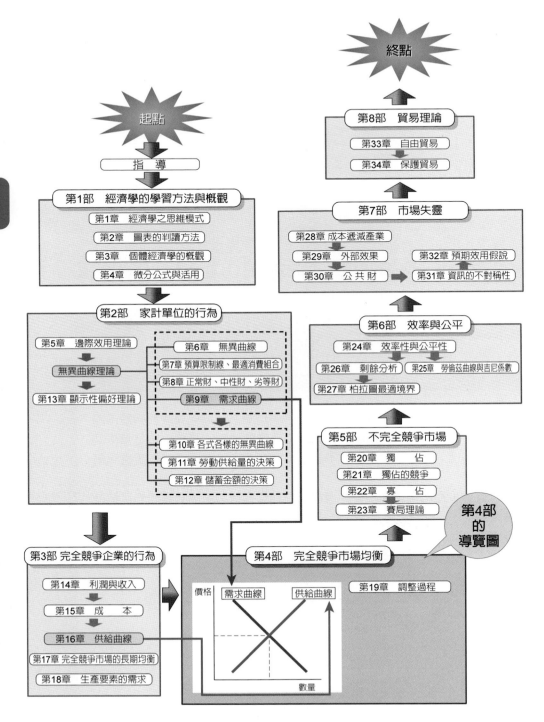

舞　　台

第18章的舞台爲勞動市場與資本市場相關的生產要素市場，此部內容的舞台將重回產出之財貨（商品）的市場。在第2部學習了家計單位的消費行爲、第3部學習了企業的生產行爲，此第4部則將就市場相關內容進行學習。

登場人物（經濟主體）

在第4部裡，作爲財貨供給者的企業，以及作爲需求者的家計單位將登場。

在個體經濟學概觀中的地位

此處將學習由第2部中家計單位行爲所推導出的需求曲線，以及由第3部中企業的行爲所推導出的供給曲線來決定價格。因此，可說是將目前爲止提及過的內容集大成而得。

> **✚　補　充**
>
> 並非指個別家計單位的需求曲線，而是指市場的需求曲線，同樣地，亦非指個別企業的供給曲線，而是指市場的供給曲線。

前提（假設）

此部內容中有所謂以需求曲線與供給曲線之交點來決定價格的前提。也就是說，存在各企業與家計單位無法影響價格，而是只能接受市場價格的價格接受者之前提。由於如此，假設市場乃是完全競爭市場。

> **復　習**
>
> 所謂完全競爭市場，乃滿足以下4個條件的市場稱之。
> ① 存在眾多的供給者・需求者
> ② 產品具有同質性（不存在差異化）
> ③ 在長期間內可自由地進入・退出市場
> ④ 交易上所必需的資訊完全揭露
>
> 完全競爭企業由於「①存在眾多的供給者・需求者」，因此在市場中不過是微小的存在，無法對市場價格造成影響。此外，因爲「②產品具有同質性」且「④資訊完全揭露」，所以即使想賣得比市場所決定的價格還要高，需求者在知道比市場價格還高後，誰也不會買該企業的商品，以致於最後只能以市場價格出售。

故事的進展（構成）

　　此部內容只有第19章，在此當中將學習對於價格反應迅速的瓦拉斯價格調整、無法改變今年供給量的馬歇爾數量調整，以及解釋農作物等周期性價格變動的蛛網理論調整等3種調整方式。

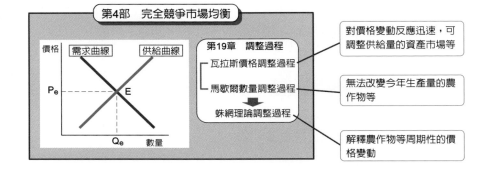

Chapter 19

調整過程
一市場安定與否

Point

1 瓦拉斯（Walras）假設「一旦發生超額供給的話，價格將下跌，一旦發生超額需求的話，價格將上漲」【瓦拉斯價格調整】。

2 馬歇爾（Marshall）假設在本期生產量無法變動的財貨上，若需求價格低於供給價格的話，下期將會減產；相反地，若需求價格高於供給價格的話，下期的生產量將會增加【馬歇爾數量調整】。

3 蛛網理論的調整過程，乃假設如馬歇爾數量調整一樣，本期的生產量無法變動，供給者預期明年也將延續今年的價格，而在本期內訂定明年的生產計畫。

難易度　A

出題可能性

國家Ⅱ種	B
國稅專門官	C
地方上級、市政廳、特別區	B
國家Ⅰ種	B
中小企業顧問	B
證券分析師	B
註冊會計師	C
政府辦公室等記錄	B
不動產估價師	C
外務專門職務	B

所謂市場均衡，乃市場上需求量與供給量相等的狀態稱之。其次，當經濟偏離均衡狀態時，有促使重返均衡狀態的力量作用，而最終達到平衡狀態時，稱為市場安定。相反地，當經濟偏離均衡狀態時，未有促使重返均衡狀態的力量作用，而最終經濟逐漸改變，成為不穩定狀態時，稱為市場不安定。

此外，當經濟偏離均衡時，若安定的話重回均衡的過程，以及若不安定的話逐漸改變的過程，稱為調整過程。此調整過程，包括瓦拉斯所思考的調整過程（瓦拉斯價格調整）、馬歇爾所思考的調整過程（馬歇爾數量調整）及蛛網理論的調整過程等3種。

接下來，我們將依序說明這3種調整過程。

1.　瓦拉斯價格調整

所謂瓦拉斯價格調整，已經在第2章的圖形判讀方法中說明過調整方式，即「一旦發生超額供給的話，價格將下跌，一旦發生超額需求的話，價格將上漲」的調整。

在第2章的圖表2-2中，以瓦拉斯價格調整為前提。因為再次揭露了圖表2-2，只要注意強調的部分，便可瞭解瓦拉斯價格調整。此外，由於在E點呈現穩定，所以稱市場「安定」。

由圖表2-2，當價格為30日圓時，無論需求量、供給量均為40個維持相等。

若價格高於30日圓來到50日圓的話，需求量相對於B點的20個，供給量為b點60個。供給量超過需求量60-20=40個像這樣，供給量超過需求量稱為超額供給。價格要到超額供給消失，亦即需求量與供給量相等的E點30日圓為止，才會停止下跌。

〈瓦拉斯價格調整〉
供給＞需求（超額供給）➡ 價格下跌
供給＜需求（超額需求）➡ 價格上漲

圖表2-2　需求與供給圖形（同前圖）

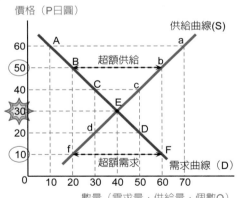

理　由

　　在50日圓的情況下，由於超額供給發生，以致商品未賣完而剩餘，所以價格將下滑。因此，只要超額供給（未銷售完、商品過剩）依然存在，價格便將下跌。

相反地，當價格為比30日圓還要便宜，來到10日圓時，需求量為F點所在60個，但供給量只有f點所在的20個。這次為需求量大於供給量，稱為超額需求。亦即所謂「供應短缺」。直到超額需求消失，亦即回到圖表2-2時，需求與供給兩者相等的E點之價格30日圓為止，才會停止上漲。

由上所述，即使價格偏離了市場均衡的E點價格30日圓，也將重回均衡價格30日圓，所以均衡呈現安定。

另外，如圖表19-1所示，向右上方傾斜的需求曲線D與向右下方傾斜的供給曲線S，這種與一般情況相反的特殊例子中，當價格比P_e還高來到P_1時，超額需求在AB發生，價格將從P_1上升到P_2。然後，在P_2上超額需求將更加擴大到A'B'，價格將從P_2進一步上升而逐漸走揚。

相反地，當價格比P_e還低來到P_3時，超額供給在CD發生，價格將會比P_3還要更低。然後，超額需求更加擴大，價格將進一步逐漸下跌。

如此一來，在這樣的特殊例子中，要是經濟從E點偏離的話，將從E點逐漸偏離，由於在哪一點都無法穩定，稱為「不安定」。因為是瓦拉斯價格調整中考慮的不安定狀態，所以稱為「瓦拉斯不安定」。

理　由

在10日圓的情況下，由於超額需求發生，以致商品不足，所以價格將上漲。因此，只要超額需求（商品短缺）依然存在，價格便將上漲。

用　語

因為在瓦拉斯的價格調整中呈現安定，所以稱為「瓦拉斯安定」。

圖表19-1　瓦拉斯不安定

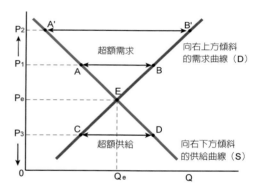

Point!

圖表19-1中向右上方傾斜的需求曲線（D）與向右下方傾斜的供給曲線（S）乃特殊例子，若思考為何如此仍難明白其中奧妙。此處暫不深入探討，請作為頭腦體操自行思索。

2. 馬歇爾數量調整

在農作物與家畜等情況下，今年的供給量已確定，無法配合價格調整本期的供給量。也就是說，在農作物與家畜等方面，首先要決定本期的供給量。即使要順應價格改變供給量，能夠改變的也是明年的供給量。如此一來，在農作物與家畜的市場中，順應價格迅速調整供給量的瓦拉斯價格調整行不通。

例如，在圖表19-2中，今年的生產量決定為Q_1。因此，若為Q_1的量，從供給曲線的A點可知，乃想以P_0的價格供給。

相對於此，當生產量為Q_1時，從需求曲線（D）上的B點可知，需求者若非P_1的話，將不會購買。

當本期收獲為Q_1時，雖然供給價格為P_0，但由於需求價格為P_1，所以本期的價格為P_1。因此，供給者只能以低於供給價格的價格販售，所以會產生損失，進而計畫縮減生產量，從下期以後的生產量將比Q_1還要少（減產）。

相反地，本期的收獲為Q_2，比Q_e還少的情況下，相對於供給價格P_1，需求價格為P_0，故可賣得高價。因此，供給者為獲利而計畫增加生產量，所以從下期以後的生產量將比Q_2還要多（增產）。

從以上敘述可知，在下期生產量將往Q_e的方向移動，最終將在E點趨於穩定。這樣的調整過程稱為馬歇爾數量調整，圖表19-2的情況乃在E點穩定，

圖表19-2　馬歇爾安定

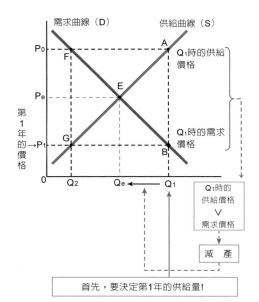

由於維持安定狀態，所以稱爲**馬歇爾安定**。

其次，如圖表19-3所示，來思考向右上方傾斜的需求曲線與向右下方傾斜的供給曲線這樣的特殊例子。此爲與圖表19-1相同的例子，已知爲瓦拉斯不安定。這裡也再次不深究這樣的特殊需求曲線、供給曲線之成因，請作爲頭腦體操自行思索。

讓我們試著分析在馬歇爾的調整過程中是否安定。

假設今年的生產量已決定爲Q_1。當本期收獲Q_1時，需求者價格爲P_1，供給者價格爲P_2，所以本期的價格爲P_1。

如此一來，供給者可以高於供給者價格的價格出售，因爲獲利增加，所以計畫提高生產量，從下期以後的生產量將比Q_1還要多（增產）。

相反地，本期的收獲爲Q_2，比Q_e還少的情況下，相對於供給者價格P_1，需求價格降低至P_2，以致市場價格成爲P_2。因此，供給者計畫縮減生產量，從下期以後的生產量將比Q_2還要少（減產）。

從以上敘述可知，在下期生產量將自Q_e漸漸遠離，最終不會在E點趨於穩定。這樣的調整過程稱爲馬歇爾數量調整，圖表19-3的情況由於並未在E點穩定，而是呈現不安定狀態，所以稱爲馬歇爾不安定。

最後，將瓦拉斯價格調整與馬歇爾數量調整的差異，在圖表19-4中整理出來。

圖表19-3　馬歇爾不安定

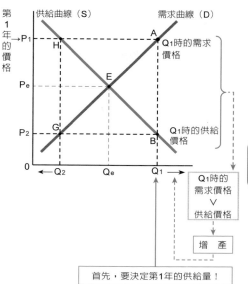

〈馬歇爾數量調整 縱的分析（首先決定數量）〉
供給價格＞需求價格 ➡ 下期減產
供給價格＜需求價格 ➡ 下期增產

圖表19-4　瓦拉斯價格調整與馬歇爾數量調整

	瓦拉斯價格調整	馬歇爾數量調整
生產量的調整速度	迅速	緩慢 (本期的數量無法改變)
調整方法	價格調整	數量調整
安定、不安定的判別方法	將圖形以橫向觀察（圖表2-2）	將圖形以縱向觀察（圖表19-2）

【問題19-1】

下面的圖A～D，乃表示某財貨的需求曲線與供給曲線。請選出瓦拉斯的調整過程中爲不安定，而馬歇爾的調整過程中是安定的圖組，適當的爲何者？假設D爲需求曲線，S爲供給曲線。

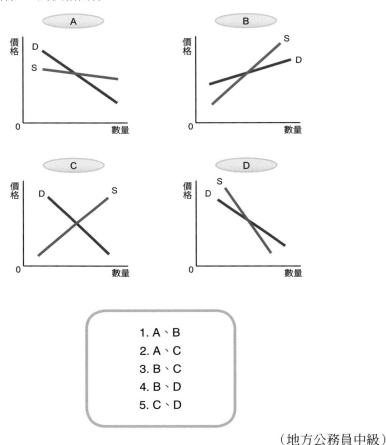

1. A、B
2. A、C
3. B、C
4. B、D
5. C、D

（地方公務員中級）

解答・解說

令所有圖的交點爲E，此時的價格爲P_e，數量爲Q_e。

A 價格比P_e還高的話成爲超額需求，因爲價格將進一步上漲，所以是瓦拉斯不安定（圖1）。生產量比Q_e還多的話，由於供給價格比需求價格還大，將使下期的生產縮減，而向Q_e移動，所以是馬歇爾安定（圖2）。

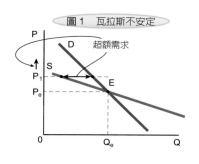

圖1 瓦拉斯不安定

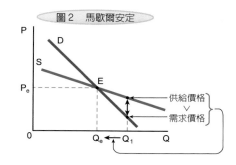

圖2 馬歇爾安定

B 價格比P_e還高的話成為超額需求，因為價格將進一步上漲，所以是瓦拉斯不安定（圖3）。生產量比Q_e還多的話，由於供給價格比需求價格還大，將使下期的生產縮減，而向Q_e移動，所以是馬歇爾安定（圖4）。

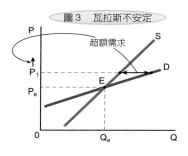

圖3 瓦拉斯不安定

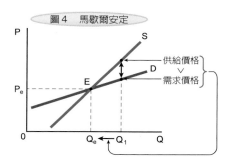

圖4 馬歇爾安定

C 瓦拉斯、馬歇爾皆為安定（P.194圖表2-2，P.196圖表19-2）。

D價格比P_e還高的話成為超額供給，因為價格下跌而向P_e移動，所以是瓦拉斯安定（圖5）。生產量比Q_e還多的話，由於需求價格比供給價格還大，將使下期的生產進一步增加，而離Q_e更遠。如此一來，即馬歇爾不安定（圖6）。

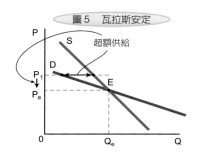

圖5 瓦拉斯安定

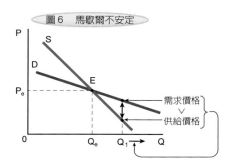

圖6 馬歇爾不安定

由上所述，瓦拉斯不安定、馬歇爾安定的例子為A、B。

正確解答　1

3. 蛛網調整過程

接著，最後讓我們來說明蛛網調整過程。「蛛網理論」為馬歇爾調整的特殊例子。

【1】假設

假設1　以農作物、家畜等為考量，馬歇爾數量調整為前提。

假設2　供給者預期明年也將延續今年的價格，而在本期內訂定明年的生產計畫。

【2】分析

蛛網安定的例子（圖表19-5）

讓我們思考圖表19-5的例子。

①假設第1年的生產量(收獲量)為 Q_1。Q_1時的供給價格為A點，需求價格為B點，而B點的價格 P_1 即第1年的價格。由假設2，因為考量今年的價格 P_1 將持續到明年，所以在 P_1 時，在供給曲線上C點所對應 Q_2 訂定生產計畫而進行播種。

②然後，到了第2年，按照生產計畫達到生產量為 Q_2。Q_2 的生產價格為 P_1，因為需求價格為F點所對應 P_2，所以第2年的價格為 P_2。預期第2年的價格 P_2 將持續到第3年，因而這次第3年的生產量計畫為供給曲線上G點所對應的 Q_3。

③接著第3年到來，產出 Q_3，Q_3 的需求價格為H點所對應 P_3，此即成為第3年的價格。像這樣，實體經濟以B → C → F → G → H → I → J → K……的方式向E點收斂。

這樣的狀態稱為「蛛網調整的安定

圖表19-5　蛛網安定的例子

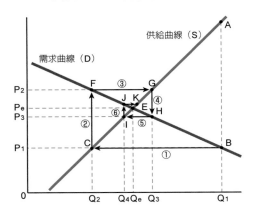

圖表19-6　蛛網不安定的例子

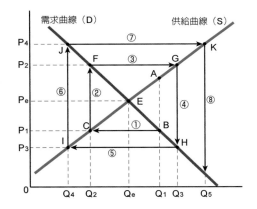

補　充

所謂蛛網調整過程，因為圖表19-5和圖表19-6看起來像蜘蛛網一樣，所以被如此稱呼。也被稱為蛛網理論或蛛網原理。

Part 4

完全競爭市場均衡

例子」。

蛛網不安定的例子（圖表19-6）

　　讓我們思考圖表19-6的例子。

　　①令第1年的生產量（收穫量）爲Q_1。Q_1時的供給價格爲A點，需求價格爲B點，而B點的價格P_1即第1年的價格。由假設2，因爲考量今年的價格P_1將持續到明年，所以在P_1時，在供給線上C點所對應Q_2訂定生產計畫而進行播種。

　　②然後，到了第2年，按照生產計畫達到生產量爲Q_2。

　　Q_2的供給價格爲P_1，因爲需求價格爲F點所對應P_2，所以第2年的價格爲P_2。預期第2年的價格P_2將持續到第3年，因而這次第3年的生產量計畫爲供給曲線上G點所對應的Q_3。

　　③接著第3年到來，產出Q_3，Q_3的需求價格爲H點所對應P_3，此即成爲第3年的價格。

　　像這樣，實體經濟以$B \rightarrow C \rightarrow F \rightarrow G \rightarrow H \rightarrow I \rightarrow J \rightarrow K$……的方式從E點發散。

　　這樣的狀態稱爲「蛛網調整的不安定例子」。

▶▶ 徹底解說 ◀◀

　　蛛網調整安定的圖表19-5與不安定的圖表19-6之間的差異爲何？

　　此爲需求曲線與供給曲線斜率的關係。如圖表19-5所示，當供給曲線比需求曲線的斜率還要陡峭時，呈現安定。

　　相反地，需求曲線比供給曲線的斜率還要陡峭時，呈現不安定。

　　順道一提，此無法單純地用斜率的大小表現出來。因爲需求曲線向右下方傾斜，所以斜率爲負，而供給曲線向右上方傾斜的話，斜率爲正，所以在圖表19-5、19-6中，斜率的大小都是以正值的供給曲線較大。

　　因此，以「供給曲線比需求曲線的斜率還要陡峭」來表現。在負值的情況下，將負號去掉之值而成絕對值，不會排斥此用法的人，可以用以下方式更正確地來表現。

〈蛛網調整過程〉
供給曲線的斜率之絕對值＞需
　求曲線的斜率之絕對值
➡ 安定（圖表19-5的例子）
供給曲線的斜率之絕對值＜需
　求曲線的斜率之絕對值
➡ 不安定（圖表19-6的例子）

4. 自由財，不被生產的財貨

到目前為止，都是在需求曲線與供給曲線相交，存在交點的前提下思考，這次讓我們思考如圖表19-7和圖表19-8所示不相交的例子。

在圖表19-7中，當價格0日圓時，因為供給量為x_2、需求量為x_1，所以呈現x_2-x_1的超額供給。然後，價格比0日圓還要高的話，超額供給將變大。換言之，即使價格跌到0日圓，仍然是超額供給，亦即呈現銷售過剩的狀態，所以價格0日圓，亦即可以無償滿足需求的東西，稱為自由財。具體來說，可舉例出空氣和陽光等。

相對於此，在圖表19-8的例子，乃供給曲線（S）總是在需求曲線（D）上方的例子。供給曲線為供給者認為願意供給的最低限度價格，與邊際成本相同。相對於此，所謂需求曲線乃需求者認為願意支付的最大限度價格。因此，圖表19-8的例子，由於需求者總是僅以比供給者認為願意提供的最低限度價格還低之價格購買，所以企業將停止供給，供給量變為0（不從事生產）。

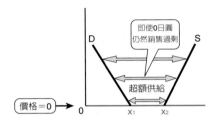

圖表19-7　自由財

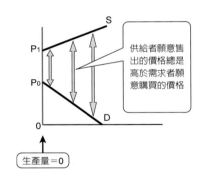

圖表19-8　不被生產的財貨

不完全競爭市場

一足以左右價格的
企業之行為

　　若為完全競爭市場的話，價格乃依據市場的需求與供給而決定，企業僅具有接受市場價格（價格接受者）的存在地位。然而，現實的市場不限於完全競爭市場，在只有單一供給者的獨佔市場，以及僅有少數供給者的寡佔市場上，企業足以影響市場價格。在此部內容中，排除僅具有接受市場價格之存在地位的價格接受者，而就足以影響價格（稱為價格決定者）之企業的行為加以思考。

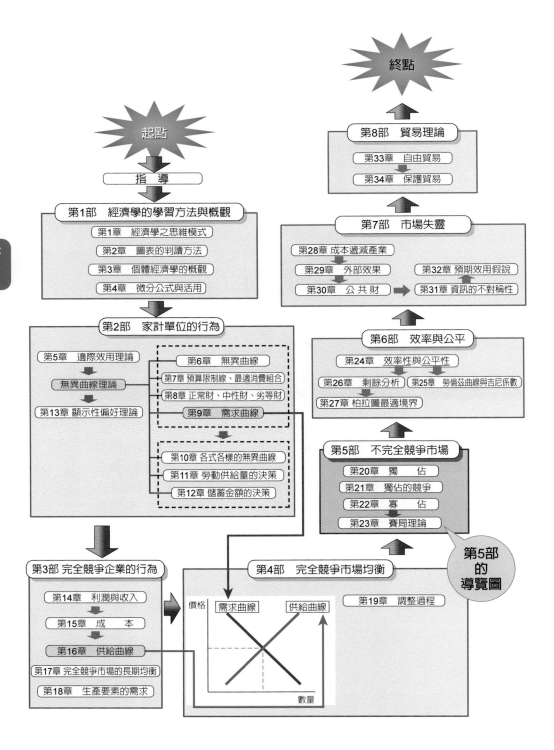

終點

第8部　貿易理論
第33章　自由貿易
第34章　保護貿易

起點

指　導

第1部　經濟學的學習方法與概觀
第1章　經濟學之思維模式
第2章　圖表的判讀方法
第3章　個體經濟學的概觀
第4章　微分公式與活用

第7部　市場失靈
第28章 成本遞減產業
第29章　外部效果
第30章　公 共 財
第32章 預期效用假說
第31章 資訊的不對稱性

第2部　家計單位的行為
第5章　邊際效用理論
無異曲線理論
第13章　顯示性偏好理論
第6章　無異曲線
第7章 預算限制線、最適消費組合
第8章 正常財、中性財、劣等財
第9章　需求曲線
第10章 各式各樣的無異曲線
第11章 勞動供給量的決策
第12章 儲蓄金額的決策

第6部　效率與公平
第24章 效率性與公平性
第26章　剩餘分析
第25章 勞倫茲曲線與吉尼係數
第27章 柏拉圖最適境界

第5部　不完全競爭市場
第20章　獨　佔
第21章　獨佔的競爭
第22章　寡　佔
第23章　賽局理論

第5部
的
導覽圖

第3部 完全競爭企業的行為
第14章　利潤與收入
第15章　成　本
第16章　供給曲線
第17章 完全競爭市場的長期均衡
第18章　生產要素的需求

第4部　完全競爭市場均衡
第19章　調整過程

價格
需求曲線　供給曲線
數量

第5部的登場人物‧舞台與故事

舞　台

此部內容中，主要將以產出之財貨（商品）的市場為舞台。然而，當在需求獨佔與雙邊獨佔的市場時，將以勞動‧資本等生產要素的市場為舞台。

登場人物（經濟主體）

在第3部、第4部裡，作為財貨供給者的企業乃完全競爭企業，但在第5部中，乃對偏離完全競爭市場之條件的市場（不完全競爭市場）上，就其既存企業之行為加以分析。

在個體經濟學概觀中的地位

有別於以需求曲線與供給曲線之交點而決定價格的完全競爭市場，此處將對該市場加以檢討。

前提（假設）

此部內容以欠缺完全競爭市場之條件的市場作為前提。此結果使得企業成為足以影響價格的價格決定者。

Part

5

不完全競爭市場

故事的進展（構成）

在第20章裡將學習獨佔。獨佔不僅僅是供給者只有唯一1家公司的供給獨佔，還有需求者只有唯一1家公司的需求獨佔，以及供給者、需求者兩者都只有1家公司的雙邊獨佔。在此3種獨佔市場中，將就企業的行為與市場均衡加以思考。

其次，將學習兼具獨佔與完全競爭兩者之特性的獨佔性競爭市場。

接著，將學習僅存在少數供給者的寡佔市場中，其企業行為與市場均衡之相關內容。另外，由於賽局理論的思考也運用在寡佔市場的分析上，近年出題頻繁，因此在第23章另作討論。

➕ 補 充

應該也存在需求者僅為少數的需求寡佔，以及供給者‧需求者兩者均為少數的雙邊寡佔。然而，與獨佔有所不同，一般提到寡佔時，只處理僅存在少數供給者的情況。

第5部　不完全競爭市場
第20章　獨　佔
第21章　獨佔的競爭
第22章　寡　佔
第23章　賽局理論

供給獨佔：供給者只有唯一1家公司
需求獨佔：需求者只有唯一1家公司
雙邊獨佔：供給者‧需求者兩者都只有1家公司

Part 5

不完全競爭市場

Chapter 20

獨　佔

―獨佔企業會刻意哄抬價格？

1 （供給）獨佔企業一旦增加生產量，將使價格下跌，為價格決定者（Price Maker）。此結果導致邊際收入（MR）比需求曲線的高度所在價格（P）還要低，連帶收入減少之差額變小【P>MR】。

2 （供給）獨佔企業將決定利潤極大，亦即邊際收入（MR）與邊際成本（MC）相等的生產量，價格將沿著需求曲線決定【Cournot's point】。

3 相同商品在不同市場上，以相異的價格供給，稱為差別取價。在需求的價格彈性較大的市場以低價格，在需求的價格彈性較小的市場以高價格供給。

4 需求獨佔企業若增加生產要素的需求量時，價格將上漲，為價格決定者（Price Maker）。此結果造成當需要追加1單位生產要素時，所需增加的成本，也就是邊際要素成本（MFC）比供給曲線的高度所在價格（P）還要高，連帶成本增加之差額變大【MFC>P】。

5 需求獨佔企業將決定利潤極大，亦即邊際要素成本（MFC）與當需要追加1單位生產要素時所需增加的收入，也就是邊際產值（VMP）相等的需求量，價格將沿著供給曲線決定。

6 在雙邊獨佔的情況下，價格取決將介於供給獨佔時的較高價格，以及需求獨佔時的較低價格之間。會在此區間之何種價格水準，將依供給者與需求者的交涉力而定。

難易度　A

出題可能性

國家Ⅱ種	A
國稅專門官	B
地方上級、市政廳、特別區	B
國家Ⅰ種	B
中小企業顧問	A
證券分析師	A
註冊會計師	A
政府辦公室等記錄	A
不動產估價師	A
外務專門職務	A

供給獨佔常會出題，由於多數的合格者能夠掌握得分，因此要確實地學習。與此相比，需求獨佔、雙邊獨佔的出題可能性不高，內容也困難，所以時間較不充裕的人，不妨跳過需求獨佔與雙邊獨佔也可以。

獨佔包括供給者只有唯一1家公司的供給獨佔、需求者只有唯一1家公司的需求獨佔，以及供給者、需求者兩者都只有1家公司的**雙邊獨佔**。

獨佔市場欠缺完全競爭市場中「①存在眾多的供給者、需求者」的條件。此外，在長期只要持續獨佔的話，由於恐將不會有新加入者，所以亦欠缺「④在長期間內可自由地進入、退出市場」的條件。

補 充

此時存在多數需求者為默認的前提。

補 充

此時者存在多數供給為默認的前提。

補 充

一般提到獨佔的情況，乃指供給獨佔之意。

1. （供給）獨佔

【1】獨佔企業所面對的需求曲線

由於（供給）獨佔企業在市場上僅此1家存在，所以所有的需求者皆對獨佔企業有需求。如此一來，獨佔企業所面對的需求曲線為整體市場向右下方傾斜的需求曲線。

獨佔企業所面對向右下方傾斜的需求曲線，乃指當自家公司一旦擴大供給量，若不調降市場價格的話，也無法取得需求之意。此乃獨佔企業與完全競爭企業不同，整體市場的供給量等同於自家公司的供給量，因為在市場上的極具存在感，足以影響市場價格【價格決定者】。

將此具體地以圖表20-1來思考。市場的需求曲線（D）為獨佔企業所面對的需求曲線。由圖來看，當生產量為1萬個時的價格為A點所在90日圓，當生產量增加到2萬個時，價格將下跌至B點所在80日圓。像這樣，獨佔企業一旦增加生產量，將使市場價格下跌。

完全競爭市場的4條件	獨佔市場
①存在眾多的供給者、需求者	➡ ×
②產品具有同質性	
③可自由地進入、退出市場	➡ ×
④資訊完全揭露	

用 語

像這樣藉由改變自家公司的供給量，即可左右市場價格的情況，稱為「具價格支配力」。具有價格支配力的經濟主體稱為Price Maker（價格決定者）。

另一方面，由圖來看，當生產量為2萬個時的價格為B點所在80日圓，當生產量縮減到1萬個時，價格將上升至A點所在90日圓。

如此一來，獨佔企業可藉由縮減生產量來哄抬市場價格。

獨佔企業可藉由改變生產量，促使市場價格沿著需求曲線變動。

【2】獨佔企業的邊際收入

接著，利用圖表20-1的需求曲線，將企業增加生產量時的邊際收入求出列於圖表20-2。

從圖表20-1向右下方傾斜的需求曲線中，可知生產量與價格的關係。第1萬個在90日圓有其需求，第2萬個在80日圓、第3萬個在70日圓……，以此類推（從圖表20-2左邊算第2列）。

總收入（從圖表20-2左邊算第3列）為生產量乘以價格而求出。

圖表20-1 獨佔企業所面對的需求曲線

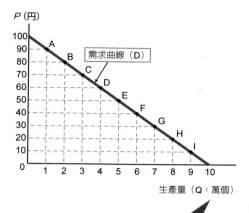

補 充

到目前為止，單一企業的生產量以q表示，但獨佔企業的生產量（供給量）並非q，而是以代表整體市場之生產量的Q來表示。為何如此，乃因獨佔企業的生產量等同於整體市場的供給量之故。

第4列總收入的增加差額（△TR），乃將藉由生產量增加而成之新總收入，減去原有的總收入而求出。

圖表20-2 獨佔企業邊際收入之計算

需求曲線（D）　　　　　　　　　　　　　邊際收入曲線（MR）

生產量 （Q）	價　格 （P）	總收入 （TR＝P×Q）	總收入的增加差額（△TR）	生產量的增加差額（△Q）	邊際收入 （$MR=\dfrac{\triangle TR}{\triangle Q}$）
0個	無	0日圓			
1萬個	90日圓	90日圓	＋90萬日圓	＋1萬個	＋90日圓
2萬個	80日圓	160日圓	＋70萬日圓	＋1萬個	＋70日圓
3萬個	70日圓	210日圓	＋50萬日圓	＋1萬個	＋50日圓
4萬個	60日圓	240日圓	＋30萬日圓	＋1萬個	＋30日圓
5萬個	50日圓	250日圓	＋10萬日圓	＋1萬個	＋10日圓
6萬個	40日圓	240日圓	－10萬日圓	＋1萬個	－10日圓
7萬個	30日圓	210日圓	－30萬日圓	＋1萬個	－30日圓
8萬個	20日圓	160日圓	－50萬日圓	＋1萬個	－50日圓
9萬個	10日圓	90日圓	－70萬日圓	＋1萬個	－70日圓

此處，邊際收入為生產量增加1個時，總收入的增加差額。圖表20-2的總收入增加差額（ΔTR）為生產量增加1萬個時的數值。也就是說，作為生產量增加1個時，總收入增加差額的邊際收入，乃總收入增加差額（ΔTR）除以1萬個（生產量的增加差額ΔQ）而求出。

例如，生產量從1萬個提高到2萬個，生產量增加了1萬個，由圖表20-2來看，價格從90日圓跌價至80日圓。此結果使得總收入從90日圓×1萬個＝90萬日圓，變為80日圓×2萬個＝160萬日圓。總收入的增加差額（ΔTR）為160－90＝70萬日圓。

由上所述，若生產量增加1萬個，由於總收入將增加70萬日圓，所以生產量增加1個時，將70萬日圓除以1萬個所得到的70日圓，即增加之總收入。因此，邊際收入為70日圓。

藉由此圖表20-2，將生產量（Q）與邊際收入（MR）的關係畫出的話，可以畫成圖表20-3的邊際收入曲線（MR）。可知邊際收入曲線（MR）位於需求曲線（D）的下方。這表示在某生產量下，邊際收入比需求曲線代表之價格還要小的意思。

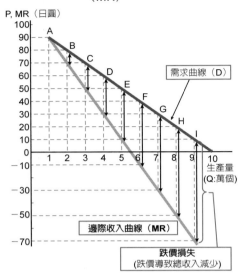

圖表20-3　獨佔企業的邊際收入曲線（MR）

為何如此

生產量增加1個的話，新價格（P）的差額將增加收入。然而，由於生產量的增加將使價格下跌，到目前為止可以高價出售的產品跌價，而跌價將導致總收入出現減少。若此稱為「跌價損失」的話，邊際收入（MR）＝價格（P）－跌價損失。在圖表20-3中，價格（P）乃以需求曲線（D）表示，需求曲線（D）與邊際收入曲線（MR）的差即跌價損失。

圖表20-4　獨佔企業的邊際收入曲線之導出

獨佔企業所面對的需求曲線 ＝ 整體市場向右下方傾斜的需求曲線 ＝ 具有價格支配力

藉由調整生產量，沿著需求曲線可使價格變動。

↓

生產量增加將造成價格下跌。

↓

邊際收入（MR）＝價格（P）－跌價損失

邊際收入曲線（MR）位於較需求曲線（D）下方其差距為跌價損失。

Part 5

不完全競爭市場

【3】獨佔企業同時決定供給量與價格

企業為追求利潤極大而決定生產量。然而,所謂「利潤極大」,乃指「此後無法再提高利潤」的生產量,即邊際利潤=0的生產量。由於邊際利潤=邊際收入−邊際成本,因此所謂邊際利潤=0,即邊際收入=邊際成本的生產量。

如圖表20-5所示,假設MC曲線呈U型,需求曲線(D)向右下方傾斜。獨佔企業所面對的是向右下方傾斜的需求曲線,生產量的增加將導致價格下跌。如此一來,邊際收入(MR)=價格−跌價損失,MR曲線位於需求曲線(D)的下方。

在圖表20-5中,因為生產量到Q_m為止是MR>MC,所以邊際利潤=MR−MC>0,若生產量增加1單位的話,利潤將提高。如此一來,為了提高利潤,將會增加生產量。

然而,當$Q=Q_m$時,由於MR=MC,所以即使增加生產量,利潤也不會增加。如此一來,MR=MC所在生產量Q_m即為利潤極大的生產量,因而決定為此生產量。

其次,價格沿著需求曲線來到M點的水準而決定P_m。獨佔企業在M(Q_m, P_m)同時決定了價格與供給量,M成為供給組合,稱為Cournot's point。獨佔企業並無供給曲線,僅存在供給組合。

另外,$\dfrac{價格(P)−限界費用(MC)}{價格(P)}$ 稱為勒納指數(Lerner Index),此值愈大,可判斷其獨佔程度愈大。

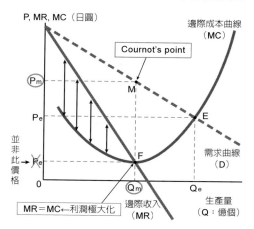

圖表20-5　獨佔企業的生產量與價格決定

MR＝MC←利潤極大化

Chapter

20

獨

佔

💀 陷 阱

企業所決定之價格並非MR=MC所在F點的價格水準!MR=MC所在生產量Q_m,因為可從需求曲線(D)得到需求可接受的P_m,所以毋須刻意設定比P_m還低之F點水準的價格P_f。

▶▶ 徹底解說 ◀◀

所謂供給曲線,若市場價格為○日圓的話,供給量為○個,×日圓的話×個,表示市場價格與供給量的關係。

然而,獨佔企業不僅可決定供給量,連價格也可同時決定,所以「市場價格為○日圓的話,×日圓的話」這種考量顯得奇怪。因為獨佔企業同時決定價格與供給量,所以在橫軸上量、縱軸上價格的圖形為1個點,亦即供給組合。

✚ 補 充

由於完全競爭乃價格(P)=邊際成本(MC),所以勒納指數為0。勒納指數具有即為1/需求的價格彈性之關係。

【問題20-1】

在獨佔市場中，需求曲線爲P=18-2x（P：價格，x=生產量），給定之總成本爲TC=x^2＋10時，則達到均衡時邊際收入的數值爲多少？

1. 3
2. 5
3. 6
4. 12

（國家公務員Ⅱ種）

在計算上必要的知識

・利潤極大時生產量的計算 → 原則6

・獨佔企業的MR之求法

原則8 邊際收入（MR）的求法

需求曲線爲直線P=a-bx（a, b爲正的常數）時

邊際收入（MR）爲需求曲線的2倍斜率，即爲MR=a-2bx

Point!

原則8 在圖形中以此種方式呈現。

此即總收入TR=P・x

$$=(a-bx) \cdot x \quad \leftarrow 由需求曲線，將P=a-bx代入$$

$$=ax-bx^2$$

如此一來，MR=$\dfrac{dTR}{dx}$=a-2bx

可知邊際收入MR乃將需求曲線P=a-bx的斜率乘以2倍而得到a-2bx

・獨佔企業的生產行爲

戰　略

Step 1 利用原則6計算出利潤極大所在生產量。

Step 2 計算此時的MR。

Step 1 利潤極大時生產量的計算

由原則8的需求曲線P=18−2x

由題目中TC=x²+10

$$MR = \boxed{18-4x}$$

斜率2倍

$$MC = \frac{dTC}{dx} = 2x$$

利潤極大 ➡ MR ＝ MC〈原則6〉

$$18-4x = 2x$$

$$6x = 18$$

$$x = \boxed{3}$$

Step 2 計算x=3時的MR

$$MR = \boxed{18-4x} = 18-4 \times \boxed{3} = 6$$

正確解答　3

參　考

　　雖然圖形將如圖表所示，但本題的情況，即使不特意畫出圖形也可以解答，所以不需作圖。

圖表　獨佔企業的生產行為

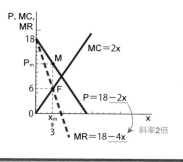

陷　阱

　　在本題中並非P_m而是MR，亦即所問為F的高度，這點請注意。

2. 差別取價

【1】定義與假設

　　假設消費者有2個的族群。1個需求的價格彈性大，亦即價格下跌的話，需求量將大幅成長的族群，另1個需求的價格彈性小，亦即就算價格下跌，需求量也不會明顯成長；相反地，就算價格提高，需求量也不太會減少的族群。

　　此時，如果企業可以對需求的價格彈性小的族群，提供即使高價格其需求量也不會明顯下滑的高價格，另一方面，對需求的價格彈性大的族群，提供一旦低價格其需求量也將大幅成長的低價格的話，將會增加獲利。然而，為此原因，該企業必須是可決定價格的價格決定者，且劃分2個市場（消費族群），必須完備讓不同市場的消費者間無法轉賣的條件。若2個族群間可以用轉賣等方式的話，由於高價格之族群的消費者將拜託低價格之族群的消費者購買商品，結果將導致高價格的市場消失。

　　在經濟學中，將上述的例子，以企業為獨佔企業加以單純化，而作成差別取價理論。差別取價，可說是獨佔企業將同一商品在不同市場上，以相異價格販售。

　　此處將市場劃分為2個，假設①2個市場需求的價格彈性不同，②2個市場間無法轉賣。

舉　例

　　諸如電影等學生優惠（學生與社會人士的價格差異），以及在國內市場與海外市場上的價格區別等。學生優惠乃對於價格敏感度高（＝需求的價格彈性大）的學生給予低價格，而對於即價稍微貴些需求量也不太會減少（＝需求的價格彈性小）的社會人士給予高價格，可解釋為藉此設定使電影院的利潤極大化。此外，國內市場與海外市場的差別取價之例子中，對品牌意識強烈、需求的價格彈性小的日本國內設定高價格，對價格敏感度高（需求的價格彈性大）的美國設定低價格，可解釋為藉此設定使其利潤極大化。

理　由

　　若2個市場之需求的價格彈性相同的話，2個市場上的價格將沒有必要變動，此外，若2個市場間可以轉賣的話，誰也不會在高價的市場上購買，因此也無法差別取價。

【2】分析

接著，具體地以圖表20-6加以思考。首先，存在國內與海外2個市場，假設各別的需求曲線為D_j與D_a。然後，為求單純化起見，假設邊際成本無關生產量多寡而維持固定，亦即邊際成本曲線（MC）為水平。

在國內市場中，獨佔企業決定之價格為M_j點所在之價格P_j。

另一方面，在海外市場中，獨佔企業決定之價格為M_a點所在之價格P_a。

如以上所述，若國內價格設定在可望使利潤極大之P_j，海外價格也設定在可望使利潤極大之P_a的話，國內價格P_j將比海外價格P_a還高，即實行差別取價。

理　由

在國內市場中，需求曲線D_j所對應的邊際收入曲線，可畫出如MR_j所示，獨佔企業將決定當$MR_j=MC$，利潤極大所在F_j點之生產量x_j，價格則決定為當生產量為x_j時，需求曲線上M_j點的價格所在P_j。

理　由

在海外市場中，需求曲線D_a所對應的邊際收入曲線，可畫出如MR_a所示，獨佔企業將決定當$MR_a=MC$，利潤極大所在F_a點之生產量x_a，價格則決定為當生產量為x_a時，需求曲線上M_a點的價格所在P_a。

圖表20-6　差別取價

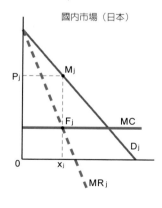
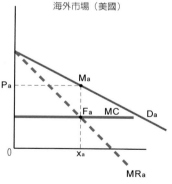

3. 需求獨佔

【1】定義與假設

　　所謂**獨佔市場**，乃指存在單一需求者且存在多數供給者的市場。在供給獨佔的情況下，由於供給者爲單一存在，所以大多爲單一大企業提供商品，但需求獨佔的情況下，通常商品爲單一需求者甚爲稀少。一般認爲，需求獨佔有可能發生在勞動等生產要素市場。如此一來，一般而言，需求獨佔的分析，將以生產要素市場爲前提。基於上述理由，先訂定以下假設。

① 「某生產要素」設爲A，其量爲A，價格爲P_a。

② 僅以A市場進行分析，其他的財貨・生產要素的價格・量等條件爲固定。

③ 假設A市場的供給曲線爲向右上方傾斜，亦即供給量一旦增加，價格必然上漲的狀態。

④ A生產要素的邊際生產力（MP_a）爲遞減，假設A所製造出的產品X在完全競爭市場，其價格P_x爲固定。如此一來，追加投入1單位A時，總收入的增加差額（邊際產值：Value of Marginal Product, VMP）爲$VMP_a = P_x \times MP_a$呈遞減，邊際產值（VMP_a）如圖表20-9（P.219）所示，爲向右下方傾斜。

【2】需求獨佔企業所面對的供給曲線

　　需求獨佔企業，因爲在市場上需求者僅存在單一企業，所以所有的供給者

舉　例

　　在某城塡中，該城鎮的勞動需求者只有1間重要企業有這樣的情況。

▶▶ 徹底解說 ◀◀

　　所謂A的邊際產量，乃指追加1單位A需求時，商品（產品X）的生產量之增加差額稱之。例如，所謂邊際生產力爲5，乃指追加1單位A需求時，生產量增加5個的意思。此時所產出的商品（產品X）的價格（P_x）爲100日圓的話，追加1單位A需求時，其收入的增加爲X的生產量增加5個乘以X的價格100日圓，即100日圓×5個＝500日圓。此500日圓爲追加1單位A需求時，收入的增加差額，稱爲邊際產值。

　　追加1單位生產要素需求時，
生產量增加多少個 ➡ 邊際生產力
收入增加多少錢 ➡ 邊際產值

均供應給該獨佔企業。如此一來，獨佔企業所面對的供給曲線，即整體市場向右上方傾斜的供給曲線。

　　所謂需求獨佔企業面對的是向右上方傾斜的供給曲線，仍指本身企業的需求量擴大，若不提高市場價格，將導致無法獲得供給的情況。

　　我們可以用圖表20-7，具體地加以思考。市場的供給曲線（S）為需求獨佔企業的供給曲線。由圖來看，當需求量1萬個時的價格為A點所在的20日圓，當需求量增加到2萬個的話，價格提高到B點所在的30日圓，當需求量增加到3萬個的話，價格提高到C點所在的40日圓。像這樣，需求獨佔企業若擴大需求量，將造成市場價格上升。相反地，需求量在3萬個時的價格為C點所在的40日圓，當需求量縮減到2萬個的話，價格下滑到B點所在的30日圓，當需求量減少至1萬個時，價格將下滑到A點所在的20日圓。像這樣，需求獨佔企業縮減需求量，也可降低市場價格。

　　總言之，需求獨佔企業，藉由改變需求量，即可沿著供給曲線使市場價格隨之變動。

【3】需求獨佔企業的邊際要素成本

　　所謂邊際要素成本（MFC：Marginal Factor Cost），乃指生產要素中追加1單位僱用勞力時，總成本（TC）的增加差額。相對於邊際成本（MC）為追加1單位生產量時總成本的增加差額，由於邊際要素成本為需要追加1單位生產要素時，總成本的增加差額，所以請注意勿混淆。

＋ 補 充

　　此乃需求獨佔企業與完全競爭企業兩者不同，由於整體市場的需求量與自身企業的需求量相同，在市場上存在感甚大，所以會對市場價格造成影響。可以左右市場價格稱為「具備價格支配力」，這樣的經濟主體稱為Price Maker（價格決定者）。

圖表20-7　需求獨佔企業所面對的供給曲線

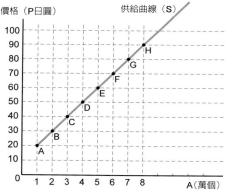

邊際要素成本（MFC）：追加1單位生產要素時，總成本的增加差額
邊際成本（MC）：追加1單位商品生產量時，總成本的增加差額

接著，從圖表20-7的供給曲線，將企業增加需求量時的邊際要素成本以圖表20-8求出。從圖表20-7中向右上方傾斜的供給曲線，可知供給量與價格的關係。第1萬個以20日圓供給、第2萬個以30日圓……以此類推。將此表列出來，即為圖表20-8中自左起算第2列。

圖表20-8中自左起算第3列的總成本，為需求量（市場供給量）乘以價格所得。第4列的總成本增加差額（△TC），乃隨著生產量增加，將新的總成本減去原有的總成本而求出。

然而，由於邊際要素成本，乃生產要素追加1單位僱用（需求）時，總成本的增加差額，所以圖表20-8中，將需求量增加1萬個時總成本的增加差額（△TC），除以1萬個（需求量的增加差額△A）而求出。

將此圖表20-8中的需求量（A）與邊際要素成本（MFC）之關係畫出，即成圖表20-9的邊際要素成本曲線（MFC）。

從圖表20-9可知，**邊際要素成本曲線（MFC）位於供給曲線（S）的上方。**此指在某需求量下，邊際要素成本比供給曲線所表示的價格還要大之意。

舉　例

當需求量從1萬個提高到2萬個，增加1萬個時，從圖表20-8來看，價格由20日圓漲價至30日圓。其結果導致總成本從20日圓×1萬個=20萬日圓，變為30日圓×2萬個=60萬日圓。總成本的增加差額（△TC）為60-20=40萬日圓。由上可知，因為生產量增加1萬個，總成本將提高40萬日圓，所以當需求量增加1個時，40萬日圓除以1萬個所得40日圓，即為總成本之增加。因此，邊際要素成本為40日圓。

理　由

若需求量增加1個，連帶將增加新價格（P）的差額成本。然而，由於需求量的增加將使A的價格（P_a）上升，所以需求量愈少的話，導致便宜可得需求的A生產要素漲價，隨著漲價而促使總成本提高。將此稱為「漲價損失」的話，則邊際要素成本（MFC）=價格（P_a）＋漲價損失。在圖表20-9中，價格（P_a）以供給曲線（S）表示，供給曲線（S）與邊際要素成本曲線（MFC）的差為「漲價損失」。

圖表20-8　需求獨佔企業的邊際要素成本之計算

市場供給（需求量）A	價格 P_a	總成本 $TC=P_a×A$	總成本的增加差額△TC	需求量的增加差額⊿A	邊際要素成本 $MFC=⊿TC／⊿A$
0個	無	0日圓			
1萬個	20日圓	20萬日圓	+20萬日圓	＋1萬個	+20日圓
2萬個	30日圓	60萬日圓	+40萬日圓	＋1萬個	+40日圓
3萬個	40日圓	120萬日圓	+60萬日圓	＋1萬個	+60日圓
4萬個	50日圓	200萬日圓	+80萬日圓	＋1萬個	+80日圓
5萬個	60日圓	300萬日圓	+100萬日圓	＋1萬個	+100日圓
6萬個	70日圓	420萬日圓	+120萬日圓	＋1萬個	+120日圓
7萬個	80日圓	560萬日圓	+140萬日圓	＋1萬個	+140日圓
8萬個	90日圓	720萬日圓	+160萬日圓	＋1萬個	+160日圓
9萬個	100日圓	900萬日圓	+180萬日圓	＋1萬個	+180日圓

供給曲線（S）　　　邊際要素成本曲線（MFC）

【4】需求獨佔企業的生產量之價格決定

　　企業爲了追求利潤極大而決定需求量。接著，試想如何才能決定利潤極大時的需求量。

　　首先，假設生產要素A的邊際生產力遞減，所以如圖表20-9所示，邊際產值（追加1單位A需求時總收入的增加差額）曲線（VMP$_a$）向右下方傾斜。

　　其次，由於需求獨佔企業所面對的是向右上方傾斜的供給曲線（S），所以需求量增加將導致價格上漲。如此一來，邊際要素成本（MFC）＝價格＋漲價損失，邊際要素成本曲線位於供給曲線（S）的上方。

　　在圖表20-9中，VMP$_a$＝MFC所在需求量A$_m$為利潤極大時的需求量，即決定此需求量。然後，價格沿著供給曲線決定爲M點水準所在的P$_m$。需求獨佔企業在M（A$_m$, P$_m$）同時決定價格與需求量，M為需求組合。

　　像這樣，需求獨佔企業並無需求曲線，只存在需求組合。所謂需求曲線，原本就是市場價格在○日圓的話，需求量○個、在✕日圓的話，需求量✕個，表示市場價格與需求量的關係。然而，由於需求獨佔企業不僅需求量，連價格也可以同時決定，所以用「市場價格在○日圓的話，需求量○個」來思考的話，就本身而言不太合適。因爲需求獨佔企業本身即可決定P$_m$日圓。同時決定價格與需求量的話，在橫軸上爲量、縱軸上爲價格的圖形中，將成爲1個點，亦即形成需求組合。

圖表20-9　需求獨佔企業的需求量與價格之決定

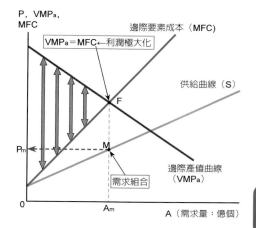

理　由

　　直到需求量A$_m$爲止，由於VMP$_a$＞MFC，所以追加1單位A的需求量，收入增加比成本增加還大，連帶利潤提升。如此一來，爲了擴大利潤，將提高需求量。

　　然而，一旦A＝A$_m$，因爲VMP$_a$＝MFC，所以即使如何提高需求量，利潤也不會再增加。

💀 陷　阱

　　另外，企業所決定的價格並非VMP$_a$＝MFC所在F點的價格水準，這一點請注意。當VMP$_a$＝MFC所在需求量A$_m$時，由於可從供給曲線（S）在P$_m$取得供給，因此不需刻意設定價格在比P$_m$還要高的F點水準。

4. 雙邊獨佔

由於需求者與供給者皆爲獨佔者，所以兩者藉由交涉決定量與價格。因此，明確的說，量與價格的決定並未定論。然而，在價格與量的決定上，仍有限定的範圍。

需求獨佔者雖想壓低價格，但由於圖表20-9的M點（A_m, P_m）爲利潤極大，所以至此無法再壓低價格。爲何如此，乃因過度壓低價格，供給量將減少，連帶將無法取得需求之故。

另一方面，供給獨佔者，意圖提高價格以利本身達到利潤極大，而決定圖表20-10的M*點（A_m*, P_m*）。供給獨佔者雖想拉高價格，但由於圖表20-10的M*點（A_m*, P_m*）爲利潤極大，所以至此無法再提高價格。爲何如此，乃因過度拉高價格的話，需求量將減少，連帶利潤也將減少之故。

由上所述，因爲需求獨佔者想將價格壓低至圖表20-9的P_m，供給獨佔者想將價格提高至圖表20-10的P_m*，所以雙方獨佔的價格將決定在P_m到P_m*之間。

圖表20-10　供給獨佔企業的需求量與價格之決定

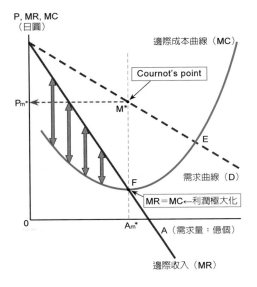

Chapter 21

獨佔性競爭
—美味的拉麵可賣得高價

Point

1 所謂獨佔性競爭市場，乃指「雖然存在多數供給者相互競爭，但具有某種程度上的差異化形成之市場」。欠缺完全競爭市場中「產品具有同質性」的條件。

2 商品差異化的結果，獨佔性競爭企業具有某種程度上的價格支配力，面對的是向右下方傾斜的需求曲線。此結果使邊際收入曲線位於需求曲線的下方。

3 獨佔性競爭企業決定利潤極大，亦即邊際收入（MR）與邊際成本（MC）相等的生產量，價格沿著需求曲線決定【與獨佔的相似之處】。

4 獨佔性競爭企業一旦短期可得到正利潤，將有新加入者出現。由於直到最後利潤成為0為止，仍會有加入者出現，所以在長期均衡方面利潤為0【與完全競爭的相似之處】。

難易度　B

出題可能性

國家Ⅱ種	C
國稅專門官	C
地方上級、市政廳、特別區	C
國家Ⅰ種	C
中小企業顧問	B
證券分析師	C
註冊會計師	C
政府辦公室等記錄	B
不動產估價師	B
外務專門職務	C

1. 定義，特徵

獨佔性競爭市場，被稱作是「在市場上雖然存在多數供給者相互競爭，但具有某種程度上的差異化形成之市場」。此處所謂「某種程度上的差異化」，乃指從需求者來看本質上雖然是相同的商品，惟仍存在些許差異。若是完全的差異化，由於是不同的商品，所以就同市場而言，將難被識別，而「某種程度上的差異化」，則不至於有太大不同。

然而，這樣仍未能明確地掌握概念。因此，試以欠缺完全競爭市場的哪個條件之觀點加以思考。所謂完全競爭市場，乃滿足①存在眾多的買方·賣方，②產品具有同質性，③資訊完全揭露④可自由地進入·退出市場等條件之市場。獨佔性競爭為欠缺上述條件中「②產品具有同質性」的市場。此外，因為是存在多數供給者的市場，所以新加入與退出也是自由的市場。

圖表21-1　不完全競爭市場的分類

	完全競爭	獨佔	獨佔性競爭	寡佔
①存在眾多的買方·賣方	○	×（單一企業）	○	×（少數）
②產品具有同質性	○	（一開始便只有單一企業）	×（具有某種程度上的差異化）	○×兩者皆是
③資訊完全揭露	○	○	○	○
④可自由地進入，退出市場	○	×	○	×

2. 獨佔性競爭企業面對的需求曲線
─此處為「獨佔」！

在完全競爭企業的情況下，所面對的需求曲線在市場價格所在位置呈水平狀態。為何如此，乃因為無論生產量為多少個，都可以市場價格取得需求（圖表21-2）。這表示完全競爭市場，即使比市場價格還要高1日圓，但由於商品的性質相同，所以幾乎賣不出去，如此一來，商品只能以市場價格才能賣得出去。也就是說，完全競爭企業只能接受市場價格，其存在感僅止於此，稱為價格接受者。

另一方面，在獨佔企業的情況下，由於需求者只能從獨佔企業獲得需求，整體市場向右下方傾斜的需求曲線，即為獨佔企業所面對的需求曲線。所謂面對向右下方傾斜的需求曲線，表示一旦增加生產量，為取得需求而必須壓低價格；相反地，若減少生產量的話，則可以調漲價格（圖表21-3）。

相對於此，獨佔性競爭企業所面對的需求曲線，就結論而言，和獨佔企業一樣，呈向右下方傾斜。然而，這並非如獨佔企業一樣，具有非常重要的地位，足以撼動市場。競爭的獨佔企業不過是市場上存在多數企業中的其中之一而已。那麼，為何所面對的是向右下方傾斜的需求曲線，乃因商品性質並非相同，而是具有差異化。我們來就此點具體地說明。

在圖表21-4中，假設現有獨佔性競爭企業，在價格100日圓時生產了20個商品（A點）。當價格從100日圓提高10日圓至110日圓時，需求量從20個下滑至10個，因而生產量也不得不降低至10個。

然而，即使調漲10日圓，仍有10個需求量，並非0個。這表示，若在完全競爭企業的話，一旦調漲10日圓，由於商品具同質性，所以需求量將成為0，但對於獨佔性競爭企業而言，因為商品存在差異化，所以漲價雖會導致部分顧客轉而購買其他企業的商品，但死忠的粉絲仍會持續有其需要。

相反地，當降價時，儘管需求量增加，但仍無法藉由降價吸引對其他

圖表21-2　完全競爭企業所面對的需求曲線

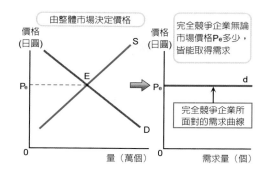

圖表21-3　獨佔企業所面對的需求曲線

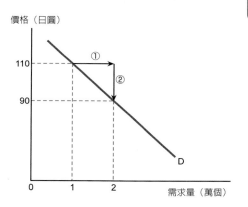

圖表21-4　獨佔性競爭企業所面對的需求曲線

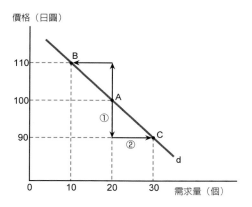

企業死忠的粉絲，需求量無法無限制地增加。像這樣，獨佔性競爭企業所面對的需求曲線，因商品存在差異化而向右下方傾斜，可藉由改變生產量使價格變動，乃擁有價格支配力的價格決定者。這一點與獨佔企業相似，所以含有「獨佔」之詞。

此外，在獨佔性競爭市場中，由於商品存在差異化，所以將個別企業的產品供給量與需求量加總，求出整體市場的需求曲線與供給曲線並無意義。爲何如此，乃因各種不同的企業商品各異，所以大致上價格也多少存在差異，將相異的商品加總，說在這個價格需求多少量、供給多少量並無意義之故。

補　充

然而，在獨佔企業的情況下，整體市場的需求曲線＝企業所面對的需求曲線，而在獨佔性競爭企業的情況下，由於存在衆多企業，所以企業所面對的需求曲線爲整體市場需求量的極小部分。

圖表21-5　獨佔性競爭企業之邊際收入曲線

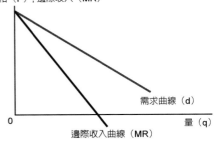

價格（P），邊際收入（MR）

需求曲線（d）

0　　　　　　　　　　　　　　量（q）

邊際收入曲線（MR）

3.　獨佔性競爭企業之邊際收入

面對向右下方傾斜之需求曲線的獨佔競爭企業，當追加1單位供給量時，雖可獲得追加1單位的價格，但隨著供給量增加造成價格下跌，將承受跌價損失。

如此一來，圖表21-5的邊際收入曲線（MR）將位於需求曲線下方相距跌價損失的位置。

復　習

此點與供給獨佔企業的邊際收入曲線（MR）相同，雖然是基本的事情，但或許也頗爲複雜。尚未能清楚理解的讀者，請復習第20章。

4.　獨佔性競爭企業之短期均衡

所謂短期，乃存在固定生產要素的限定期間。也就是說，資本額（機器的數量）無法改變，乃藉由變動勞動量以調整生產量之期間。假設短期的邊際成本以SMC、平均成本以SAC表示，如圖表21-6所示呈U型。

企業決定利潤極大所在生產量，亦即邊際收入（MR）與邊際成本（MC）相等之生產量。

　　在圖表21-6中，直到生產量q_m為止，由於MR>MC，所以邊際利潤=MR−MC>0，增加1單位生產量的話，利潤也會提高。如此一來，為了增加利潤，將提高生產量。然而，當$q=q_m$時，因為MR=MC，所以即使再怎麼增加生產量，利潤也不會提高。如此一來，MR=MC所在生產量q_m為利潤極大之生產量，因而決定為此生產量。

　　其次，價格則沿著需求曲線決定為P_m。獨佔性競爭企業在M（q_m，P_m）同時決定價格與供給量，M為供給組合。因此，獨佔性競爭企業並無供給曲線，乃存在供給組合之故。

　　此外，此時獨佔性競爭企業之利潤依以下方式求出。生產量q_m時的平均成本由SAC可知為A的高度。相對於此，q_m時的價格為M的高度所在P_m，所以MA為價格與平均成本之差，亦即每1個的平均利潤。因為整體的利潤是平均利潤×生產量，而生產量q_m與MP_m相同，所以MA與MP_m相乘之後，亦即長方形P_mMAB（陰影部分）為正的利潤。

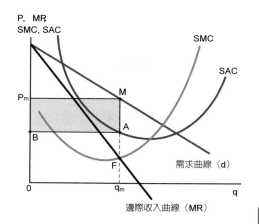

圖表21-6　獨佔性競爭企業之短期均衡

利潤極大　⟷　MR=MC

補　充

　　此供給行為與供給獨佔的情況相同。此即獨佔性競爭之所以說「獨佔」的原因。

5.　獨佔性競爭企業之長期均衡

用　語

　　所謂長期，乃指不存在固定生產要素的限定期間。也就是說，透過資本額（機器的數量）及勞動量兩者的變動，即可調整生產量之期間。所謂可改變資本額，乃指可以從其他產業新加入，或是從此產業退出的意思。

　　假設如圖表21-6所示，在短期均衡存在正利潤的話，將會出現為了獲得該利潤，而從其他產業過來的新加入者。由於此種加入將出現直到利潤成為0為止，最後，在自由進入・退出市場的長期環境

下，長期均衡之利潤將為0。這一點與獨佔企業不同，反而與完全競爭市場則有相似之處。此即獨佔性競爭之所以說「競爭」的原因。

將此長期均衡用圖形來加以思考。假設長期的邊際成本為LMC、平均成本為LAC，如圖表21-7所示呈U型。此處請留意LMC、LAC與圖表21-6的SMC、SAC有所差異。

短期的需求曲線用d表示，在長期的話，因為新加入者的關係，既存企業所面對的需求量將減少，所以所對的需求曲線向左位移。說到要位移到哪裡，乃與LAC相切，位移到圖表21-7的d'為止。當新需求曲線為d'時，邊際收入曲線為其下方的MR'，而達到企業利潤極大，亦即MR'=MC所在A點的生產量q_m為其決定。然後，價格沿著需求曲線的d'，在M點的水準決定為P_m。此時，在q_m的平均成本從LAC來看為M的高度，價格P_m亦為M的高度，所以平均利潤＝P_m－LAC＝0，可知利潤為0。

此外，長期均衡組合M並非長期平均成本（LAC）的極小，所以亦非有效率。

▶▶ 徹底解說 ◀◀

讓我們思考圖表21-8的具體實例。假設起初獨佔性競爭企業所面對的需求曲線為d。然後，起初此企業以100日圓供給商品，假設需求量為A點所在之20個。

現有眾多的新企業加入此市場，因而搶奪了某既存企業的客源，即使以同樣100日圓供給，只有10個被購買，由於價格與需求量之關係為100日圓時10個，所以成為A'點。如此一來，可知新的需求曲線為通過A'點的d'。

若價格並非100日圓而是80日圓的時候，需求量受新加入者影響，從B點減少至B'點，60日圓時則由C點減少成為C'點。像這樣，無論縱軸的價格水準多少，受到新加入者的進入，將造成橫軸上的需求量減少之故，所以需求曲線本身自d向左位移至d'。

圖表21-8　因新加入者而造成需求曲線向左位移

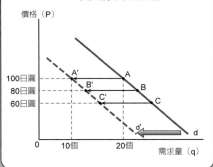

圖表21-7　獨佔性競爭企業之長期均衡

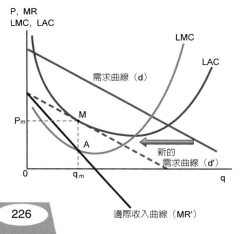

Chapter 22

寡　佔

一被少數企業所支配下的市場，價格不易下跌

Point

1 所謂寡佔市場，乃指僅存在少數供給者的市場，有下列特徵①各企業擁有價格支配力，②會受特定的競爭對手企業影響，③價格容易在下方形成強固支撐，④容易引起非價格競爭。

2 所謂遏阻價格，乃指從其他產業轉進的企業即使加入，利潤也將為0的價格稱之。

3 拗折需求曲線理論乃藉由「不跟進競爭廠商漲價，卻跟進殺價」之假設，呈現一旦漲價則斜率趨緩，一旦跌價則斜率陡峭的需求曲線。

4 拗折需求曲線理論指出，需求曲線拗折的結果，導致邊際收入曲線不連續，該間斷部分即使邊際成本曲線向下方位移，利潤極大的生產量與價格也不會改變。藉此可以解釋價格的向下僵固性。

5 所謂總成本原則，乃將預先算出的平均成本（AC）再加上特定的標價率（Mark-up Ratio），作為設定價格的方法。

6 所謂銷售額極大化假設，乃指企業為確保必要最低限度的利潤，而致力追求銷售額極大的思考方式。

難易度　A

出題可能性

國家Ⅱ種	C
國稅專門官	C
地方上級、市政廳	
、特別區	C
國家Ⅰ種	C
中小企業顧問	B
證券分析師	C
註冊會計師	C
政府辦公室等記錄	B
不動產估價師	B
外務專門職務	C

1. 寡佔市場的特徵

【1】寡佔市場的定義

由於寡佔的「寡」為稀少的意思，所以寡佔即少數佔據。所謂寡佔市場，乃指僅存在少數供給者的市場稱之。如此一來，在完全競爭市場的①存在眾多的買方‧賣方，②商品具有同質性，③可自由地進入‧退出市場，④資訊完全揭露等條件中，寡佔市場為欠缺「①存在眾多的買方‧賣方」之市場。

此外，在長期持續寡佔的情況下，也將欠缺「③可自由地進入‧退出市場」的條件。

【2】寡佔市場的特徵

寡佔市場具有以下的特徵。

①具有價格支配力

寡佔企業乃市場由少數所佔有，所以在市場上影響力強，為具有價格影響力的價格決定者。如此一來，由於本身供給量增加將導致價格下跌，所以面對的是向右下方傾斜的需求曲線。

②會受特定競爭對手的影響→不確定性

因為寡佔企業的競爭對手甚少，所以會因競爭對手的反應而改變本身的需求量。此指會受競爭對手的作為影響而改變自家企業的最適作為。

此外，由於事前無法確切地知道競爭對手的作為，所以本身所面對的需求曲線也無法確切地瞭解。對於事先不知道的競爭對手作為，作出某種假設，藉此可形成不同的理論。

圖表22-1　寡佔的定義

	完全競爭	獨佔	寡佔
① 存在眾多的買方，賣方	○	×（單一企業）	×（少數）
② 商品具有同質性	○	（只存在獨佔企業的商品）	○×兩者皆有
③ 可自由地進入，退出市場	○	×	×
④ 資訊完全揭露	○	○	○

▶▶ 徹底解說 ◀◀

在寡佔市場裡，請注意完全競爭的條件中，欠缺與未欠缺「②商品具有同質性」的情況都有。寡佔的具體實例，如汽車與鋼鐵產業。汽車產業因為僅存在少數的供給者，所以為寡佔，惟商品並不相同，具差異化。也就是說，乃欠缺「②商品具有同質性」條件的寡佔市場。

另一方面，幾乎所有的鋼鐵，只要符合規格即為良品，商品沒有不同。也就是說，滿足「②商品具有同質性」條件的寡佔市場。

Point!

在獨佔市場的情況下，只有單一企業而不存在其他競爭對手企業，所以不會受到其他競爭對手的影響。此外，在完全競爭市場的情況下，由於存在眾多供給者，所以某特定競爭對手企業的作為，並不影響整體市場的價格，自然對自家企業無影響。特定的競爭對手企業之作為，對於本身的利潤直接相關，此乃寡佔企業獨有，其他市場無此特徵。

③價格容易在下方形成強固支撐（價格的向下僵固性）

　　在以上所述的狀況下，爲了追求本身利潤極大，價格具有容易向下僵固的傾向。

④容易激化非價格競爭。

　　壓抑價格競爭的結果，導致競爭大多會以價格之外的樣態進行之傾向。

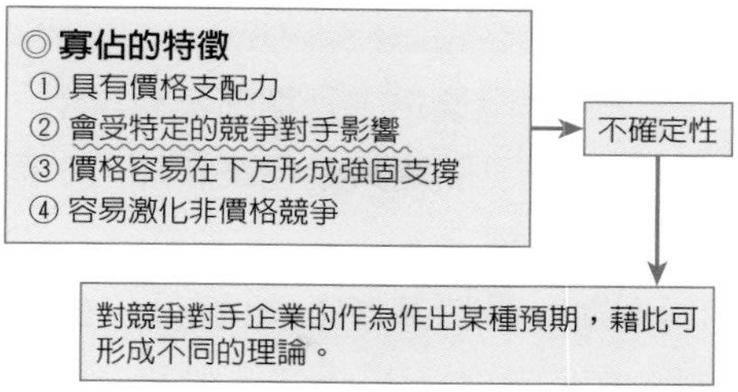

2. 非價格競爭

【1】定義

　　所謂非價格競爭，乃指藉由價格以外的方式競爭稱之。

【2】原因

　　消費者不只在意價格，也在意設計、售後服務等等，所以供給者不僅價格競爭，一般也會進行這樣的非價格競爭。在寡佔市場中，價格具向下僵固性的（怎麼也難以跌價的）情況很多（未必總是如此），因此無法進行價格競爭的情況很多。此結果，造成非價格競爭有激化傾向。

【3】經濟效果

　　非價格競爭若爲消費者之必需品有關的競爭，即爲有意義的事。然而，若此非價格競爭非關乎消費者所必要的東西，而加以競爭的話，將不會增加消費者的效用，反而是浪費了競爭上所使用的資源。在寡佔企業中，價格競爭受到壓抑的情況很多，其結果導致非價格競爭激化到超乎必要程度，可能淪爲無法增加消費者效用的過度競爭。

圖表22-2　寡佔的特徵

◎ 寡佔的特徵
① 具有價格支配力
② 會受特定的競爭對手影響
③ 價格容易在下方形成強固支撐
④ 容易激化非價格競爭

→ 不確定性

對競爭對手企業的作為作出某種預期，藉此可形成不同的理論。

舉　例

贈品、宣傳、設計、售後服務等。

舉　例

　　作爲價格競爭受到壓抑與過度浪費的非價格競爭激化的範例，如以前的報紙。全國主要企業的報紙價格幾乎相同。也就是說，無法進行價格競爭。此結果導致爲了得到訂戶，給予清潔劑與棒球入場券等與報紙無關的東西作爲贈品，這樣的非價格競爭似乎一度激化。然而，對多數的消費者來說，與其給予清潔劑與棒球入場券，應該不如將報紙的價格調降來得好。在最近報紙中的世界報社似乎也有「訂購半年的話1個月免費」這樣的實質降價。

3. 遏阻價格

所謂遏阻價格，乃指在某產業中，既存企業為了防堵其他企業新加入，而設定的價格稱之。

例如，假設某產業為只有A、B、C 3家企業的寡佔市場，在高價格（此處設為200日圓）下未有價格競爭，並有正的利潤。

其後，為了獲得正的利潤，從其他產業有新加入者，此產業的競爭愈加激化，到目前為止出現無法獲利的疑慮。也就是說，既存企業A、B、C以200日圓高價的話，在短期而言雖可達到利潤極大，但最後結果也吸引新加入者，在長期而言造成利潤下滑。

因此，既存企業A、B、C不以200日圓，而以考慮新加入的企業即使進入，利潤也為0的價格，例如將價格設定在150日圓，藉以防堵新加入者。此時的150日圓價格即為遏阻價格。由於如此，遏阻價格即設定為新加入企業利潤為0的水準。

為何如此，乃因若設定比這樣的價格還高的價格，將使新加入企業的利潤呈正值而無法阻止新加入者，雖然沒有調降價格至這種程度的必要，但比這樣的價格還低的結果，將造成本身短期的利潤減少。

那麼，其次將就寡佔市場中，說明價格不易下調之情況（價格的向下僵固性）的拗折需求曲線理論加以解釋。

4. 拗折需求曲線理論

　　所謂拗折需求曲線理論，乃美國學者保羅‧斯威齊（P. M. Sweezy）所提出的理論。此乃解釋寡佔特徵之一「價格容易在下方形成強固支撐」的理由，具有代表性的理論。

【1】假設

　　在分析時先訂定以下假設。

① 假設當競爭同業調漲價格時不跟進，但調降價格時卻跟進的行為模式，決定自家公司的行為。

② 假設商品具有某種程度上的差異化。

③ 假設所分析對象之寡佔企業的產品為X，其價格為P，量為Q。

④ 個別企業的邊際成本曲線（MC）呈U型。

【2】寡佔企業所面對的需求曲線

　　因為寡佔企業具有價格影響力，所以面對的是向右下方傾斜的需求曲線。然而，所面對的需求曲線之斜率，依競爭對手企業的行為而有所不同。

　　假設一開始某寡佔企業在100日圓生產10萬個產品（圖表22-3 A點）。

　　假設現將價格調漲到110日圓。此時，依假設①，因為假設競爭對手企業不跟進漲價，所以競爭對手企業之商品的價格變得較低，客戶遭競爭對手搶走。此結果導致需求從10萬個大幅減少到6萬個（F點）。

　　其次，假設此企業將價格從A點調降至90日圓。此時，因為假設競爭對手將跟進，所以競爭對手企業也調降價格。此結果導致無法從競爭對手那邊奪

圖表22-3　拗折的需求曲線

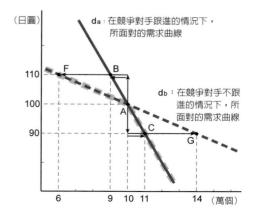

回需求，以致未能大幅提升需求量。然而，隨著價格下跌，整體市場的需求量提升，所以此企業的需求量也應該會增加。此處假設從10萬個增加1萬個至11萬個（C點）。

由上所述，寡佔企業所面對的需求曲線，因為當調漲價格時為FA、當調降價格時為AC，所以FAC呈拗折狀態。

【3】寡佔企業的邊際收入曲線

讓我們用圖表22-5來思考，當需求曲線像BAC一樣拗折時的邊際收入（MR）。對應需求曲線d_a的邊際收入曲線MR_a，以及對應需求曲線d_b的邊際收入曲線MR_b各別存在。在生產量達10萬個（A點）之前，因為需求曲線為d_b，所以邊際收入曲線為對應d_b的MR_b。

另一方面，一旦生產量超過10萬個（A點），因為需求曲線為d_a，所以邊際收入曲線為對應d_a的MR_a，

如此一來，對應拗折需求曲線BAC的邊際收入曲線為BF與GH，呈不連續狀態。

【4】價格的向下僵固性之說明

藉由技術革新等因素，生產效率提升，寡佔企業的邊際成本曲線（MC）向下方位移。

①面對未拗折向右下方傾斜需求曲線的企業之情況（圖表22-5）

此情況，當邊際成本曲線從MC向下方位移至MC'，利潤極大的MR=MC所在的F點向右變動至F'，利潤極大的生產量必然從10萬個增加至11萬個。然而，由於面對向右下方傾斜的需求曲線，所以價格從100日圓下跌至90日圓。

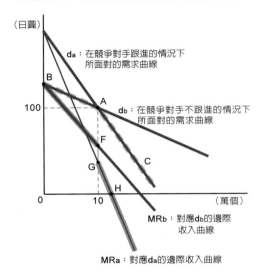

圖表22-4　需求曲線為拗折時的邊際收入

d_a：在競爭對手跟進的情況下所面對的需求曲線

d_b：在競爭對手不跟進的情況下所面對的需求曲線

MR_b：對應d_b的邊際收入曲線

MR_a：對應d_a的邊際收入曲線

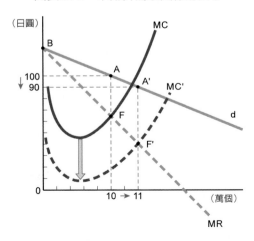

圖表22-5　未拗折需求曲線的例子

②面對拗折需求曲線的企業之情況
（圖表22-6）

然而，如圖表22-6所示，在需求曲線為BAC呈拗折的情況下，即使邊際成本曲線因技術革新等因素而減少，從MC向下方位移至MC'，價格也不會下跌。

在圖表22-6中，當邊際成本為MC時企業利潤極大，亦即設定為MR=MC所在F點的生產量q_a萬個、價格為q_a萬個時需求者所購買的價格，也是需求曲線上A點所在的價格P_a。

現在假設邊際成本下滑至MC'。此時，企業利潤極大，亦即設定為MR=MC'所在G點的生產量q_a萬個、價格為q_a萬個時需求者所購買的價格，也是需求曲線上A點所在的價格P_a。

像這樣在邊際收入曲線（MR）不連續的FG間，即使邊際成本（MC）下降（向下方位移），價格也不會從P_a下跌。也就是說，拗折需求曲線理論可以解釋，即使在邊際收入不連續的FG間MC下降，價格將維持P_a的水準不會下跌，亦即價格具向下僵固性一事。

【5】意義

像這樣，藉由拗折需求曲線理論，可以解釋即使邊際成本（MC）減少，價格也不會下跌的機制。例如，可以用來說明，在高度成長期的日本，儘管因技術革新而使工業產品的成本（邊際成本）降低，但價格卻降不下來的情況。

其實，拗折需求曲線理論足以詳細地分析下面的常識。「競爭對手不跟進調漲價格，卻跟進調降價格。如此一

圖表22-6　拗折需求曲線的例子

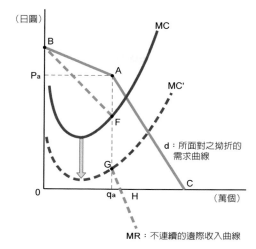

MR：不連續的邊際收入曲線

◎拗折需求曲線理論對於在寡佔市場下價格的向下僵固性之說明

1. 寡佔市場→受競爭對手的影響
↓
2. 假設預期競爭對手調漲價格時不跟進，調降價格時跟進
↓
3. 需求曲線呈拗折
↓
4. 邊際收入曲線（MR）呈不連續狀態
↓
5. 在不連續的邊際收入曲線（MR）間，即使邊際成本曲線（MC）下降（向下方位移），MR=MC所在生產量不變，價格也不變＝價格不下跌＝價格的向下僵固性

來，調漲價格使競爭對手相對便宜，客戶遭搶奪，調降價格則競爭對手也跟進，所以無法搶奪競爭對手的顧客。在這種狀況下，價格按兵不動為最佳對策」的常識。

陷阱

在拗折需求曲線理論中，即使因不景氣導致需求減少，出現銷售過剩，企業為何仍不調降價格，用凱因斯經濟學的個體經濟學的基礎，並無法解釋這樣的情況。為何如此，乃因儘管同為價格的向下僵固性，凱因斯經濟學的個體經濟學基礎，指需求量變動需求曲線（d）位移時，造成價格的向下僵固性，並非像拗折需求曲線理論一樣，指的是MC降低時，價格的向下僵固性。

5. 總成本原則

【1】價格水準的決定

所謂總成本原則，乃指作為價格決定者的企業，在進行價格決定時的方法之一，預先估算之平均成本（AC），再加上特定的標價率（利益率），作為設定價格的方法。因此，有以下價格設定方式。

舉 例

假設今年的平均成本預定為100日圓。將其乘上利益率20%，而決定價格為120日圓的方法。以對應的數學式表示的話，乃價格（P）＝（1＋0.2）×100=120日圓。

像這樣足以說明價格水準，此點與拗折需求曲線理論不同。

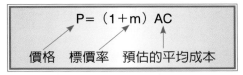

$$P = (1+m) AC$$

價格　標價率　預估的平均成本

然而，企業預估的平均成本，乃基於今年預期的總成本除以今年預期的生產量而得。

【2】價格的向下僵固性

在此總成本原則下，預估所得平均成本與標價率m若不可變動的話，則價格P將為固定。也就是說，該年市場上即使發生變化，只要此企業不變更所預估的平均成本與標價率m之方針，價格將不會下跌。

補 充

此亦被用來作為寡佔市場中價格的向下僵固性之理由。

【3】優點

實際上有很多寡佔企業採用為其最大優點。

【4】問題點

①並未有關決定標價率(m)的說明

要決定價格水準，必須決定標價率（m）。然而，在總成本原則中，有關如何決定m的大小卻無任何說明。

②是否否定MR＝MC所在生產量與價格決定

決定達到利潤極大的MR＝MC所在生產量，並以該生產量沿著需求曲線給予價格的想法，是否對此否定有其問題點。

【5】標價原則

所謂標價原則，並非預估的平均成本（AC），而是將平均變動成本（AVC）再加上特定的標價率（m），作為設定價格的方法。

至於總成本原則，雖然預估平均成本（AC），但在平均成本（AC）＝平均固定成本（AFC）＋平均變動成本（AVC）中，由於其平均固定成本為一定金額的固定成本除以預期生產量所得數字，所以一旦預期失準而生產量減半的話，便將成為2倍。像這樣相對於預期，平均固定成本（AFC）存在相當大的預期失準風險。

相對於此，平均變動成本方面，不會像平均固定成本那樣，會隨著生產量而變動，所以不會有大幅超乎預期的情況發生。因此，也有企業捨棄含平均固定成本的平均成本（AC），而採用以

▶▶ 徹底解說 ◀◀

在個體經濟學中，認為企業將決定在邊際收入（MR）＝邊際成本（MC）時，利潤極大所在的生產量。然而，現實中企業並不能每天都以MR＝MC這種方式決定。為何如此，雖然照理來說必定有邊際成本（MC），但要掌握卻相當困難之故。也就是說，要一一掌握作為每增加1個生產量的成本增加差額之邊際成本，要花費相當多的成本與時間。因此，多數的企業取總成本原則這種簡便方法，來設定價格。

▶▶ 徹底解說 ◀◀

有關在①中所指出的m，可以想成企業為了利潤極大而設定。當然，現實中的企業由於不知道正確的MC，所以無法以MR＝MC所在生產量與價格作詳細地決策。然而，大致上可憑經驗考量，設定可能為MR＝MC之m。像這樣解釋的話，可以認為總成本原則並非否定MR＝MC，而是現實中計算MC不易，所以企業暫且作為現實中的對策，所採用的簡便方法。

➕ 補 充

雖然此為仿照總成本原則的算法，但常常也被當作相同的東西介紹。

平均變動成本（AVC）為基準，給予特定價格的方法。

如此一來，標價原則為，

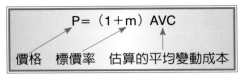

$$P = (1 + m) \, AVC$$

價格　標價率　估算的平均變動成本

在此情況下，標價率並非僅是利益率，而是也必須考慮平均固定成本的價格訂定。

6. 銷售額極大化假說

【1】定義

所謂銷售額極大化假說，乃指企業為確保必要的最低限度利潤，為了追求銷售極大而有所作為，由鮑莫爾（William Jack Baumol）所提出的假說。

【2】圖解

我們用圖表22-7來說明銷售額極大化假說。圖表22-7以橫軸為生產量（x），縱軸為利潤（π）與銷售額，亦即總收入（TR）。假設表示總收入與生產量之關係的總收入曲線，以及表示利潤與生產量之關係的利潤曲線如圖表22-7所示。

此時，銷售額＝總收入為極大所在乃A點時的TR_2，此時生產量為x_2。像這樣企業為了追求銷售額極大而決定生產量的話，生產量將決定為x_2。

然而，此處有所謂「企業為確保必要的最低限度利潤」之條件。因此，說

▶▶徹底解說◀◀

此假設至今仍有與作為生產理論大前提的利潤極大化是否矛盾的問題。然而，這裡認為此銷售額極大化假說，並未與利潤極大化假設矛盾。為何如此，乃因企業在短期放棄利潤極大而以銷售額極大為目標，這是著眼於長期利潤極大化為考量之故。例如，不考慮短期的利潤而致力提高銷售額，一旦銷售增加，在業界的銷售量順位上升的話，受到信任將使往後的商品販售更加容易，就長期來看應會提高利潤。如此考量的話，銷售額極大化假說乃實踐長期利潤極大化原理，並非相互矛盾。

明稍嫌複雜。

假設最低限度的利潤爲圖表22-7中min π之大小（高度）。因此，從利潤曲線可確保利潤至少有min π，也就是說，爲了使利潤比min π線還高（從C'到B'），生產量將是從x_0到x_1的範圍。首先，由於確保最低限度的利潤之條件，生產量的範圍將受限。

然後，該生產量的範圍（從x_0到x_1）內，銷售額=總收入爲極大時，乃生產量在x_1時的TR_1（B點）。如此一來，企業爲確保最低限度的利潤min π，將決定銷售額極大所在的生產量x_1。

【3】意義

以現實中的企業來看，的確可見到規模大的寡佔企業，在各方面即使犧牲利潤也要提高銷售的行爲模式。像這樣的企業行爲模式，無法僅用利潤極大化原理解釋，但可用此銷售額極大化假說解釋，其具有這一層意義。

圖表22-7　銷售額極大化假說

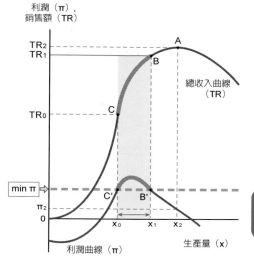

MEMO

Chapter 23

賽局理論

—如何判讀競爭對手的行為乃致勝關鍵

Point

1 在零和賽局（zero sum game）中，對手理應為了使其獲利極大＝讓自己的損失極大而作為。如此一來，考量自己可能承受的最大損失，並在當中選擇使自己的利益最大（最佳）的策略，稱為極大極小策略（minimax strategy）。

2 所謂納許均衡（Nash Equilibrium），乃指在非合作的賽局中，所有賽局參與者都對競爭對手的策略採取最適當的策略因應之狀態稱之。

3 與所有參與者的利益所得加總極大的策略組合有所不同，該組合形成支配性策略均衡稱為囚徒困境。

4 假設企業預期競爭對手企業不會改變現有的生產量（古諾模型的假設），企業為追求利潤極大而決定生產量的模型，稱為古諾模型（Cournot Model）。

5 除了與古諾相同，依競爭對手的生產量情況而作為的Follower（追隨者）之外，另出現足以影響競爭對手生產量的Leader（領導者），而企業為了追求利潤極大而決定生產量的模型，稱為斯塔克爾伯格模型（Stackelberg Leadership Model）。

6 以競爭對手的價格為前提下，追求本身的利潤極大之價格決定模型，稱為伯特蘭德模型（Bertrand Model）。

難易度　B

出題可能性

國家Ⅱ種	A
國稅專門官	A
地方上級、市政廳、特別區	A
國家Ⅰ種	A
中小企業顧問	A
證券分析師	A
註冊會計師	A
政府辦公室等記錄	A
不動產估價師	A
外務專門職務	A

1. 何謂賽局理論？

　　所謂賽局理論，乃是分析會相互影響之參與者所做出之決策的理論。

　　由於寡佔乃在與競爭對手企業相互影響中，預測對方的動作而做出因應，所以可用此賽局理論進行分析。

2. 報酬表（報酬矩陣）

　　接著，我們將就賽局理論中常使用的報酬表加以說明。

　　為求單純化，企業僅A、B兩家公司，假設兩家公司各自抱持「維持價格不變」與「降價」2個策略。因此圖表23-1中各框格的數值組合，表示各別的策略對應之A的利潤、B的利潤。假設A、B均維持價格不變為（0, 0），兩家公司均降價的話為（−5, −5），在A維持價格不變，僅B降價的情況下，需求將流向B而成（−10, ＋5），相反地僅A降價，B維持價格不變的情況下為（＋5, −10）。

　　如圖表23-1所示，當各種策略組合時，表示各種利潤的圖表，稱為報酬表或報酬矩陣。

3. 依協商還是不依協商

　　對A、B兩方來說，利潤極大所在為競爭對手維持價格不變，而本身降價時的利潤＋5。然而，此將導致競爭對手的利潤為−10成最壞的情況，即使想協商也無法整合。最終可整合兩方的組合，乃兩者均維持價格不變下，兩者利潤均為0

補充

　　所謂一般賽局，諸如紙牌或黑白棋等賽局，此處也包括政治與經濟的交涉等，作為賽局加以分析。

補充

　　由於完全競爭市場不會受特定競爭對手的行為影響，而獨佔市場原本就沒有競爭對手，所以無法適用此賽局理論。

補充

　　因為賽局理論在個體經濟學之外，也會用於政治的交涉等分析，所以不用利潤而用報酬。

圖表23-1　報酬表

A企業維持價格不變、B企業也維持價格不變時，A企業的利潤為0、A企業的利潤也為0

A企業維持價格不變、B企業降價時，A企業的利潤為−10、B企業的利潤為＋5

協調

		B企業	
		維持價格不變	降價
B企業	維持價格不變	(0, 0)	(−10, ＋5)
	降價	(＋5,−10)	(−5, −5)

非協調

A企業降價、B企業維持價格不變時，A企業的利潤為＋5、B企業的利潤為−10

A企業降價、A企業也降價時，A企業的利潤為−5、B企業的利潤也為−5

的組合。

然而，實際上付諸行動時，未必能夠信守事前的約定。爲何如此，乃因A、B兩者，當競爭對手維持價格不變時，反而率先降價的話，將可以比維持價格不變的0還多＋5之故。此外，即使本身並無率先動作的打算，但一想到競爭對手或許會率先動作，當競爭對手率先動作時，而自己卻遵守承諾選擇維持價格不變，將造成−10的大幅損失。如此一來，將有未能按照事前所約定遵守協調的可能性。像這樣未依協調所做出的動作，將在稍後以納許均衡解釋。

依協調比未依協調的結果，對A、B兩者而言都有利。此處存在協調行爲的動機。

> ▶▶▶ **徹底解說** ◀◀◀
>
> 雖然協調行為也有違法**壟斷（同業間以限制競爭爲目的的協議）**的情況，但也有藉著相互學習影響，彼此有默契不降價的行爲模式之情況（**有默契的協調**）。無論是何者，只要有協調行爲，便不會實行降價，價格將成向下僵固。像這樣利用賽局理論，也可解釋價格的向下僵固性。
>
> 然而，由於原則上壟斷違反法律（禁止私人壟斷與確保公平交易相關法律：通稱「反壟斷法」），所以似乎大多爲有默契的協調。作爲有默契協調的具體實例，有**價格領導制**（Price Leadership）。所謂價格領導制，乃指業界龍頭企業一旦宣布漲價，幾週後其他廠商也跟進漲價之協調方式。

4. 零和賽局

【1】定義

所謂零和賽局，乃指參與者的報酬加總恆爲零的賽局。亦即一方爲＋10的話，另一方必定爲其相反的−10之情況。因此，與朋友賭博時（此乃違法！），即使本身損失100日圓，而該100日圓將由朋友獲得，因而兩者的加總爲0，所以爲零和賽局。

> **用 語**
>
> Sum爲英文Summary（總和）之略。因爲所有參與者（此處爲A與B）的報酬加總爲0，所以稱爲零和賽局。

【2】具體實例

A企業有策略A1、A2，B企業有策略B1、B2，假設策略的組合與報酬爲圖表23-2。由於圖表23-2在任一情況下，A的報酬與B的報酬加總爲0，所以爲零和賽局。作爲以此零和賽局爲前提的理論，有接下來要說明的極大極小策略。

圖表23-2　零和賽局

		B企業	
		B1	B2
A企業	A1	(＋5，−5)	(0，0)
	A2	(−10，＋10)	(−8，＋8)

5. 極大極小策略

接著利用零和賽局的圖表23-2來說明馮·紐曼（J. Von Neumann）所想出的極大極小原理。

首先，有關A企業的極大極小策略，讓我們考慮僅寫有A報酬之圖表23-3。當A在思考本身策略的同時，亦分析競爭對手B的動作。現因為是零和賽局，所以「競爭對手B的報酬極大＝本身A的損失極大」，競爭對手B理應會做出B本身的報酬大＝自己A的損失大之選擇。

流程①：預測當A1時B的策略

在圖表23-3中，A採取A1策略，若B採取B1的話，A的報酬為5（由於為零和賽局，所以B的報酬為−5），若B採取B2的話，A的報酬為0（由於為零和賽局，所以B的報酬亦為0），所以B將選擇A的損失大（＝B的報酬大）之B2。

流程②：預測當A2時B的策略

其次，A採取A2策略，若B採取B1的話，A的報酬為−10（由於為零和賽局，所以B的報酬為＋10），若B採取B2的話，A的報酬為−8（由於為零和賽局，所以B的報酬為8），所以B將選擇A的損失大（＝B的報酬大）之B1。

流程③：最後思考A1、A2何者報酬較大

當A採取A1的情況下，由於B將採取B2，所以A的報酬為0，而採取A2的情況下，由於B將採取B1，所以A的報酬為−10。此報酬0與−10相比，因為0的報酬較大，所以A將選擇A1（極大極小策略）。

圖表23-2　零和賽局（同前圖）

		B企業	
		B1	B2
A企業	A1	(+5, −5)	(0, 0)
	A2	(−10, +10)	(−8, +8)

圖表23-3　A的極大極小策略

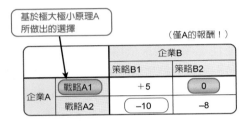

圖表23-4　B的極大極小策略

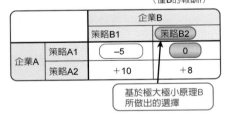

> **用語**
>
> 像這樣的策略決定，在流程1、流程2中，在選擇A1、A2個別策略的情況下，考慮本身發生最大損失的可能性（＝B發生最大報酬下B選擇的策略），在流程3中，則在這些選項裡選擇本身報酬極大的組合。由於是在本身（A）損失極大（max）的組合中，求取極小（mini）損失，所以稱為極大極小策略。

Part 5
不完全競爭市場

接著，以下將用圖表23-4，思考基於極大極小策略下，B所做出的策略決定。當B在思考本身策略的同時，也分析競爭對手A的動作。現因為是零和賽局，所以「競爭對手A的報酬極大＝本身B的損失極大」，A理應會做出本身的報酬大＝B的損失大之選擇。

流程①：預測當B1時A的策略

在圖表23-4中，B採取B1策略，若A採取A1的話，B的報酬為−5（由於為零和賽局，所以A的報酬為＋5），若A採取A2的話，B的報酬為＋10（由於為零和賽局，所以A的報酬為−10），所以A將選擇B的損失大（＝A的報酬大）之A1。

流程②：預測當B2時A的策略

其次，B採取B2策略，若A採取A1的話，B的報酬為0（由於為零和賽局，所以A的報酬亦為0），若採取A2的話，B的報酬為＋8（由於為零和賽局，所以A的報酬為−8），所以A將選擇B的損失大（＝A的報酬大）之A1。

流程③：最後思考對B而言B1、B2何者報酬較大

當B採取B1的情況下，由於A將採取A1，所以B的報酬為−5，採取B2的情況下，由於A也將採取A1，所以B的報酬為0。此報酬−5與0相比，因為0的報酬較大，所以B將選擇B2。

由上所述，由於A將選擇A1、B將選擇B2，所以策略的組合將是（A1，B2）（圖表23-2）。然後，這樣的均衡稱為極大極小原理（定理）。

＋ 補 充

在此情況下，在流程1、流程2中，B考慮本身發生最大損失的可能性（＝競爭對手A發生最大報酬因而A選擇的策略），在流程3中，則在這些選項裡選擇本身損失極小的組合，所以是極大極小策略。

☠ 陷 阱 ☠

往往在經濟學的教科書與試題策中，對極大極小策略給予「以安全為優先的策略」之敘述。例如，將圖表23-4中B企業的動作用以下來做說明。B1時B的報酬為−5或＋10、B2時為0或＋8。企業基於安全優先的策略而考慮最壞的情況，因為B1時最差為−5、B2時最差為0，所以B2的0較佳而將採取B2。

儘管此種思考方式，在大多情況下也與極大極小原理有相同結果，但理由有所不同。**在極大極小策略中，B企業並非基於安全優先。由於是零和賽局，所以本身的報酬變少─假設競爭對手為追求其報酬極大而作為。**

此外，所謂安全優先的策略，乃**預期各策略中最壞的情況（報酬極小的情況），而從中選擇相對最佳（報酬極大）的策略，所以有將極小的情況加以極大化的意味，因而稱為極小極大化策略（Maximin strategy）。**

6. 納許均衡

紐曼的極大極小原理乃是以零和賽局為前提，如圖表23-5所示，若非零和賽局時，將無法適用。

即使這種情況也能適用的分析方法有納許均衡。所謂納許均衡，乃指在非合作的賽局中，所有賽局參與者都對競爭對手的策略採取最適當的策略因應之狀態稱之。

接著，將用報酬表的具體實體來說明納許均衡。假設報酬表被給定如圖表23-5所示。在這樣的狀況下，考慮納許均衡。

首先，不是納許均衡的情況也有，不只1個也有2個的情況。因此，「圖表23-5的報酬表是否為納許均衡，若有的話有幾個，何者為納許均衡」像這樣是正確的出題方式。

確認納許均衡可用以下4個流程進行。

流程① 雖然從A、B何者開始都可以，但此處從A開始。首先假設A採取A1。此時，由報酬表來看，B的報酬方面，B採取B1的話將為左上的（0，0），B的報酬為0，採取B2的話將為右上的（−8，＋5），B的報酬為＋5。因為相較於當B採取B1時的報酬0，當採取B2時的報酬＋5較大，所以B將採取B2。

用 語

所謂非合作的賽局，乃指賽局的參與者只為追求本身報酬的極大化而思考行動之賽局。

舉 例

在賽局的參與者為A、B企業兩者的情況下，A針對B的策略尋求最適策略，同時B也針對A的策略尋求最適策略之狀態。在這樣的狀況下，A、B兩方均針對競爭對手的策略採取最適策略，所以將不會變更策略，將在這樣的狀態下趨於穩定，亦即維持「均衡」。

圖表23-5　納許均衡

（A的報酬，B的報酬）

		企業B	
		策略B1 維持價格不變	策略B2 降價
企業A	策略A1 維持價格不變	（0，0）	（−8，＋5）
	策略A2 降價	（＋5，−8）	（−5，−5）

納許均衡

補 充

當A、B均為維持價格不變，亦即A1、B1的策略組合時，由於A、B兩者報酬均為0，所以可表示為（A的報酬，B的報酬）為（0，0）。當A降價而B維持價格不變的情況下，亦即（A2，B1）組合的情況下，由於A從B搶走顧客而獲得報酬＋5，相對而言，B被搶走顧客而成−8。相反地，當A維持價格不變而只有B降價的情況下，亦即（A1，B2）組合的情況下，由於A被B搶走顧客以致報酬為−8，相對而言，B搶走顧客而成＋5。然後，在A、B均降價的情況下，兩方皆為−5的損失。

流程② 這次考慮B採用B2時，A將如何反應。

當B採取B2時，A採取A1的話，將為右上的（−8，＋5），A的報酬為−8。而A採取A2的話，將為右下的（−5，−5），A的報酬為−5。因為相較於當A採取A1時的報酬−8，當採取A2時的報酬−5較多（相對佳，損失較少），所以將選擇A2。也就是說，因為A從A1變更策略至A2，所以（A1，B2）的組合並非納許均衡。

流程③ 接著，考慮A採用A2時的情況。

當A採取A2時，由報酬表來看，B的報酬在B採取B1的話，將為左下的（＋5，−8），B的報酬為−8，而採取B2的話，將為右下的（−5，−5），B的報酬為−5。因為B相較於採取B1時的報酬−8，當採取B2時的報酬−5之報酬較大（相對佳，損失較少），所以B將選擇B2。

流程④ 這次考慮B採用B2時，A將如何反應。

當B採取B2時，A採取A1的話，將為右上的（−8，＋5），A的報酬為−8。而A採取A2的話，將為右下的（−5，−5），A的報酬為−5。因為相較於當A採取A1時的報酬−8，當採取A2時的報酬−5較大（相對佳，損失較少），所以將選擇A2。也就是說，維持A2而不改變策略。

結論：由上所述，B一旦採取B2則A將採取A2，而A一旦採取A2則B將採取B2。也就是說，當（A2，B2）這樣

Point!

若B採取B2時，A仍繼續以A1為最適合策略的話，（A1，B2）的組合將為納許均衡。為何如此，乃因A採取A1時，對B而言最適合的策略為B2之故（流程1）。然後，若如今B採取B2時，對A而言最適策略為A1的話，（A1，B2）的組合對A、B兩者而言，都對於競爭對手的策略採取了最適策略，由於該狀態在此趨於穩定，所以形成納許均衡。

Point!

若B採取B2時，A仍繼續以A2為最適合策略的話，（A2，B2）的組合將為納許均衡。為何如此，乃因A採取A2時，對B而言最適策略為B2之故（流程3）。然後，若如今B採取B2時，對A而言最適合的策略為A2的話，（A2，B2）的組合對A、B兩者而言，都對於競爭對手的策略採取了最適策略之狀態，所以形成納許均衡。

＋ 補 充

由於並無促使A、B兩者皆變更策略的誘因作用，所以可知在此狀態維持穩定均衡。

的策略組合時，彼此對於競爭對手的策略都採取了最適策略，即為納許均衡。

7. 囚徒困境

以圖表23-6的報酬表爲前提，讓我們思考A、B的策略。事實上，圖表23-6中A、B兩者並未太過煩惱策略的選擇。爲何如此，乃因以A的報酬思考的話，在B採用B1的情況下，選擇A1爲−1，A2爲0，A2方面明顯有利，而在B採取B2的情況下，選擇A1爲−10、A2爲−8，A2方面依然有利。也就是說，無論競爭對手（B）採取何種策略（B1，B2），A2都比A1的報酬還多，所以A無疑將選擇A2。像這樣，無論競爭對手採取何種策略，總是有最適合的1個策略，稱爲支配性策略。

同樣地，以B的報酬思考的話，在A採用A1的情況下，選擇B1爲−1，B2爲0，B2方面有利，而在A採取A2的情況下，選擇B1爲−10、B2爲−8，B2方面依然有利。也就是說，無論競爭對手（A）採取何種策略（A1, A2），B2都比B1的報酬還多，所以B2爲B的支配性策略。

如此一來，圖表23-6的（A2, B2）之策略組合，乃A2、B2構成的支配性策略組合，稱爲支配性策略均衡。此外，支配性策略均衡對A、B雙方來說，都是對於競爭對手的策略做出的最適策略，因此是納許均衡。

然而，此（A2, B2）的支配性策略均衡，對A、B來說並非是雙方所期望的狀態。爲何如此，乃因對A、B來說雙方所期望的狀態，是A、B的報酬加

用語

所謂囚徒困境（Prisoner's Dilemma），乃是將賽局的圖表23-6報酬表以囚犯爲例表示，爲其由來。2個犯了重罪的犯人因犯了其他輕微的案件而遭逮捕，假設被分別帶進不同的偵查室接受調查。如果2個人都保守祕密的話，將以輕微的案件判1年徒刑（報酬−1），2個人均自白的話，2個人均判8年徒刑（報酬−8）。其中一方自白而另一方不認罪的話，自白的人因協助破案而不問罪（報酬0），仍不認罪的人則將重判10年徒刑（報酬−10）。

此外，Dilemma爲「進退兩難」的意思，雖然對囚犯來說「2個人都不自白」對2個人是最好的，但自白的話，作爲協助辦案的人可獲得減刑，表示對事情兩相爲難的情況。

✚ 補　充

支配性策略並不一定總是存在。

圖表23-6　囚徒困境

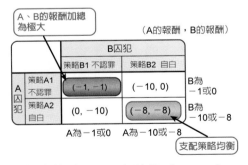

總極大的（A1, B1）時的（−1, −1）。像這樣，與參與者（A與B）的報酬加總極大之策略組合相異的組合，即爲支配性策略均衡，稱爲囚徒困境。

【問題23-1】

以下的表中顯示，在X、Y兩個企業形成的寡佔市場中，當兩個企業分別以A、B、C等3種策略擇一的情況下，從其選擇的策略組合當中，為兩個企業帶來的報酬，各項目中左側的數字表示X企業的報酬，右側為Y企業的報酬，假設此數值愈大報酬愈大。此時，X、Y企業皆擁有此表，但彼此未協調，在不瞭解競爭對手企業選擇何種策略的情況下，預測對方選擇的同時，也選擇可讓自家企業報酬極大的策略，作為納許均衡的策略組合，適當的選項為何者？

		Y企業的策略		
		A	B	C
X企業的策略	A	80，60	30，90	20，70
	B	60，20	40，30	30，50
	C	70，10	60，20	50，40

	X企業	Y企業
1.	A	A
2.	B	B
3.	B	C
4.	C	B
5.	C	C

（特別區Ⅰ類）

在圖形理解上必要的知識

- 納許均衡
- 納許均衡的求法 →原則9

原則9 納許均衡的求法

2個參與者A、B分別有A1、A2、A3…，B1、B2、B3……等策略時，

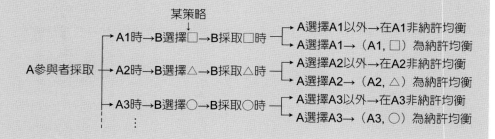

依原則9，策略分別有3個賽局分析。

計　算

依原則9，

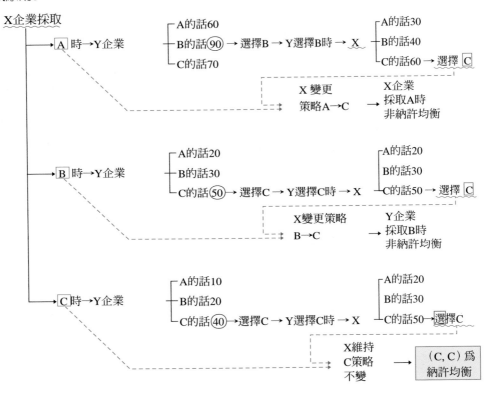

正確解答　5

Part 5 不完全競爭市場

8. 古諾雙佔

　　所謂古諾雙佔，乃法國經濟學者古諾（Cournot）所想出的理論。

【1】假設

①假設企業預期競爭對手企業不會改變現有的生產量

②假設供給者只有企業1、企業2兩家企業（供給者為2家企業的市場稱為雙佔）

③企業1、企業2兩家企業的商品為同質

　　在拗折需求曲線理論中，雖然「假設商品具有某種程度上的差異化」，但此處為同質，亦即假設生產完全相同的產品。

【2】分析

　　在以上的假設下，古諾雙佔模型中各企業為追求本身利潤極大化而作為。

　　因為古諾雙佔常在計算題中出題，所以在解答計算題的同時進行說明。

Point!

此假設稱為古諾假設，訂定此假設的稱為古諾模型。此處為有關對於重點競爭對手的行為預期之假設。與拗折需求曲線「假設當競爭同業調漲價格時不跟進，但調降價格時卻跟進的行為模式」有相當大的差異。首先，注意不是價格，而是生產量，拗折需求曲線在調漲價格時跟進競爭對手（反應），但此古諾模型裡假設，無論生產量增加或減少，競爭對手都不會改變現有的生產量（不反應）。

＋ 補 充

雖然古諾模型亦可適用於3家企業以上，但由於3家企業以上說明頗為複雜，所以假設為2家企業。2家企業的古諾模型特稱為古諾雙佔（Cournot duopoly model）。

【問題23-2】

　　存在2家生產某種同質財貨的企業，市場的需求函數被給定為X=20-P，P為市場價格。企業1與企業2被給定的成本函數，分別為其本身生產量的函數，$C_1(X_1)=4X_1$，$C_2(X_2)=8X_2$，假設兩家企業皆知道此事。此時，請將以下句子中的（　）內填入適當的數學式或數值，並加上計算步驟等必要的說明。

問題1　各個企業的利潤函數分別以$\pi_1(X_1, X_2)=$（①　　　），$\pi_2(X_1, X_2)=$（②　　　）表示。

問題2　在古諾－納許均衡時，2個企業的生產量定為$X_1=$（③　　　），$X_2=$（④　　　）。

（註冊會計師）

問題1、問題2利用古諾雙佔的原則10解答。

原則10 古諾雙佔

假設第1企業的生產量X_1，第2企業的生產量X_2，

1. 首先，各企業利潤極大的條件

第1企業利潤極大 $\Rightarrow \dfrac{\partial \pi_1}{\partial X_1} = 0$ ……①

第2企業利潤極大 $\Rightarrow \dfrac{\partial \pi_2}{\partial X_2} = 0$ ……②

2. 解出由①、②組成之聯立方程式，求出X_1，X_2

> ✚ 補　充
>
> 其他的變數以常數處理進行微分稱為偏微分，符號不是使用d（d），而是使用∂（rounded）。

計　算

問題1　依題目所述，因為市場的需求函數為X=20-P，所以P=20-X

此處市場中只存在1、2兩家企業，因此市場的量X=企業1的生產量（X_1）＋企業2的生產量（X_2），

P=20-（X_1+X_2）　=20-X_1-X_2　……①

企業1的利潤（π_1）= 企業1的總收入（R_1）- 企業1的總成本（C_1）

= 價格（P）×企業1的生產量（X_1）- 4X_1

將①式的P=20-X_1-X_2代入　　　將題目中的C_1=4X_1代入

= （20-X_1-X_2）X_1-4X_1

=20X_1-X_1^2-$X_2$$X_1-4X_1$

=16X_1-X_1^2-$X_2$$X_1$

= -X_1^2+（16-X_2）X_1

> ✚ 補　充
>
> 由於π_1的式子在問題2中以X_1偏微分，用X_1整理後計算起來將變得容易。

同樣地，求出企業2的利潤（π_2），

企業2的利潤（π_2）= 企業2的總收入（R_2）- 企業2的總成本（C_2）

= 價格（P）×企業2的生產量（X_2）- 8X_2

將①式P=20-X_1-X_2代入　　　將題目中的C_2=8X_2代入

= （20-X_1-X_2）X_2-8X_2

=20X_2-$X_1$$X_2$-$X_2^2-8X_2$

=12X_2-$X_1$$X_2$-$X_2^2$

= -X_2^2+（12-X_1）X_2

> ✚ 補　充
>
> 由於π_2的式子在問題2中以X_2偏微分，用X_2整理後計算起來將變得容易。

正確解答　① -X_1^2+（16-X_2）X_1，② -X_2^2+（12-X_1）X_2

Part 5 不完全競爭市場

問題2 此處企業1為追求自家企業的利潤（π_1）極大而作為，從問題1可知，企業1的利潤（π_1）＝$-X_1^2+（16-X_2）X_1$，不只受到自家企業的生產量X_1的影響，亦受競爭對手生產量（X_2）的影響。古諾（古諾－納許）均衡乃以競爭對手將維持現有的生產量不變為前提，所以自家企業決定生產量，而競爭對手的生產量（X_2）為固定。

因此，由於企業1的利潤（π_1）為X_1，X_2的數學式，首先將X_2視為固定的常數，求出π_1極大化的自家企業生產量（X_1）。此可將$\pi_1=-X_1^2+（16-X_2）X_1$的數學式以X_1偏微分後等於0，求出X_1即可。

$$\frac{\partial \pi_1}{\partial X_1}=-2\times X_1^{2-1}+（16-X_2）\times 1=-2X_1+（16-X_2）$$

$$=-2X_1-X_2+16=0 \quad \cdots\cdots ②企業1的利潤極大化條件$$

同樣地求出企業2的利潤極大化條件。從**問題1**可知，企業2的利潤（π_2）＝$-X_2^2+（12-X_1）X_2$，不只受到自家企業的生產量X_2的影響，亦受競爭對手生產量（X_1）的影響。古諾（古諾－納許）均衡乃以競爭對手將維持現有的生產量不變為前提，所以自家企業決定生產量，而競爭對手的生產量（X_1）為固定。因此，由於企業2的利潤（π_2）為X_1，X_2的數學式，首先將X_1視為固定的常數，求出π_2極大化的自家企業生產量（X_2）。此可將$\pi_2=-X_2^2+（12-X_1）X_2$的數學式以X_2偏微分後等於0，求出X_2即可。

$$\frac{\partial \pi_2}{\partial X_2}=-2\times X_2^{2-1}+（12-X_1）\times 1=-2X_2+（12-X_1）$$

$$=-2X_2-X_1+12=0 \quad \cdots\cdots ③企業2的利潤極大化條件$$

此處企業1、2皆為利潤極大的情況，兩企業均無變更動作的誘因，形成均衡狀態。也就是說，同時滿足企業1的利潤極大化條件②式，以及企業2的利潤極大化條件③式之狀態。將②、③的聯立方程式求解，

從②式，將$X_2=\boxed{-2X_1+16}$代入③中，

$-2X_2-X_1+12=0$

$-2（\boxed{-2X_1+16}）-X_1+12=0$

$4X_1-32-X_1+12=0$

$3X_1=20$

$X_1=\boxed{\dfrac{20}{3}}$

$X_2=-2X_1+16$

$=-2\times\boxed{\dfrac{20}{3}}+16=\dfrac{8}{3}$

> 此時，A、B兩者皆因應競爭對手的生產量（策略），達到利潤極大的生產量（策略），所以是納許均衡。由於古諾均衡成為納許均衡，也稱為古諾－納許均衡。

正確解答 ③ $\dfrac{20}{3}$，④ $\dfrac{8}{3}$

9. 斯塔克爾伯格雙佔

古諾模型乃在商品為同質的市場中，各參與者均以競爭對手的生產量為前提，而決定本身生產量之模型。此模型則以競爭對手的生產量為前提（＝給定）而作為的意思，可以想成被動的立場。

相對於此，在斯塔克爾伯格模型中，除了與古諾一樣，依給定的競爭對手生產量作為之Follower（追隨者）外，另出現足以影響競爭對手生產量的Leader（領導者）。

古諾模型與斯塔克爾伯格模型為聚焦生產量的競爭，而分析聚焦價格競爭的乃後面將分析的伯特蘭德模型。此處將古諾模型、斯塔克爾伯格模型與伯特蘭德模型的差異，整理在圖表23-7中。

> ➕ **補 充**
>
> 斯塔克爾伯格有斯塔克爾貝格、史達貝克等各種表示方式（Stackelberg）。

Point!

> 領導者可藉由改變本身的生產量，進而改變競爭對手的生產量，並考量此點而決定最適生產量。

> ➕ **補 充**
>
> 追隨者的利潤極大化條件與古諾模型相同。

圖表23-7　古諾、斯塔克爾伯格、伯特蘭德的比較表

	變數	與競爭對手的關係
古諾模型	數量	給定競爭對手的生產量（被動）
斯塔克爾伯格模型	數量	領導者：可改變競爭對手的生產量 追隨者：給定競爭對手的生產量（被動）
伯特蘭德模型	價格	給定競爭對手的價格（被動）

接下來，以古諾雙佔所解答的計算題的問題3乃斯塔克爾伯格模型的題目，讓我們在解答的同時進行說明。

P.249 【問題23-2】後續

問題3 企業2為領導者，企業1為追隨者而作為時的斯塔克爾伯格均衡為

X_1=（ ⑤ ），X_2=（ ⑥ ）。

（註冊會計師）

戰　略

問題3 因為是斯塔克爾伯格雙佔，所以用原則11〈斯塔克爾伯格雙佔〉來解答。

原則11 斯塔克爾伯格雙佔

當企業1為追隨者，企業2為領導者時，

1. 首先，求出第1、2企業的利潤函數

2. 從企業1（追隨者）的利潤極大化條件 $\frac{\partial \pi_1}{\partial X_1}=0$，求出以$X_1$= ○○$X_2$表示的$X_1$數學式。

3. 將2中求出的X_1= ○○X_2代入企業2的利潤函數中。然後，僅以X_2決定企業2的利潤。

4. 求出 $\frac{\partial \pi_2}{\partial X_2}=0$之$X_2$。

計　算

古諾均衡乃企業1、2均以競爭對手的生產量不變動為前提下，決定自家企業的生產量。這表示第1、2企業為同一行為模式。然而，斯塔克爾伯格所考慮的均衡，乃是領導者（Leader，此處為企業2）與追隨者（Follower，此處為企業1）之間的均衡。

所謂追隨者，總是以競爭對手的生產量為前提下，再謀求本身的利潤極大之企業。此處由於企業1為追隨者，所以將競爭對手的生產量（X_2）視為特定的數字，以決定自家企業利潤極大的生產量（X_1）。因為此與古諾均衡的企業之行為模式相同，所以從問題2可知，

$$\frac{\partial \pi_1}{\partial X_1} = -2X_1 + （16-X_2）$$

$$= -2X_1 - X_2 + 16 = 0 \quad \cdots \cdots ②企業1的利潤極大化條件$$

由②得到

$$X_1 = \boxed{8-0.5X_2} \quad \cdots\cdots ④$$

其次，領導者（Leader，此處爲企業2）掌握了如④所示作爲競爭對手的追隨者動作，進而決定生產量。

從④式中的$8-0.5X_2$中，可知競爭對手（X_1）的生產量，乃根據自家企業的生產量（X_2）所決定。如此一來，問題1中作爲領導者的企業2之利潤（π_2）的數學式爲$\pi_2 = -X_2^2 + (12-X_1)X_2$，將④代入後

$$\begin{aligned}
\pi_2 &= -X_2^2 + (12-X_1)X_2 \\
&= -X_2^2 + \{12-(\boxed{8-0.5X_2})\}X_2 \\
&= -X_2^2 + (12-8+0.5X_2)X_2 \\
&= -X_2^2 + 4X_2 + 0.5X_2^2 \\
&= -0.5X_2^2 + 4X_2
\end{aligned}$$

企業2的利潤π_2可只以X_2表示，因爲企業2爲追求π_2極大化而決定生產量（X_2），

$$\begin{aligned}
\frac{d\pi_2}{dX_2} &= -0.5 \times 2X_2^{2-1} + 4 \times 1 \\
&= -X_2 + 4 = 0
\end{aligned}$$

所以$X_2 = \boxed{4}$。

將$X_2 = 4$代入④中

$$\begin{aligned}
X_1 &= 8 - 0.5X_2 \\
&= 8 - 0.5 \times \boxed{4} \\
&= 6
\end{aligned}$$

正確解答　⑤ 6，⑥ 4

補　充

所謂作爲領導者的企業2掌握④式的$X_1 = 8-0.5X_2$，乃指知道當自家企業生產量$X_2 = 10$時，競爭對手爲$X_1 = 8-0.5 \times 10 = 3$，當$X_2 = 12$時，$X_1 = 8-0.5 \times 12 = 2$。

補　充

因爲π_2只有X_2，不用偏微分而是用微分，所以不使用∂而是使用d。

補　充

與問題2的古諾均衡相比，在斯塔克爾伯格均衡中，作爲追隨者的企業1生產量從$\frac{20}{3}$減少至6（$=\frac{18}{3}$），而作爲領導者的企業2生產量則從$\frac{8}{3}$提高到4（$=\frac{12}{3}$）。

10. 伯特蘭德模型

古諾雙佔乃市場上存在的2個企業，以競爭對手的生產量為前提下，決定本身利潤極大之生產量的賽局。相對於此，伯特蘭德雙佔乃聚焦價格，以競爭對手的價格為前提下，決定本身追求利潤極大之價格的賽局。

考慮市場上存在2家企業，A與B的商品並非同質，而是具差異化的情況。

由於商品存在差異化，所以即使價格比競爭對手還低，也無法取得所有需求。此種情況的需求函數，一般用以下的數學式來表現。

$$d_1 = 160 - 4p_1 + 2p_2 \quad \cdots\cdots ①$$
$$d_2 = 400 + p_1 - 3p_2 \quad \cdots\cdots ②$$

$$\begin{bmatrix} d_1：企業1的需求量 \\ d_2：企業2的需求量 \\ p_1：企業1的產品價格 \\ p_2：企業1的產品價格 \end{bmatrix}$$

> **＋ 補　充**
>
> 商品同質的話，即使只比競爭對手便宜1日圓，也可以從競爭對手那裡搶走所有顧客。也就是說，價格較高的企業所取得之需求量為0，價格較低的企業將取得所有的需求量之狀況，此在競爭對手企業亦然。
>
> 如此一來，A、B雙方將為了取得所有的需求量，而力求比競爭對手還低的價格，此降價競爭將持續。一旦價格（P）低於邊際成本（MC）的話，將造成利潤減少的情況，所以在此之前，將在P＝MC所在之價格趨於穩定。此P＝MC與完全競爭市場均衡相同，將實現最適資源分配。也就是說，市場上只存在A、B兩家企業的雙佔市場，雖被認為效率不佳，但商品為同質的前提下進行價格競爭，仍可實現與完全競爭市場的均衡有相同價格水準的最適資源分配。此稱為伯特蘭德的矛盾之處（paradox）。

①為企業1的需求函數，表示企業1的需求量乃由企業1的價格（p_1）與企業2的價格（p_2）所決定。將①的數學式更詳細一點分析的話，

$$\uparrow d_1 \;=\; 160 \;-\; 4\,\boxed{p_1}\downarrow \;+\; 2\,\boxed{p_2}\uparrow$$

企業1的需求量	自己的價格（p_1）提高1日圓的話，需求量減少4，降價1日圓的話，需求量增加4。	競爭對手的價格（p_2）提高1日圓的話，企業1的需求量增加2，降價1日圓的話，企業1的需求量減少2。

此指自家企業價格下降的話，自家企業的需求量將增加。

此指競爭對手價格上漲的話，將會有從競爭對手那裡轉換到自家企業的消費者，連帶自家企業的需求量將增加，競爭對手價格下降的話，將會有消費者轉往競爭對手那裡。

同樣地，企業2的需求函數②也表示以下的意思。

$$\uparrow d_2 = 400 + \underset{\downarrow}{\boxed{p_1}} - 3\underset{\uparrow}{\boxed{p_2}}$$

企業2的
需求量

競爭對手的價格（p_1）
上漲的話，自家企業的
需求量（d_2）增加。

自家企業的價格（p_2）
下降的話，自家企業的
需求量增加。

接下來，試利用①、②數學式的需求函數解出計算題。

【問題23-3】

企業1、企業2販售類似商品，2家企業的需求曲線分別表示為

$d_1 = 160 - 4p_1 + 2p_2$

$d_2 = 400 + p_1 - 3p_2$　[d_i：企業i的需求量，p_i：企業i的產品價格（i=1, 2）]

成本函數表示為

$C_1 = 20x_1 + 100$

$C_2 = 10x_2 + 200$　[C_i：企業i的總成本，x_i：企業i的生產量（i=1, 2）]

當各企業根據其他企業的價格，為本身追求利潤極大而決定價格時，2家企業的產品價格將是多少？

	企業1	企業2
1	80	110
2	70	100
3	60	90
4	50	80
5	40	70

（地方上級）

論　點

・伯特蘭德競爭（商品差異化的例子）

在計算上必要的知識

原則12 伯特蘭德競爭（商品差異化的例子）之計算流程

① 將企業1的利潤（π_1）、企業2的利潤（π_2）以p_1與p_2的數學式表示。

⬇

② 企業1的利潤極大化條件　　　　　③ 企業2的利潤極大化條件

$$\frac{\partial \pi_1}{\partial p_1} = 0$$

$$\frac{\partial \pi_2}{\partial p_2} = 0$$

⬇

④ 藉由②、③的數學式求出p_1、p_2。

① 將企業1的利潤（π_1）、企業2的利潤（π_2）以p_1與p_2的數學式表示。

企業1的利潤（π_1）＝總收入　－　總成本

$\qquad\qquad\qquad$ ＝價格×數量　－　C_1

$\qquad\qquad\qquad$ ＝$p_1 \cdot d_1 － (20\boxed{x_1} +100)$

$\qquad\qquad\qquad$ ＝$p_1 \cdot \boxed{d_1} － (20\boxed{d_1} +100)$

> 由於企業1的生產量（x_1）與企業1的需求量（d_1）相等，所以用d_1代替x_1

$\qquad\qquad\qquad$ ＝$p_1 \boxed{(160-4p_1+2p_2)} － \{20 \boxed{(160-4p_1+2p_2)} +100\}$

$\qquad\qquad\qquad$ ＝$160p_1-4p_1^2+2p_1p_2 － (20\times160-80p_1+40p_2+100)$

$\qquad\qquad\qquad$ ＝$160p_1-4p_1^2+2p_1p_2-3{,}200+80p_1-40p_2-100$

$\qquad\qquad\qquad$ ＝$-4p_1^2 + (240+2p_2) p_1-3{,}300-40p_2$ $\cdots\cdots$（①-A）

同樣地，

企業2的利潤（π_1）＝$p_2 \cdot d_2-C_2$

$\qquad\qquad\qquad$ ＝$p_2 \cdot d_2 － (10\boxed{x_2} +200)$

> 由於企業2的生產量（x_2）與企業2的需求量（d_2）相等，所以用d_2代替x_2

$\qquad\qquad\qquad$ ＝$p_2 \cdot \boxed{d_2} － (10\boxed{d_2} +200)$

$\qquad\qquad\qquad$ ＝$p_2 \boxed{(400+p_1-3p_2)} － \{10 \boxed{(400+p_1-3p_2)} +200\}$

$\qquad\qquad\qquad$ ＝$400p_2+p_1p_2-3p_2^2 － (4{,}000+10p_1-30p_2+200)$

$\qquad\qquad\qquad$ ＝$400p_2+p_1p_2-3p_2^2-4{,}000-10p_1+30p_2-200$

$\qquad\qquad\qquad$ ＝$-3p_2^2 + (430+p_1) p_2-4{,}200-10p_1$ $\cdots\cdots$（①-B）

② 求出企業1的利潤極大化條件

$\qquad$由（①-A）式可知$\pi_1=-4p_1^2 + (240+2p_2) p_1-3{,}300-40p_2$
在伯特蘭德競爭中，競爭對手的價格（p_2）為給定，所以視為固定，並決定利潤
（π_1）極大所在之價格（p_1），p_2以常數處理，將π_1的數學式以p_1偏微分後，$\dfrac{\partial \pi_1}{\partial p_1}=0$
即為企業1的利潤極大化條件。

$\qquad \dfrac{\partial \pi_1}{\partial p_1} = -4\times2p_1 + (240+2p_2)$

$\qquad\qquad = -8p_1+240+2p_2=0$

$\qquad$如此一來，$p_1=\dfrac{240+2p_2}{8} =30+ \dfrac{1}{4} p_2$ $\cdots\cdots$②

$\qquad$②式為企業1的利潤極大化條件。例如，競爭對手的價格$p_2=\boxed{80}$ 時，由②式得
出，$p_1=30+ \dfrac{1}{4} p_2=30+ \dfrac{1}{4} \times \boxed{80} =50$為利潤極大所在之價格。

③ 求出企業2的利潤極大化條件

由（①-B）式可知$\pi_2=-3p_2^2 + (430+p_1) p_2-4{,}200-10p_1$

由於是伯特蘭德競爭，所以企業2之競爭對手的價格（p_1）亦為給定而視為固定，並決定利潤（π_2）極大所在之價格（p_2），將π_2的數學式以p_2偏微分後，$\frac{\partial \pi_2}{\partial p_2} = 0$即為企業2的利潤極大化條件。

$$\frac{\partial \pi_2}{\partial p_2} = -3 \times 2p_2 + （430 + p_1）$$

$$= -6p_2 + 430 + p_1 = 0$$

如此一來，$p_2 = \boxed{\dfrac{430 + p_1}{6}}$ ……③

此③式為企業2的利潤極大化條件。例如，競爭對手的價格$p_1 = \boxed{110}$時，

$$p_2 = \frac{430 + p_1}{6} = \frac{430 + \boxed{110}}{6} = \frac{540}{6} = 90 為利潤極大所在之價格。$$

④ 解②、③的聯立方程式，求出p_1、p_2。

將③代入②中，

$$p_1 = 30 + \frac{1}{4} p_2$$

$$= 30 + \frac{1}{4} \times \boxed{\frac{430 + p_1}{6}}$$

$$= 30 + \frac{430 + p_1}{24}$$

此處兩邊同乘24

$$24p_1 = （30 + \frac{430 + p_1}{24}）\times 24$$

$$24p_1 = 30 \times 24 + 430 + p_1$$

$$23p_1 = 1{,}150$$

$$p_1 = \frac{1{,}150}{23} = \boxed{50} ……④$$

將④代入③中，

$$p_2 = \frac{430 + p_1}{6}$$

$$= \frac{430 + \boxed{50}}{6} = \frac{480}{6} = 80$$

正確解答　4

此外，$p_1 = 50$、$p_2 = 80$稱為伯特蘭德均衡，而伯特蘭德均衡為納許均衡的其中之一。為何如此，因為滿足②式的$p_1 = 30 + \frac{1}{4} p_2$，所以企業1因應$p_2$設定了最適價格（$p_1$），另因為滿足③式的$p_2 = \frac{430 + p_1}{6}$，所以企業2因應$p_1$設定了最適價格（$p_2$），也就是說，企業1、2兩者都因應競爭對手的策略（價格）選擇了最適策略（價格）。

效率與公平

一何謂想望的經濟？

　　到第5部為止，乃是分析實體經濟的架構（實證經濟學）。在第6部中，將從「經濟應該如何」的觀點來思考「想望的經濟究竟為何」（規範經濟學）。首先，對於作為「想望」的基準之公平性與效率性加以思考，來解釋在個體經濟學中以效率性為中心進行分析的理由。然後，學習作為測量效率性之分析方法的「剩餘分析」，並運用剩餘分析來對完全競爭市場與獨佔市場加以分析。

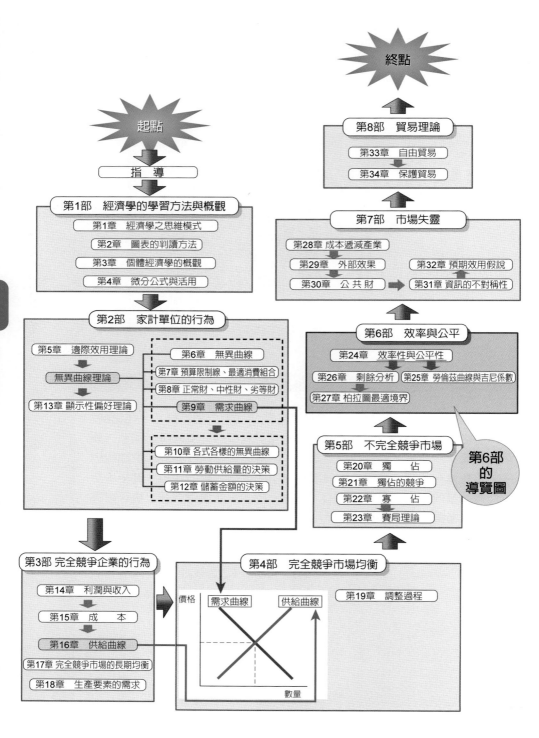

終點

起點

指　導

第8部　貿易理論

第33章　自由貿易

第34章　保護貿易

第1部　經濟學的學習方法與概觀

第1章　經濟學之思維模式

第2章　圖表的判讀方法

第3章　個體經濟學的概觀

第4章　微分公式與活用

第7部　市場失靈

第28章　成本遞減產業

第29章　外部效果

第30章　公共財

第32章　預期效用假說

第31章　資訊的不對稱性

第2部　家計單位的行為

第5章　邊際效用理論

無異曲線理論

第13章　顯示性偏好理論

第6章　無異曲線

第7章　預算限制線、最適消費組合

第8章　正常財、中性財、劣等財

第9章　需求曲線

第10章　各式各樣的無異曲線

第11章　勞動供給量的決策

第12章　儲蓄金額的決策

第6部　效率與公平

第24章　效率性與公平性

第26章　剩餘分析

第25章　勞倫茲曲線與吉尼係數

第27章　柏拉圖最適境界

第5部　不完全競爭市場

第20章　獨　佔

第21章　獨佔的競爭

第22章　寡　佔

第23章　賽局理論

第6部
的
導覽圖

第3部　完全競爭企業的行為

第14章　利潤與收入

第15章　成　本

第16章　供給曲線

第17章　完全競爭市場的長期均衡

第18章　生產要素的需求

第4部　完全競爭市場均衡

第19章　調整過程

價格

需求曲線　供給曲線

數量

第6部的登場人物·舞台與故事

舞　台

此部內容中，將對目前已學習過的完全競爭市場、獨佔市場加以分析。

登場人物（經濟主體）

除供給者與需求者之外，政府也登場參與，扮演課徵稅金、給予補貼的角色。

復　習

所謂完全競爭企業即存在於完全競爭市場上的企業。所謂完全競爭市場，乃滿足以下4個條件的市場稱之。
① 存在眾多的供給者·需求者
② 產品具有同質性（不存在差異化）
③ 在長期間內可自由地進入、退出市場
④ 交易上所必需的資訊完全揭露

在個體經濟學概觀中的地位

對第4部中完全競爭下的市場均衡乃是最具效率的情況有所理解。

故事的進展（構成）

　　為了思考「想望的經濟究竟為何?」，有必要具備測量想望程度的基準。在第24章裡將解釋作為想望程度基準之效率性與公平性的意義，以及兩者基準的差異。

　　在第25章中，將學習有關吉尼係數的指標，其與公平性相關，用以測量所得分配的平等程度。

　　在第26章中，將學習用以具體測量效率性之方法的剩餘分析。藉由利用此剩餘分析，可瞭解處於完全競爭下的市場均衡乃是最具效率性的。然後，對獨佔效率不佳，即使政府祭出課稅手段仍將使效率變差有所理解。

　　在第27章中，將學習作為測量效率性的另一種方法之柏拉圖最適境界。

➕ 補　充　［:·□:·］

　　吉尼係數乃是測量國民之間如何平等分配所得的指標。然而，所得分配的平等程度與公平性並不相等。為何如此，乃因即使是所得平等程度較低的國家，若有人覺得「這是因為努力而成功的人獲得高所得，而不努力的人或是失敗的人導致低所得，這也是理所當然的」，仍應視為公平才對。所謂公平性，乃基於各人價值觀之主觀看法，而稱為勞倫茲曲線與吉尼係數所測量的所得分配平等程度，應該想成不過是判斷公正性時有力的參考資訊罷了。

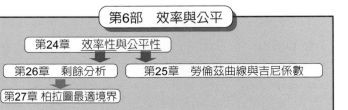

第6部　效率與公平

第24章　效率性與公平性

第26章　剩餘分析　　第25章　勞倫茲曲線與吉尼係數

第27章　柏拉圖最適境界

Chapter 24

效率性與公平性
一何謂想望？

Point

1 所謂效率性，乃指藉由善用有限的資源，使整體社會的效用（滿足程度）提高。由於是以何種用途分配有限資源的問題，所以亦稱為資源分配問題。

2 所謂公平性，乃指如何公平（公正）地分配已完成的價值（所得）。此亦稱為所得分配問題。

出題可能性

國家Ⅱ種	C
國稅專門官	C
地方上級、市政廳、特別區	C
國家Ⅰ種	C
中小企業顧問	C
證券分析師	C
註冊會計師	C
政府辦公室等記錄	C
不動產估價師	C
外務專門職務	C

　　經濟學有所謂經濟學派的思考方法（思維模式）。若想有效率的理解經濟學的理論，首重要務乃瞭解經濟學的思維模式，並依循此模式漸進學習。正是所謂「入境隨俗」的道理。

　　此外，無論是論文，還是專業書寫形式的考試，也會要求依循此思維模式論述，因此一開始就以此思維模式學習的話，寫作論文將變得容易。

相對於欲望的無窮，資源顯得相當有限（資源的相對稀少性）爲原因，導致出現經濟的基本問題。

然而，在思考這樣的經濟問題時，想望的經濟究竟爲何，必須有所定義。一般而言，所謂「想望」，可用效率性與公平性兩個觀點來檢討。

1.　效率性（資源分配問題）

　　所謂效率性，乃指藉由善用有限的資源，使整體社會的效用（滿足程度）提高。由於這是以何種用途分配有限資源的問題，所以亦稱爲資源分配問題。

2.　公平性（所得分配問題）

　　所謂公平性，乃指如何公平（公正）地分配已完成的價值（所得）。此稱爲所得分配問題。

3.　兩者的關係

　　假設現使用有限的資源做成披薩。將資源不浪費地利用，做出大披薩乃資源分配（效率性）的問題。此問題中披薩愈大愈好乃基於客觀上的理解。因此，可以使用個體經濟理論（具體而言，乃使用第26章的剩餘分析等方法），客觀地加以思考。相對於此，做好的披　如何分配給A、B、C等3個人，此問題乃所得分配（公平性）問題，則是極度主觀的看法。

圖表24-1　效率性與公平的關係

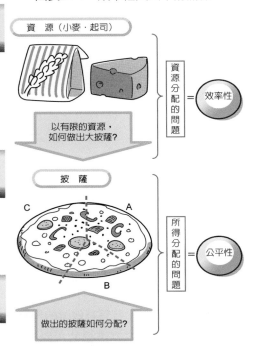

Chapter 25

勞倫茲曲線與吉尼係數
—如何測量所得分配是否平等？

Point

1

勞倫茲曲線乃為了測量所得分配的平等程度，在橫軸上為人口（國民）的累計人數，在縱軸上為人口（國民）的所得金額之累計金額，表示兩者之間關係的曲線。**45**度的直線為絕對平均線，愈不平等將成為愈向右下凸出的曲線。

難易度　B

出題可能性

國家Ⅱ種　C
國稅專門官　C
地方上級、市政廳
、特別區　C
國家Ⅰ種　C
中小企業顧問　B
證券分析師　C
註冊會計師　C
政府辦公室等記錄　C
不動產估價師　C
外務專門職務　C

*在財政學中也曾出題過。

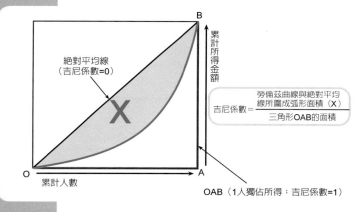

絕對平均線
（吉尼係數=0）

累計所得金額

$$吉尼係數 = \frac{勞倫茲曲線與絕對平均線所圍成弧形面積（X）}{三角形OAB的面積}$$

累計人數

OAB（1人獨佔所得：吉尼係數=1）

2

所謂吉尼係數，乃將所得的平等程度加以量化所得數值，**0**的話為完全平等、**1**的話為完全獨佔狀態即表示不平等。

　　近年，由於所得差距擴大已成為問題，作為測量所得分配平等程度的勞倫茲曲線與吉尼係數，在大眾媒體間也開始廣泛使用。在此社會背景影響下，即使勞倫茲曲線與吉尼係數仍有大多經濟學教科書中並未提及的論點，但在單一選擇題中也會出題。因為所得差距問題，今後也將受到關注，所以預期勞倫茲曲線與吉尼係數出題的傾向將成為常態。

1. 沒有所得差距的社會公平嗎？

本章所學習的勞倫茲曲線與吉尼係數，乃測量國民所得是否平等分配的指標。

然而，勞倫茲曲線與吉尼係數所測量之所得分配的平等程度，並不能視為公正的所得分配（公平性）。所謂公平性，乃基於各人價值觀之主觀看法，而勞倫茲曲線與吉尼係數所測量的所得分配平等程度，應該想成不過是判斷公正性時有力的參考資訊罷了。

2. 勞倫茲曲線

勞倫茲曲線乃由統計學者勞倫茲所想出，作為測量所得分配平等程度的參考。為了測量所得分配的平等程度，在橫軸上為人口（國民）的累計人數，在縱軸上為人口（國民）的所得金額之累計金額，表示兩者之間關係的曲線。接著，讓我們用圖表25-1加以說明。

橫軸為人口的累計人數，先從所得較低的人計算，最後再將所得最多的人計入為其規則。因此，所有人的所得完全相同（所得完全平等）的話，橫軸的累計人數依比例增加，縱軸的累計所得金額也同步增加，所以勞倫茲曲線將成為對角線的直線OB。此直線OB稱為絕對平均線。相反地，當所得由1人獨佔，其他人的所得均為0，在這樣極端不平等的情況下，從原點O開始，在橫軸上即使人口累計但所得仍是0，所

▼ 舉　例

此指標在丹麥與瑞典等北歐諸國中平等程度高，在美國與俄羅斯的平等程度低，日本則介於兩者之間。

基於此結果，「因此，北歐諸國相當公平是優秀的國家，而美國因為不公平所以是不好的國家」得此結論將太過輕率。為何如此，因為在此結論中，含有「所有人都應該得到相同所得」的價值觀。「所得應該因能力與努力而有所差異」有此價值觀的人，即使像美國一樣所得平等程度低的國家，說不定也會有「這是因為努力而成功的人獲得高所得，而不努力的人或是失敗的人導致低所得，所以也無可奈何。如果即使不努力所得也不會有任何改變的話，人們將變得不再努力」的結論。

圖表25-1　勞倫茲曲線

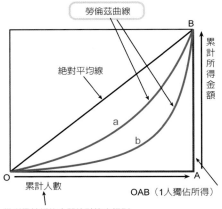

以在縱軸上的累計所得金額為0，直到最後1個人使縱軸的累計所得金額驟然急增，以致勞倫茲曲線將成為反L型的OAB。

然而，現實中不會有所得完全平等與1人獨佔所得的情況，而是同時存在所得高與所得低的人。此時，由於有一開始從所得較低的人起算之規則，所以即使橫軸上累計人數增加，一開始縱軸的累計所得金額也不會以同樣程度增加，而是逐漸隨著所得高的人加入後，縱軸上的累計所得金額才會急速地上升。因此，勞倫茲曲線將如圖表25-1所示，畫成像凸出曲線OB那樣的弧形。

然後，當勞倫茲曲線有a與b時，因為a比b距離絕對平均線還近，所以可以判斷其所得平等程度較高。

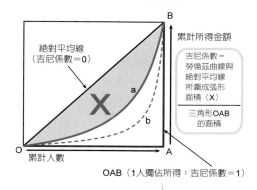

圖表25-2　吉尼係數

累計所得金額

絕對平均線
（吉尼係數＝0）

吉尼係數 =
勞倫茲曲線與絕對平均線所圍成弧形面積（X）
─────────
三角形OAB的面積

a

b

O

累計人數

A

OAB（1人獨佔所得：吉尼係數＝1）

3.　吉尼係數

所謂吉尼係數，乃統計學者吉尼（Corrad Gini）根據勞倫茲曲線，將所得的平等程度加以量化所得數值。吉尼係數表示在圖表25-2的數學式中。

4.　日本已成為所得差距大的社會嗎？

既然特地學習了有關吉尼係數，讓我們來就日本國內爭論的日本所得差距擴大問題加以分析。

在以前被稱為「一億總中流」的日本社會，歷經泡沫崩壞後的小泉內閣所進行的構造改革，因而導致所得差距擴大，有這樣看法的為數眾多。在此背景影響下，連日本的大眾媒體也開始廣泛運用起吉尼係數。

因此，想藉由吉尼係數來檢驗是否日本的所得差距真的在擴大，其次，若

▶▶ 徹底解說 ◀◀

因為在所得完全平等下，當勞倫茲曲線為絕對平均線時X=0，所以吉尼係數為0。相反地，當1個人獨佔所得時，勞倫茲曲線將成為反L型OAB，由於X為△OAB的面積，所以吉尼係數將為1。因此，所得平等程度高的勞倫茲曲線愈接近絕對平均線OB則X的面積愈小，而吉尼係數愈接近0；反之，所得平等程度愈低則X的面積愈大，而吉尼係數愈接近1。

所得差距正在擴大的話，試圖探究其原因為何。

【1】吉尼係數顯示日本的所得差距擴大

日本起初所得與再分配後的所得之吉尼係數的變化如圖表25-3所示。此外，所謂再分配後的所得，乃指政府課稅、年金支付後的所得。

從起初所得的吉尼係數來看，可知昭和40年代、50年代的吉尼係數偏低，所得差距縮小，但自昭和50年代後半開始吉尼係數變大，所得差距擴大。尤其在平成8年以後，吉尼係數急速擴大，似乎成為經過小泉內閣的構造改革後差距擴大之主張的支持依據。

另外，相較於起初所得，再分配後的所得經過年金與失業保險給付等，導致所得平準化，所以比起初所得的吉尼係數較小，可知所得差距變小。

【2】所得差距擴大的真正原因為何？

那麼，在圖表23-3中，平成8年以後吉尼係數急速擴大，是小泉內閣進行的構造改革所造成的嗎？

根據厚生勞動省的試算，可說明吉尼係數的增加，有九成乃是由於高齡化與家庭的小規模化所造成。也就是說，可以看出因高齡化導致退休後所得低的高齡者一旦增加的話，所得低的人增加將促使所得差距擴大，而原本住在一起的家庭成員一旦各組家庭，各家庭的所得差距也將擴大。

從圖表25-3來看，可知即使起初所得的吉尼係數大幅增加，但再分配後所得的吉尼係數卻未有如此程度的增加。此乃因為儘管退休的高齡者大部分起初所得低，但獲得年金以致於再分配後的所得並沒那麼少之故。從這樣的觀點來看，年金制度有助消除國家整體的所得差距，可知其意義非常重要。

圖表25-3　日本的吉尼係數

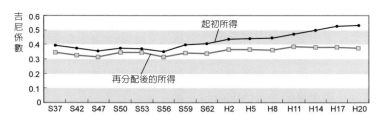

出處：厚生勞動省

Chapter 26

剩餘分析
一如何測量效率性？①

難易度　A

出題可能性

國家Ⅱ種	A
國稅專門官	A
地方上級、市政廳、特別區	B
國家Ⅰ種	B
中小企業顧問	B
證券分析師	B
註冊會計師	A
政府辦公室等記錄	A
不動產估價師	A
外務專門職務	B

Point

1 剩餘分析乃思考作為整體社會之利益的總剩餘為極大時，實現最適資源分配，具有效率性。

2 當完全競爭市場均衡時，總剩餘極大而實現最適資源分配【福利經濟學的基本定理】。

3 在獨佔市場中，發生剩餘的損失並非有效率。

4 在完全競爭市場中，政府從量課稅的話，將使供給曲線平行上移，發生剩餘的損失並非有效率。

5 在完全競爭市場中，政府給予補貼的話，將使供給曲線平行下移，發生剩餘的損失並非有效率。

　　剩餘分析，乃是最常用來作為分析資源分配效率性的方式。在後半的論點(公共財、成本遞減產業、貿易)中，因為將使用剩餘分析來進行分析，所以請努力確實地理解。

1. 何謂剩餘？

所謂剩餘，乃指市場上藉由交易取得的利益稱之。需求者得到的交易利益稱為消費者剩餘，供給者得到的交易利益稱為生產者剩餘，政府得到的利益稱為政府剩餘。此外，在剩餘分析中，雖然稱為消費者、生產者，但此與需求者、供給者完全是以相同的意思在使用。

在圖表26-1中，讓我們來探討消費者剩餘、生產者剩餘。價格決定在需求與供給相等的E點100日圓價格。此時，消費者剩餘為需求曲線與價格所圍成的△ACE。

為何如此，乃因需求曲線表示需求者所願意支付的最高價格（此稱為保留價格），既然願意以需求曲線上所示價格購買，卻可用100日圓的價格買到，所以需求曲線與100日圓的差額部分，乃藉由交易而得到的需求者利益。

其次，生產者剩餘為100日圓價格與供給曲線所圍成的△CBE。為何如此，乃因供給曲線表示供給者所願意出售的最低價格，既然願意以供給曲線上所示價格出售，卻可用100日圓的價格賣出，所以供給曲線與100日圓的差額部分，理應為供給者利益。

此外，在圖表26-1中，市場上僅存在需求者與供給者，並無政府出現，所以無政府剩餘。再者，在此市場上整體社會的利益稱為（社會的）總剩餘，此處總剩餘為消費者剩餘與生產者剩餘加總所得△ABE。

圖表26-1　消費者剩餘與生產者剩餘

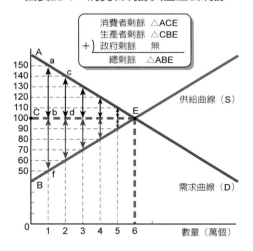

消費者剩餘	△ACE
生產者剩餘	△CBE
＋）政府剩餘	無
總剩餘	△ABE

舉 例

具體而言，在需求曲線上a的第1萬個，雖然願意支付高達150日圓，但可用100日圓的價格購得。如此一來，消費者獲得150－100＝50日圓（ab）的利益。同樣地，在需求曲線上c的第2萬個，雖然願意支付高達140日圓，但可用100日圓（d的高度）的價格購得。如此一來，消費者得到140－100＝40日圓（cd）的利益……，依此類推加總後，可求出消費者剩餘。

舉 例

在供給曲線上f的第1萬個，雖然願意出售的最低價為50日圓，但可用100日圓的價格賣出。如此一來，獲得100日圓－50日圓＝50日圓（bf）的利益。

2. 福利經濟學的基本定理

【1】總剩餘極大＝有效率的

如上所述分析剩餘多寡即剩餘分析。由於總剩餘為整體社會的利益，將此總剩餘達到極大的話，整體社會的利益將成為極大，並可實現最適資源分配。

【2】完全競爭市場的分析

「完全競爭市場乃實現最適資源分配」的結論，也是稱為「福利經濟學基本定理」的重要結論。

接著，讓我們用剩餘分析來說明此「完全競爭市場乃實現最適資源分配」的結論。所謂最適資源分配即「總剩餘極大」。

在圖表26-1中，消費者剩餘與生產者剩餘加總後即求出總剩餘，而在圖表26-2中，考慮直接求出總剩餘的方法。

所謂需求曲線，乃表示需求者願意支付的最高價格（此稱為「保留價格」）。所謂商品的價值，乃由需求者所決定。需求者若願意支付150日圓的話，此商品的價值即為150日圓。像這樣需求曲線＝願意支付的最高價格（保留價格）＝商品的價值。更正確的來說，因為是追加生產1個時該商品的價值，所以稱為邊際評價。

相對於此，圖表26-2的供給曲線乃由作為個別企業邊際成本曲線（MC）之一部分的供給曲線之加總（水平總和）。也就是說，圖表26-2的市場供給曲線不外乎是MC之一部分的水平總和，亦即表示邊際成本（MC）。

用語

所謂福利經濟學，乃是思考經濟學中所想望的經濟究竟為何的專門領域。

理由

為何如此，乃因若為完全競爭市場的話，只有達到最適資源分配，才會出現應該放任市場進行資源分配的意見，也才應該放寬限制。此外，就現實中市場的理想情況來看，也存在應該走向完全競爭市場的意見。

▶▶ 徹底解說 ◀◀

總剩餘極大＝最適資源分配＝效率極大，也就是說，這些是將有限的資源做有效率的利用，表示將披薩做到極大的意思。然而，該做成極大的披薩要公平地分配與否，亦即有關所得分配的公平性、公正性則是完全都沒提到。

圖表26-2　直接求出總剩餘的方法

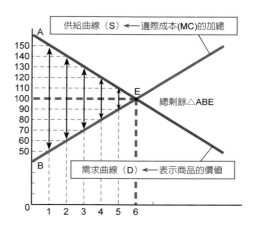

因此，在圖表26-2中，由需求曲線來看，第1個有150日圓的價值，由供給曲線來看，邊際成本只有50日圓。如此一來，整體社會透過第1個產出獲得的利益為150-50=100日圓。同樣地，第2個的價值為140日圓而邊際成本為60日圓，所以整體社會的利益為140-60=80日圓。照這樣下去，總剩餘為需求曲線與供給曲線之間的區域，可知為圖表26-3的△ABE。

若為完全競爭市場的話，將在圖表26-3的E點（價格P_e，量Q_e）呈現均衡。此時的總剩餘為△ABE。如果生產量像Q_1那樣比Q_e還少，則總剩餘將是ABGF，總剩餘將減少△FGE。

相反地，如果生產量像Q_2那樣比Q_e還多，由於從Q_e到Q_2的生產，需求曲線（商品的價值）大於供給曲線（＝邊際成本），該差額的部分對於整體社會將造成利益減損（只有90日圓價值的產品要花費110日圓的MC生產的話，整體社會的利益＝90-110=-20日圓，成為負值）。如此一來，生產量在Q_2時，總剩餘為△ABE-△EIH。

由上所述，無論生產量比Q_e還少（Q_1），或是生產量比Q_e還多（Q_2），總剩餘都將減少。如此一來，生產量為Q_e時，總剩餘△ABE將為極大。

若為完全競爭市場的話，將是總剩餘極大＝最適資源分配＝效率極大，而在非完全競爭市場的情況下，將不一定是「總剩餘極大＝最適資源分配＝效率極大」。

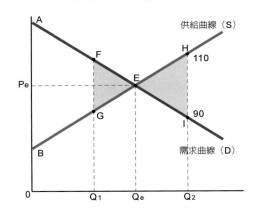

圖表26-3　最適生產量

接著，讓我們來說明在獨佔的情況下，將無法達到最適資源分配的狀態。

3. 獨佔市場的效率不佳

接著，其次將就獨佔市場進行剩餘分析（圖表26-4）。

獨佔企業所面對的需求曲線為整體市場向右下方傾斜的需求曲線本身。由於面對的需求曲線是向右下方傾斜的，所以生產量增加1單位的話，價格將下滑。如此一來，邊際收入（MR）將自價格減去跌價損失的部分，以致邊際收入曲線（MR）將位於需求曲線（D）的下方。

然後，獨佔企業將決定利潤極大所在MR＝MC的F點之生產量Q_m，並設定Q_m時需求曲線上的P_m為價格。

此時，消費者剩餘為價格P_m與需求曲線（D）所圍成的△AGM，生產者剩餘為價格P_m與邊際成本曲線（MC）所圍成的GBFM，總剩餘為兩者加總而得到的ABFM。然而，總剩餘極大所在為需求曲線（D）與邊際成本曲線（MC）之交點E的生產量Q_e。此時，總剩餘為ABFE。若為完全競爭市場的話，個別企業MC之加總（水平總和）將成為市場的供給曲線（S），而供給曲線（＝MC）與D的交點E所在價格P_e之生產量為Q_e。

與此極大的總剩餘相比，在獨佔市場中總剩餘減少了EMF。也就是說，無法達到最適資源分配，可評價為效率不佳。

此外，相較總剩餘極大時減少的部分（此處為EMF），有「剩餘損失」、「經濟福利的損失」、「無謂損失（Dead Weight Loss）」、「社會淨損失」等說法。

復習

例如，如下表所示，假設生產量從1萬個→2萬個→3萬個的方式增加，而價格從90日圓→80日圓→70日圓的方式下跌。此時，邊際收入依序為90日圓→70日圓→50日圓，可知只有一開始的90日圓與價格相同，從第2萬個起即變得比價格還少。

需求曲線

生產量（萬個）	×	價格（日圓）	＝	總收入	總收入的增額	邊際收入
0		100		0	─	─
1		90		90萬	＋90萬	90
2		80		160萬	＋70萬	70
3		70		210萬	＋50萬	50

邊際收入曲線

圖表26-4　獨佔市場的效率不佳

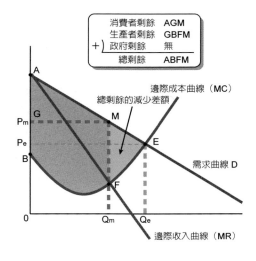

消費者剩餘	AGM
生產者剩餘	GBFM
＋）政府剩餘	無
總剩餘	ABFM

邊際成本曲線（MC）

總剩餘的減少差額

需求曲線 D

邊際收入曲線（MR）

【問題26-1】

在完全競爭市場中，假設某財貨的價格為p，在需求曲線表示為D＝60－4p，供給曲線表示為S＝2p的情況下，作為市場均衡成立時的生產量、消費者剩餘與生產者剩餘之組合，適當的為何者？

	生產量	消費者剩餘	生產者剩餘
1.	10	50	100
2.	10	250	50
3.	20	50	50
4.	20	50	100
5.	20	250	50

（特別區Ⅰ類）

在計算上必要的知識

· 雖然並無有關D、S的說明，但稍加思考可知，D以需求曲線的方式出現，故為需求量、S以供給曲線的方式出現，故為供給量。

· 完全競爭市場的市場均衡0

原則13 完全競爭的市場均衡

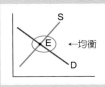

當為向右下方傾斜的需求曲線，以及向右上方傾斜的供給曲線時，完全競爭的市場均衡為交點E。

由於無論是瓦拉斯價格調整或是馬歇爾數量調整均為安定，所以必定在E點呈現均衡。

· 消費者剩餘 · 生產者剩餘

原則14 剩餘的計算

計算剩餘，首先要作圖。

戰 略

Step 1 首先作圖。

Step 2 計算剩餘的面積。

計 算

Step 1 作圖

縱軸截距　斜率

需求曲線Ⓓ=60−4P → x=60−4P → $P = 15 - \frac{1}{4} x$ ……①

| 因為需求量（D）、供給量（S）為數量，所以設為**x** | 改寫成P=〜x的式子後作圖 |

供給曲線Ⓢ=2P → x=2P → $P = \frac{1}{2} x$ ……②

由①、②

圖表　消費者剩餘與生產者剩餘

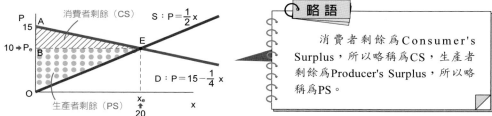

略 語

消費者剩餘爲Consumer's Surplus，所以略稱爲CS，生產者剩餘爲Producer's Surplus，所以略稱爲PS。

從圖表中，由於消費者剩餘（CS）=△ABE，生產者剩餘（PS）=△OEB，若知道E點（x_e, P_e）的話即可計算。因爲E點爲D與S的交點，所以由①、②

$$P = 15 - \frac{1}{4} x = \frac{1}{2} x$$

$$\frac{3}{4} x = 15$$

$$x = 15 \times \frac{4}{3} = ⑳ \Leftarrow x_e$$

$$P = \frac{1}{2} x = \frac{1}{2} \times ⑳ = 10 \Leftarrow P_e$$

如此一來，

$$\text{消費者剩餘（CS）} = \triangle ABE = AB \times BE \times \frac{1}{2}$$

$$= (15 - P_e) \times x_e \times \frac{1}{2}$$

$$= (15 - 10) \times 20 \times \frac{1}{2}$$

$$= 50$$

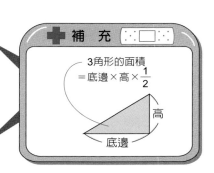

補 充

3角形的面積
=底邊×高×$\frac{1}{2}$

高

底邊

$$\text{生產者剩餘（PS）} = \triangle OEB = OB \times BE \times \frac{1}{2}$$

$$= P_e \times x_e \times \frac{1}{2}$$

$$= 10 \times 20 \times \frac{1}{2}$$

$$= 100$$

正確解答 4

4. 政府對完全競爭市場的干預

政府干預完全競爭市場是否是大家所希望的，可用剩餘分析加以思考。作爲政府干預的方式可就【1】課稅，【2】給予補貼，【3】價格限制，【4】價格支持政策等方面進行檢討。

【1】課稅的效果

在完全競爭市場中，政府「徵收」稅金（一般而言，經濟學上稱爲「課徵」）的情況，可分從量稅、從價稅與定額稅等3類來思考。接著來說明各別的稅額。

①從量稅

ⓐ供給曲線上位移

所謂從量稅，乃每1單位課徵固定的稅額之方法。此處假設每1單位課徵t日圓的稅金。藉由從量稅的課徵，企業每增加1單位生產量時，總成本的增加差額（邊際成本）將增加從量稅t日圓。將此以企業的成本曲線思考的話，邊際成本向上方平移t日圓，因爲企業的供給曲線爲邊際成本曲線的一部分，所以供給線也向上方平移t日圓。由於市場的供給曲線爲企業個別供給曲線橫向加總而成，因此企業個別的供給曲線向上方平移t日圓的話，市場的供給曲線也向上方平移t日圓。

ⓑ藉由剩餘分析對經濟效果的檢討

接著，讓我們就從量稅對資源分配帶來的影響，透過剩餘分析加以思考。

圖表26-5　從量稅導致供給曲線的位移

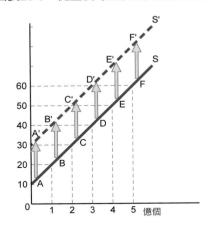

舉 例

在圖表26-5中，起初供給曲線爲S，可知亦即想以最初1個（圖形中爲0億個）10日圓（A點）、第1億個20日圓（B點）、第2億個30日圓的價格供給。那麼，爲何最少也想要以該金額供給，乃因一旦生產1單位，便將增加該金額的成本（花費邊際成本）之故。現在政府課徵20日圓的從量稅，到目前爲止最初的第1個（0億個）願意以10日圓出售，然而因爲這次每1個均將繳交給政府稅金20日圓，所以加上這稅額後，要是沒有30日圓的話，便不會想供給（A'點）。同樣地，到目前爲止第1億個願意以20日圓出售，然而因爲這次每1個均將繳交給政府稅金20日圓，所以加上此稅額後，要是沒有40日圓的話，便不會想供給（B'點）。如此一來，企業每1個均將繳交20日圓的稅金，因此最少也要比想供給的價格還要高20日圓，所以供給曲線將向上方平移從量稅20日圓的部分到S'。

Part 6

效率與公平

首先，假設此市場為完全競爭市場，課稅前的經濟狀況為需求曲線（D）與供給曲線（S）的交點E，其價格為P_e、數量為x_e（圖表26-6）。此時，消費者剩餘為BHE、生產者剩餘為AEH、總剩餘為AEB。此外，因為政府尚未徵得稅收，所以政府剩餘為0。

其次，考慮課徵從量稅後的經濟狀況。經過課徵從量稅後，供給曲線（S）向上方平移從量稅的稅額到S'。

此結果導致經濟狀況在需求曲線（D）與新的供給曲線（S'）之交點E'達到均衡，其價格為P_e'、數量為x_e'。此時，消費者剩餘為新價格P_e'與需求曲線所圍成的BH'E'，較原本減少，同時生產者剩餘為新價格P_e'與新供給曲線（S'）所圍成的A'E'H'，同樣較原本減少。然而，因為政府徵得從量稅，所以該部分成為政府剩餘的加項。由於S與S'的差（E'F）為1個單位的稅收，因此整體的稅收乃1個單位的稅額乘以生產量，即S與S'的差（E'F）乘以生產量x_e'，成為平行四邊形AFE'A'。將這些消費者剩餘BH'E'、生產者剩餘A'E'H'與政府剩餘AFE'A'加總後，即成總剩餘AFE'B。

課稅前的總剩餘為AEB，而課稅後的總剩餘為AFE'B，所以經由課稅造成EE'F的總剩餘減少，可知發生剩餘的損失。也就是說，課徵從量稅有礙最適資源分配，可知有損經濟的效率性。

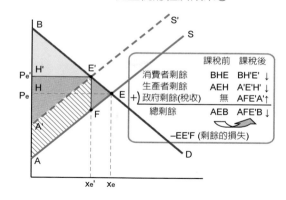

圖表26-6 從量稅的經濟效果①

補　充

在圖表26-6中，稅收為每1單位稅額（E'F）×生產量（x_e'）＝平行四邊形AFE'A'。然而，每1單位稅額（E'F）×生產量（x_e'）的話，用圖表26-7的長方形GFE'H'的面積也可以。

有關生產者剩餘，首先求出生產量x_e'前，由課稅前的供給曲線（S）與課稅後的價格P_e'所圍成之AFE'H'。不過，此生產者剩餘以課稅前的供給曲線計算，並未考慮從量稅，所以要將從量稅稅額GFE'H'減去後，得到的AFG才是課稅後的生產者剩餘。此AFG與圖表26-6的生產者剩餘A'E'H'有相同面積。

圖表26-7 從量稅的經濟效果②

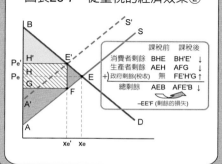

②從價稅

　ⓐ供給曲線上的位移

　　所謂從價稅，乃對價格採取一定比率t（100t%）的課稅方法。例如，日本的消費稅爲稅率8%的從價稅。此時，t=0.08（0.08×100=8%）。此處爲求計算簡便，假設以價格的50%來課稅。以價格的50%課稅（t=0.5）乃相當高的稅率，但這裡是爲了力求計算與作圖容易所採用的極端例子。藉由此從價稅的課徵，當企業增加1單位生產量時，總成本的增加差額（邊際成本）將隨從價稅稅額而提高。此結果與從量稅相同，供給曲線隨從價稅稅額而向上方位移。然後，由於市場的供給曲線乃由企業個別的供給曲線橫向加總而成，所以個別企業的供給曲線隨從價稅稅額而向上方位移的話，市場的供給曲線亦隨從價稅稅額而向上方位移。

　　然而，在從價稅的情況下，與從量稅的決定方式不同。由於乃以價格的50%課稅，因此價格爲10日圓時從價稅爲5日圓、價格爲20日圓時從價稅爲10日圓、30日圓時從價稅爲15日圓，隨著價格提高，從價稅也增加。此結果導致新的供給曲線（S'）的斜率比原來的供給曲線（S）還要陡峭。

圖表26-8　從價稅導致供給曲線的位移

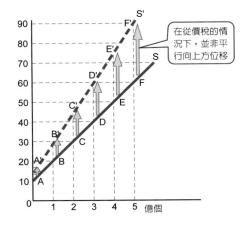

在從價稅的情況下，並非平行向上方位移

━━　舉　例　━━

　　起初供給曲線爲S，可知亦即想以最初1個（由於圖形中橫軸上的單位爲億個，所以爲0億個）10日圓（A點）、第1億個20日圓（B點）、第2億個30日圓的價格供給。現在政府一旦課徵50%的從價稅，到目前爲止最初的第1個（0億個）願意以10日圓出售，然而因爲這次每1個均將繳交給政府10×0.5（50%）=5日圓的稅金，所以加上這稅額後，要是沒有15日圓的話便不會想供給（A'點）。同樣地，到目前爲止第1億個願意以20日圓出售，然而因爲這次每1個均將繳交給政府20×0.5（50%）=10日圓的稅金，所以加上這稅額後，最低要是沒有30日圓的話，便不會想供給（B'點）。到目前爲止第2億個願意以30日圓出售，然而因爲這次每1個均將繳交給政府30×0.5（50%）=15日圓的稅金，所以加上這稅額後，最低要是沒有45日圓的話，便不會想供給（C'點）。此結果導致課徵從價稅後的新供給曲線通過A'B'C'，向上方位移到S'。

ⓑ藉由剩餘分析對經濟效果的檢討

接著，讓我們就從價稅對資源分配帶來的影響，透過剩餘分析加以思考。（圖表26-9）。

首先，假設此市場為完全競爭市場，一開始的均衡為E，其價格為P_e、數量為x_e。消費者剩餘為BHE、生產者剩餘為AEH、總剩餘為AEB。此外，因為政府尚未徵得稅收，所以政府剩餘為0。

其次，考慮課徵從價稅後的經濟狀況。經過課徵從價稅後，供給曲線（S）向上方位移到S'。並非像圖表26-7的從量稅一樣平行向上方位移，而是斜率變陡峭，此點有所不同。新的經濟狀況在需求曲線（D）與新的供給曲線（S'）之交點E'達到均衡，其價格為P_e'、數量為x_e'。此時，消費者剩餘為新價格P_e'與需求曲線所圍成的BH'E'，較原本減少。

再來是稅額方面，相對於價格P_e'，新供給曲線（S'）與原本的供給曲線（S）的差E'F為每1個單位的稅額。如此一來，整體的稅額（＝政府的稅收）即為1個單位的稅額（E'F）乘以生產量（x_e'）＝長方形GFE'H'。此為政府剩餘。

然後，有關生產者剩餘，首先求出由課稅前的供給曲線（S）與課稅後的價格P_e'，以及生產量x_e'所圍成之AFE'H'。不過，此生產者剩餘以課稅前的供給曲線計算，並未考慮從價稅，所以要將從價稅稅額GFE'H'減去後，得到的AFG才是課稅後的生產者剩餘。

總剩餘為消費者剩餘BH'E'＋生產者剩餘AFG＋政府剩餘FE'H'G＝AFE'B，剩餘的損失為EE'F，課徵從量稅亦有礙最

圖表26-9　從價稅的經濟效果

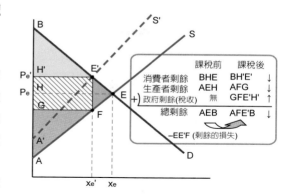

	課稅前	課稅後	
消費者剩餘	BHE	BH'E'	↓
生產者剩餘	AEH	AFG	↓
＋政府剩餘（稅收）	無	GFE'H'	↑
總剩餘	AEB	AFE'B	↓
		−EE'F (剩餘的損失)	

💀 陷 阱

Chapter 26　剩餘分析

關於從價稅常見的錯誤在圖表26-10上。假設新的供給曲線（S'）與原本的供給曲線（S）的差，即AFE'A'這樣的不規則四邊形為稅收。依此起初每1個單位的稅額為較少的AA'，但達到生產量x_e'的話，則變成較大的E'F，此乃錯誤。為何如此，乃因在市場上價格並非單一（除稅金之外的價格為F點的高度P_e*），所以無論是最初的第1個、還是第x_e'個，每1個單位的從價稅都是相同的。

圖表26-10　從價稅的經濟效果（錯誤例）

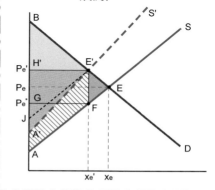

適資源分配。

279

③定額税

　　與生產量及價格無關，課徵一定金額（T_0）的稅金稱為定額稅。例如，與生產量無關的企業，每家公司課徵7萬日圓這樣形式的稅金。此定額稅的情況下，即使不生產也要花費，所以並不影響邊際成本亦即生產量增加1單位時總成本的增加差額。如此一來，市場供給曲線亦不會向上方位移。

　　在圖表26-9中，此結果導致均衡點維持在E不變，生產量亦同樣為x_e，而總剩餘AEB仍為最大。也就是說，定額稅的話，不會發生剩餘的損失，可維持最適資源分配。

補　充

　　企業的邊際成本即使課徵定額稅後也不會增加，由於邊際成本曲線也不會上移，所以個別企業的供給曲線不會上移，市場供給曲線亦不會上移。

【問題26-2】

某財貨的市場需求曲線與供給曲線分別如下所示。

需求曲線：Q=−2P＋34

供給曲線：Q＝ 2P−10

此時，（a）課徵從量稅3時，以及（b）課徵從價稅20%時的超額負擔（無謂損失）之比率（a：b）正確的為何者？

	a		b
1.	1	：	1
2.	12	：	5
3.	9	：	4
4.	3	：	2
5.	9	：	8

（國稅專門官）

在計算上必要的知識

・完全競爭的市場均衡→原則13

・從量稅導致剩餘的損失

原則15 從量稅

當每1單位課徵t日圓的從量稅時，因為邊際成本（MC）將提高t日圓，所以供給曲線（S）也向上方平行位移t日圓。

S：P=ax＋b（a、b為正的常數）

⬇

S'：P=ax＋b＋t

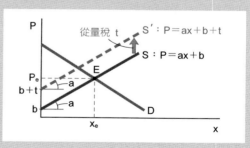

・從價稅導致剩餘的損失

原則16 從價稅

　　當每1單位課徵t日圓的從量稅時，因爲邊際成本（MC）將提高t日圓，所以供給曲線（S）也向上方平行位移t日圓。

S：P=ax＋b（a、b爲正的常數）

⬇

S'：P=（1+t）（ax＋b）

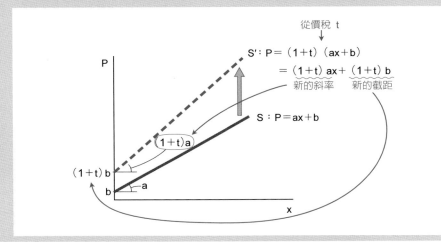

〈從量稅與從價稅的差異〉

　　在原則15從量稅中，從P=ax＋b到P=ax＋b＋t，斜率維持a不變，從原則15的圖表也爲了方便理解，將經過課稅後的供給曲線向上方平行位移。這是因爲每1單位的稅額總是固定爲t日圓，所以邊際成本總是增加t日圓之故。

　　然而，在從價稅中，依原則16從P=ax＋b到P=（1+t）（ax＋b），斜率從a變大到（1+t）a。此在原則16的圖表中，以S'的斜率比S還要陡峭來表示。

　　S'乃在S上加上每1單位的稅額，在從價稅的情況下，生產量x一旦增加，由於價格上升比向右上方傾斜的供給曲線還快，所以每1單位的稅額將增加。如此一來，當x少的時候，由於價格較低，所以每1單位的稅額也較少，S與S'的距離將不至於分開如此大，當x一變多，由於價格變高，所以每1單位的稅額也較高，S與S'的距離將變得愈來愈大。

補　充

　　日本的消費稅爲價格的5%（0.05），所以是從價稅。即使同樣是1個，100日圓的話稅額爲5日圓，而1,000日圓的話則是50日圓。相對於此，從量稅與價格無關，乃是依每1個5日圓的稅額來決定的稅賦。

戰　略

Step 1　求出初期均衡

Step 2　從量稅導致供給曲線的位移　　**Step 4**　從價稅導致供給曲線的位移

Step 3　新均衡→無謂損失的計算　　**Step 5**　新均衡→無謂損失的計算

Step 6　無謂損失比率的計算

計　算

Step 1　初期均衡

需求曲線：$Q=-2P+34$　…①　　　供給曲線：$Q=2P-10$　…②

$P=17-0.5Q$　…①'　　　　　　　　$P=5+0.5Q$　…②'

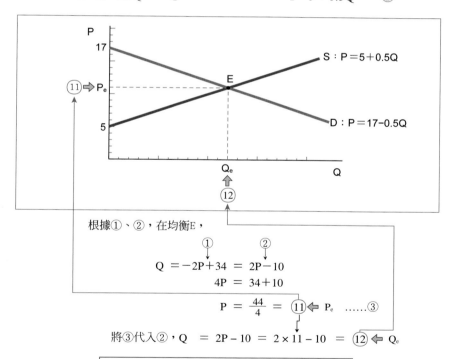

根據①、②，在均衡E，

$$\underset{①}{Q} = -2P+34 = \underset{②}{2P-10}$$

$$4P = 34+10$$

$$P = \frac{44}{4} = ⑪ \Leftarrow P_e \quad \cdots\cdots③$$

將③代入②，$Q = 2P-10 = 2\times11-10 = ⑫ \Leftarrow Q_e$

Step 2　從量稅導致供給曲線的位移　　**Step 4**　從價稅導致供給曲線的位移

起初　　S：$P=5+0.5Q$　　　　　　　起初　　S：$P=5+0.5Q$

課稅後　S'：$P=5+0.5Q+3$　　　　　課稅後　S'：$P=(1+0.2)(5+0.5Q)$

　　　　　　$=8+0.5Q$　……④　　　　　　　　　　$=6+0.6Q$

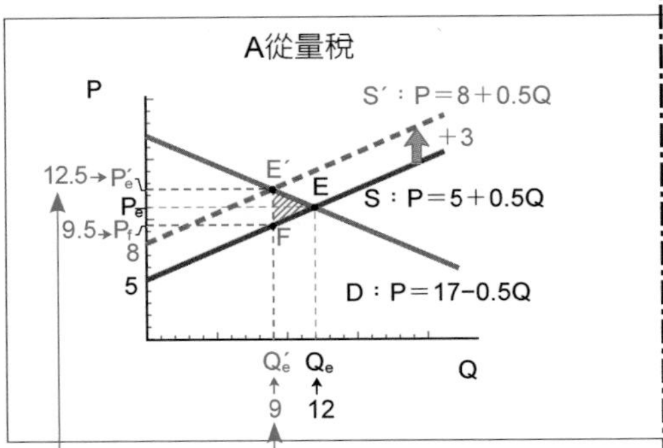

A從量稅
P
S′：P＝8＋0.5Q
+3
12.5→P_e'
E′
E
P_e
S：P＝5＋0.5Q
9.5→P_f
F
8
5
D：P＝17−0.5Q
Q_e'
Q_e
Q
9
12

Step 3 新均衡→無謂損失的計算

從量稅導致供給曲線成爲S'，新的均衡爲E'（圖表A）。

因爲E'點爲D與S'的交點，所以

$P=17-0.5Q=8+0.5Q$

$Q=17-8=⑨$ ⇐ Q_e'

$P=17-0.5Q=17-0.5\times 9$

$=⒓.5$ ⇐ P_e'

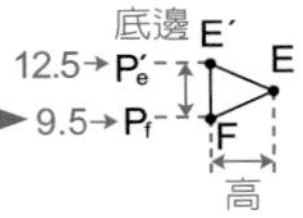

底邊
E′
E
12.5→P_e'
9.5→P_f
F
高

此處所求爲無謂損失△EE'F，

$\triangle EE'F=$ 底邊 × 高 × $\frac{1}{2}$

$=(P_e'-P_f)\times(12-9)\times\frac{1}{2}$

$=(12.5-P_f)\times\frac{3}{2}$ ……⑤

此處，P_f爲F點的高，

F通過S：$P=5+0.5Q$，因爲$Q=Q_e'=9$，

$P=5+0.5Q=5+0.5\times 9=9.5$ ⇐ P_f …⑥

將⑥代入⑤中

$\triangle EE'F=(12.5-9.5)\times\frac{3}{2}$

$=\boxed{4.5}$

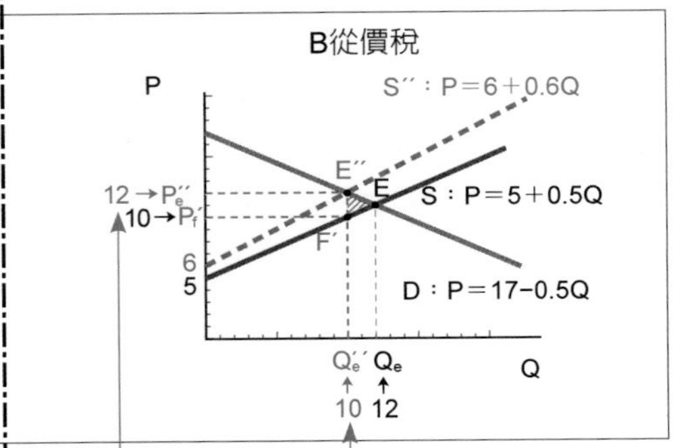

B從價稅
P
S″：P＝6＋0.6Q
E″
E
12→P_e''
S：P＝5＋0.5Q
10→P_f'
F′
6
5
D：P＝17−0.5Q
Q_e''
Q_e
Q
10
12

Step 5 新均衡→無謂損失的計算

從價稅導致供給曲線成爲S"，新的均衡爲E"（圖表B）。

因爲E"點爲D與S"的交點，所以

$P=17-0.5Q=6+0.6Q$

$1.1Q=11$

$Q=\frac{11}{1.1}=⑩$ ⇐ Q_e''

$P=17-0.5Q=17-0.5\times 10=⑫$ ⇐ P_e''

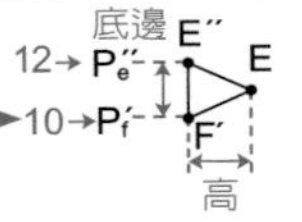

底邊
E″
E
12→P_e''
10→P_f'
F′
高

此處所求爲無謂損失△EE"F'，

$\triangle EE''F'=$ 底邊 × 高 × $\frac{1}{2}$

$=(P_e''-P_f')\times(12-10)\times\frac{1}{2}$

$=(12-P_f')\times 1$ ……⑦

此處，P_f'爲F'點的高，

F'通過S：$P=5+0.5Q$，因爲$Q=Q_e''=10$，

$P=5+0.5Q=5+0.5\times 10=10$ ⇐ P_f' …⑧

將⑧代入⑦中

$\triangle EE''F'=(12-10)\times 1$

$=\boxed{2}$

Step 6 求出比率

無謂損失的比率爲4.5：2=9：4

正確解答 3

【2】補貼的效果

　　讓我們思考每生產1個財貨，政府皆給予s日圓補貼的例子。

　　藉由補貼制度，企業每生產1個產品，都可獲得s日圓的補貼，該差額將使邊際成本減少。

　　將此以企業的成本曲線來思考的話，邊際成本曲線將向下方位移s日圓，由於企業的供給曲線爲邊際成本曲線的一部分，所以供給曲線也向下方位移s日圓。因爲市場的供給曲線爲個別企業的供給曲線橫向加總而得，所以個別企業的供給曲線向下方位移s日圓的話，市場的供給曲線也向下方位移s日圓。

　　試將此以圖表26-11加以說明。起初供給曲線爲s，亦即可知願意以最初1個（此處並非寫1個，而是第0億個，只有在圖形可看出）30日圓（A點）、第1億個40日圓（B點）、第2億個50日圓供給。如今政府給予每1個20日圓的補貼，到目前爲止原本最初第1個（0億個）願意以最低30日圓出售，由於此次可從政府得到每1個20日圓的補貼，所以將願意以最低10日圓出售（A'點）。同樣地，到目前爲止原本第1億個願意以40日圓出售，由於可從政府得到20日圓的補貼，所以該20日圓的差額將使其願意以較低的20日圓出售（B'點）。像這樣可以得到20日圓的補貼的話，企業即使用比目前爲止低20日圓的價格出售，也能彌補邊際成本，所以願意供給的最低價格將較目前爲止還低20日圓，供給曲線將向下位移補貼20日圓的差額至S'。

舉　例

　　既有邊際成本爲20日圓的企業，在給予每1個20日圓的補貼制度出現後，由於生產1單位的話，即可獲得20日圓的補貼，所以當增加1個生產量時，總成本的增加差額（邊際成本）將自既有的30日圓減去補貼20日圓，而成10日圓。

圖表26-11　補貼導致供給曲線的位移

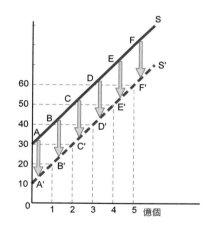

接著，將就給予補貼對於資源分配造成的影響，藉由剩餘分析加以思考（圖表26-12）。假設此市場爲完全競爭市場，起初的經濟狀況爲E點，價格爲P_e、數量爲X_e。

此時，消費者剩餘爲BHE，生產者剩餘爲AEH，總剩餘爲AEB。

其次，考慮給予補貼後的經濟狀況。由於給予補貼後使邊際成本下降了補助金的差額，所以供給曲線（S）向下位移至S'。新的經濟狀況在需求曲線（D）與新的供給曲線（S'）的交點E達到均衡，而成價格P_e'、數量X_e'。此時，消費者剩餘爲新的價格P_e'與需求曲線所圍成的BH'E'，較原本增加，而生產者剩餘則是從AEH增加到A'E'H。如此一來，給予補貼後的消費者剩餘與生產者剩餘的合計將成爲A'E'B。

再來補貼金額方面，新的供給曲線（S'）與原本的供給曲線（S）之差E'F乃爲每1個的補貼。如此一來，整體的補貼金額（=政府的給付）爲每1個的補貼金額（E'F）×生產量（X_e'）=平行四邊形AA'E'F。因爲這是政府所給付的，此面積爲負值，所以-AA'E'F爲政府剩餘。

如此一來，總剩餘爲消費者剩餘與生產者剩餘的加總A'E'B，再加上政府剩餘-AA'E'F（雖然如此，但由於是負的剩餘，因此減去）。然後，從A'E'B減去AA'E'E將成AEB，較原本還小，而E'FE的部分並未計入。因此，新的總剩餘爲AEB-E'FE，較補貼給付前的總剩餘AEB還要減少E'FE，總剩餘變少而造成剩餘的損失，有礙最適資源分配。

圖表26-12　補貼的經濟效果

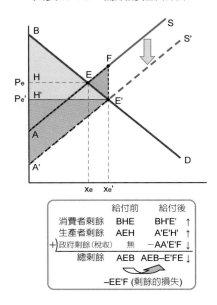

	給付前	給付後	
消費者剩餘	BHE	BH'E'	↑
生產者剩餘	AEH	A'E'H'	↑
+政府剩餘（稅收）	無	-AA'E'F	↓
總剩餘	AEB	AEB-E'FE	↓

-EE'F（剩餘的損失）

【3】價格限制的效果

①在高水準下的價格限制

　　假設政府訂定比市場價格P_e還高，例如在圖表26-13中P_1那樣的價格訂定價格限制。價格限制有各種不同的理由，此處假設乃政府接受供給者團體的要求。若為P_1的話，從需求曲線來看需求者只有在x_2時才會有需求。因此，當P_1時供給者想在供給曲線上供給到x_g，但需求者只有在x_2才買，所以即使生產到x_g，也將剩下IJ的超額供給而未能完售。

　　接著，就比此市場價格還高的價格訂定價格限制，對於資源分配所造成的影響，藉由剩餘分析來加以思考。首先，假設此市場為完全競爭市場，課稅前的經濟狀況為需求曲線（D）與供給曲線（S）的交點E，並決定價格為P_e、數量為x_e。此時，消費者剩餘為BHE，生產者剩餘為AEH，總剩餘為AEB。此外，政府僅訂出價格限制，皆無支出與收入，所以政府剩餘為0。

　　其次，考慮經價格限制後的經濟狀況。經P_1的價格限制後，需求量為需求曲線上I點的x_2，消費者剩餘減少了需求曲線與價格P_1的差額BH'I，生產者剩餘則是增加了價格P_1與供給曲線的差額AFIH'，總剩餘為兩者加總所得AFIB，而減少了EIF。

　　如此一來，總剩餘較限制前縮小了EIF，造成了剩餘的損失，有礙最適資源分配。

Chapter

26

剩餘分析

補　充

　　由於政府也有必要做出供給對象的供給量分配，所以此處假設政府為了不造成超額供給（IJ），而限制供給者配給。

圖表26-13　　高價格限制的經濟效果

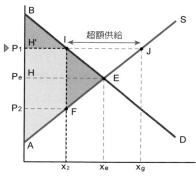

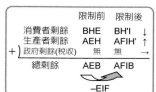

補　充

　　此外，在圖表26-13中，雖然畫出了在高價格限制下生產者剩餘增加的例子，但在比P_1還更高的價格下訂定限制時，需求量將比x_2還要減少。此結果也會造成生產者剩餘比起初的AEH還要減少的情況。

② 在低水準下的價格限制

假設政府訂定比市場價格P_e還低，例如在圖表26-14中P_2那樣的價格訂定價格限制。當P_2時從供給曲線來看，供給者只供給到x_2，而從需求曲線來看需求者到x_g為止仍有需求，所以將造成FG的<mark>超額需求</mark>。

接著，就比此市場價格還低的價格訂定價格限制，對於資源分配所造成的影響，藉由剩餘分析來加以思考。首先，假設此市場為完全競爭市場，課稅前的經濟狀況為需求曲線（D）與供給曲線（S）的交點E，並決定價格為P_e、數量為x_e。此時，消費者剩餘為BHE，生產者剩餘為AEH，總剩餘為AEB。此外，政府尚無支出與收入，所以政府剩餘為0。

其次，考慮經價格限制後的經濟狀況。由於價格為P_2，所以供給量決定為F點的x_2，F點為新的經濟狀況。此時，消費者剩餘從BHE增加到了新價格P_2與需求曲線所圍成的BH'FI，生產者剩餘則從AEH減少到AFH'。政府因無收入與支出，所以政府剩餘為0。如此一來，價格限制後的總剩餘為消費者剩餘與生產者剩餘的加總AFIB，相較於限制前縮減了EIF，造成了剩餘的損失，有礙最適資源分配。

此外，在圖表26-14中，雖然畫出了在低價格限制下，消費者剩餘增加的例子，但在比P_2還更低的價格下訂定限制時，供給量將比x_2來得大幅減少。此結果也會造成消費者剩餘比起初的BHE還要減少的情況。

圖表26-14　低價格限制的經濟效果

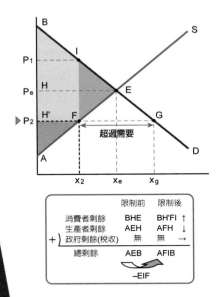

	限制前	限制後
消費者剩餘	BHE	BH'FI ↑
生產者剩餘	AEH	AFH' ↓
＋ 政府剩餘(稅收)	無	無 →
總剩餘	AEB	AFIB
		−EIF

補　充

一般而言，當出現超額需求的話，將會隨著價格上升而使超額需求消除，但此處由於訂定價格限制，所以價格不會上漲，以致超額需求將持續。也就是說，既然供給者僅供給到x_2，即使覺得需求者需求到x_g，也無法再提供需求之故。此乃一般存在FG的超額需求，在店門口排隊卻只有先來的○○人可以買得到的狀況。在超額需求的情況下，政府即使不做需求分配，也只有較早來排隊的人才能被分配得到。

【4】價格支持政策

所謂價格支持政策，稱為大量採高價格限制的政策，可想成是數量限制與價格限制所組合而成。

此次剩餘的計算相當複雜，所以在圖表26-15中，在圖的各部分用①到⑧的號碼標注。然後，在價格支持政策前的完全競爭均衡為E點，價格為P_e、數量為x_e，消費者剩餘為BHE（①＋②），生產者剩餘為AEH(③＋④)，總剩餘為AEB（①＋②＋③＋④）。

相對於此，試想政府同時實現了P_1的高供給者價格，以及x_e'的大量。雖然為了供給x_e'，在供給曲線上價格必須為P_1，但此次為了從消費者方面取得x_e'的需求，依需求曲線必須以P_2的價格。因此，政府有必要以P_1的高價格，向供給者購買商品，並以P_2的低價格轉賣給需求者。

首先，政府干預後的消費者剩餘為新消費者價格P_2與需求曲線所圍成的BKG（①＋②＋③＋⑤＋⑥），比原本的BHE（①＋②）還要增加。另一方面，生產者剩餘為新供給價格P_1與供給曲線所圍成的AFJ（②＋③＋④＋⑧）。然後，由於政府每1個將造成P_1-P_2的損失，所以整體的損失為（P_1-P_2）$\times x_e'$，亦即長方形KGFJ（②＋③＋⑤＋⑥＋⑦＋⑧）。因此，總剩餘為消費者剩餘（①＋②＋③＋⑤＋⑥）＋生產者剩餘（②＋③＋④＋⑧）＋政府剩餘｛－（②＋③＋⑤＋⑥＋⑦＋⑧）｝＝①＋②＋③＋④－⑦。

圖表26-15　價格支持政策的經濟效果

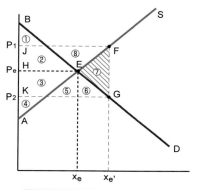

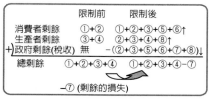

	限制前	限制後
消費者剩餘	①＋②	①＋②＋③＋⑤＋⑥↑
生產者剩餘	③＋④	②＋③＋④＋⑧↑
＋)政府剩餘(稅收)	無	－(②＋③＋⑤＋⑥＋⑦＋⑧)↓
總剩餘	①＋②＋③＋④	①＋②＋③＋④－⑦

－⑦ (剩餘的損失)

如此一來，相較政府干預前的總剩餘縮減了⑦。價格支持政策有礙最適資源分配。

MEMO

Chapter 27

柏拉圖最適境界
一如何測量效率性？②

Point

1 所謂柏拉圖最適境界（**Pareto optimality**），乃指「在不降低其他經濟主體效用下，已無法再提升本身效用的狀態」稱之，並未言及有關測量效率性乃公平性。

2 在不降低其他經濟主體效用下，而能提升本身的效用稱為柏拉圖改善（**Pareto improvement**）。

3 在艾吉渥斯箱形圖（**Edgeworth Box Diagram**）中，雙方無異曲線切點為柏拉圖最適境界，而交點並非柏拉圖最適境界。

4 作為雙方無異曲線切點之柏拉圖最適點有無數個，這些集合稱為契約曲線。

出題可能性

國家Ⅱ種	B
國稅專門官	B
地方上級、市政廳 、特別區	B
國家Ⅰ種	B
中小企業顧問	C
證券分析師	C
註冊會計師	A
政府辦公室等記錄	C
不動產估價師	A
外務專門職務	B

1. 柏拉圖最適境界

所謂柏拉圖最適境界，乃指「在不降低其他經濟主體效用下，已無法再提升本身效用的狀態」稱之。

所謂柏拉圖最適境界，總言之，乃「為了增加本身的持份，而必須奪取對手持份的狀態」。為何此狀態是最適資源分配，試著從是否有效率加以思考。

假設現有A、B、C共3個人，打算分食披薩。假設B不滿這樣的分法而無法忍受。B為了要增加自己的持份，除了奪取A、C的持份（方法①），以及把披薩做得更大，並將變大後多出來的部分取走（方法②）之外別無他法。

在方法②中，即使不從A、C奪取持份，B也可以增加本身的持份。此可以說是「在不降低其他經濟主體效用下，而能提升本身的效用之狀態」。

為了採取這樣的方法，披薩必須有空間可以加大。然而，披薩並無加大的空間，也就是披薩達到極大（＝已實現最適資源分配、有效率）的情況下，已無法再採用方法②了。

由上所述，可知「在不降低其他經濟主體效用下，已無法再提升本身效用的狀態」即表示「最適資源分配、有效率」的狀態。

➕ **補　充**

因為是由柏拉圖這位義大利的經濟學者所提出對於效率性（最適資源分配）的想法，所以有「柏拉圖最適境界」或「柏拉圖效率」（Pareto efficiency）等說法。

圖表27-1　柏拉圖最適境界與效率性

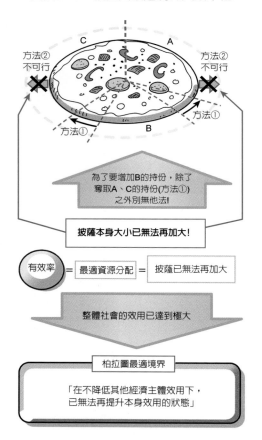

2. 艾吉渥斯箱形圖

【1】概要

A、B兩位消費者如何分配X財貨與Y財貨，以達到柏拉圖最適境界，可用A、B的無異曲線以圖形方式說明。

【2】說明

兩位消費者A、B乃在既存的經濟體內，兩財貨X財貨與Y財貨均存在時，考慮X、Y如何分配給A、B可達到柏拉圖最適境界（「在不降低其他經濟主體效用下，已無法再提升本身效用的狀態」）。採用圖表27-2之艾吉渥斯所想出的Box Diagram（直譯應為箱形圖）作為分析工具。

假設左下為A的原點O_A、右上的點為B的原點O_B，橫軸為X的量、縱軸為Y的量。然後，箱形圖的橫軸為整體社會的X之量（$X_a + X_b$），乃由A與B的X持有量加總而得，此處假設為20個。此外，箱形圖的縱軸為整體社會的Y之量（$Y_a + Y_b$），乃由A與B的Y持有量加總而得，此處假設為10個。接著，箱形圖內的點可表示A與B之X與Y的持有量。例如，在圖表27-2中，從A的觀點來看，由於C點從原點O_A起算，橫向X為5、縱向Y為8，所以表示A的持有量（5個，8個）。同時，從B的觀點來看，由於C點從原點O_B起算，橫向X為15、縱向Y為2，所以表示B的持有量（15個，2個）。

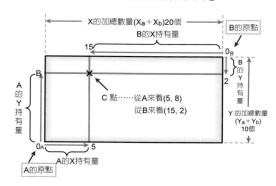

圖表27-2　艾吉渥斯箱形圖①

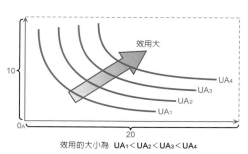

圖表27-3　A的無異曲線

效用的大小為 $UA_1 < UA_2 < UA_3 < UA_4$

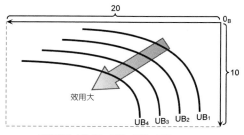

圖表27-4　B的無異曲線

效用的大小為 $UB_1 < UB_2 < UB_3 < UB_4$

在此艾吉渥斯箱形圖中，畫出了A、B各別X、Y有關的無異曲線。假設A、B兩者皆滿足4個假設（①完整性，②無飽和，③遞移性，④邊際替代率遞減），並具有5個特性（①存在無限多條，②向右下方傾斜，③離原點愈遠的組合效用愈大，④任何兩條互不相交，⑤凸向原點），如圖表27-3、27-4所示。

將A、B的無異曲線同時畫在箱形圖中，即為圖表27-5。如此一來，可知UA₂與UB₂的交點C點並非柏拉圖最適境界。

為何如此，乃因對C點而言，A、B兩者都不在相距原點最遠的無異曲線上。也就是說，C點為A（5個，8個）、B（15個，2個），當A給了2個Y，並得到5個X作為交換的話，將成A（10個，6個）、B（10個，4個），即成為E點。

從圖表27-6來看，隨著從C點變動到E點，A的無異曲線UA從UA₂移動到UA*，由於位於相距原點O_A較遠的UA上，所以效用增加。同樣地，B的無異曲線UB也從UB₂移動到UB*，因為位於相距原點O_B較遠的UB上，所以效用增加。如此一來，隨著從C點移動到E點，由於A、B兩者的效用皆增加，所以C點並非柏拉圖最適境界。

如C點移動到E點一樣，在不降低其他經濟主體效用下，而能提升本身的效用稱為柏拉圖改善。C點可以達到柏拉圖改善，乃因存在提升整體社會利益的空間，在未達到整體社會的利益極大之前，即不是柏拉圖最適境界。

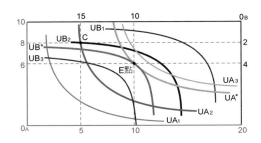

圖表27-5　艾吉渥斯箱形圖②

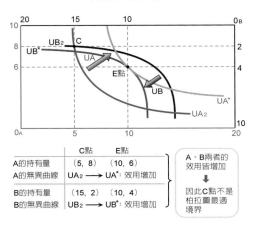

圖表27-6　非柏拉圖最適境界的狀態
（柏拉圖改善）

	C點	E點	
A的持有量	(5, 8)	(10, 6)	A、B兩者的效用皆增加
A的無異曲線	UA₂ ⟶ UA*：效用增加		↓
B的持有量	(15, 2)	(10, 4)	因此C點不是柏拉圖最適境界
B的無異曲線	UB₂ ⟶ UB*：效用增加		

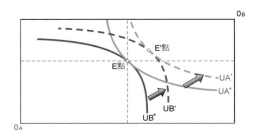

圖表27-7　柏拉圖最適境界

然而，經濟狀況從起初即像E點一
樣，在UA與UB相切的情況下，若UA、
UB的其中一方成為相距原點較遠的無
異曲線，亦即效用一旦增加的話，則另
一方的無異曲線必定向原點接近，導致
效用下降。例如，在圖表27-7中，A的
無異曲線從UA*移動到UA'，相距原點
O_A變得較遠因而A的效用增加，而B的
無異曲線乃從UB*移動到UB'，相距原
點O_B變得較近，因而B的效用減少。

如此一來，可知E點乃「在不降低
其他經濟主體效用下，已無法再提升本
身效用的狀態」之柏拉圖最適境界。

順道一提，UA與UB的切點，亦即
柏拉圖最適點，如圖表27-8所示，將有
無數個存在O_A與O_B所連接而成的線上，
這些點的集合稱為契約曲線。

圖表27-8　契約曲線

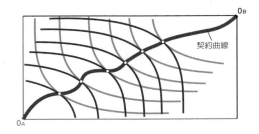

【問題27-1】

以下的圖，乃由A、B兩個消費者與第1財貨、第2財貨等兩種類財貨所構成經濟狀況的艾吉渥斯箱形圖，作為此圖的說明，適當的為何者？此處U_1、U_2、U_3、U_4表示A消費者的無異曲線，V_1、V_2、V_3、V_4表示B消費者的無異曲線。

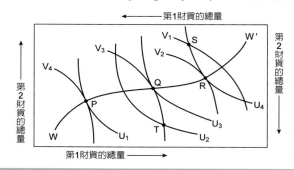

1. P點、Q點、R點任一點皆為柏拉圖最適境界的狀態，這些點的軌跡所形成之曲線W–W'稱為效用可能曲線。
2. 在T點因A消費者的效用與B消費者的效用相等，所以A消費者與B消費者的邊際替代率變得相等。
3. P點、Q點、R點任一點皆為柏拉圖最適境界的狀態，在這些點實現了資源分配的效率性，以及所得分配的公平性。
4. 從S點到R點的移動，因為B消費者的效用提升，而A消費者的效用不變，所以是柏拉圖改善。
5. P點、Q點、R點任一點皆為柏拉圖最適境界的狀態，這些點當中，A、B消費者均為效用最高的為Q點。

（特別區）

解答・解說

1.✕柏拉圖最適點的軌跡並非效用可能曲線，而是契約曲線。

2.✕無異曲線無法與他人進行效用的比較，在T點由於A與B的無異曲線之斜率不相等，所以邊際替代率亦不相等。

3.✕雖然P點、Q點、R點均為柏拉圖最適境界，具有效率，但無法得知公平與否。

4.○一旦從S變為R，B的無異曲線從V_1到V_2，由於相距原點O_B更遠，所以效用變大。此外，因為A的無異曲線仍為U_4未改變，所以效用不變。

5.✕在P、Q、R之中，對A而言，位於相距O_A最遠的U_4上之R的效用最大，對B而言，位於相距O_B最遠的V_4上之P的效用最大。

正確解答　**4**

Part **6**

效率與公平

市場失靈

一即使任憑市場運作，也會有無法順利進行的情況

此部內容將學習成本遞減產業、公共財與外部效果，作為起初是完全競爭市場，但任憑市場運作仍無法實現最適資源分配的例子。

此外，也將學習資訊不完全市場，其欠缺「交易上所必需的資訊完全揭露」之完全競爭市場的條件。

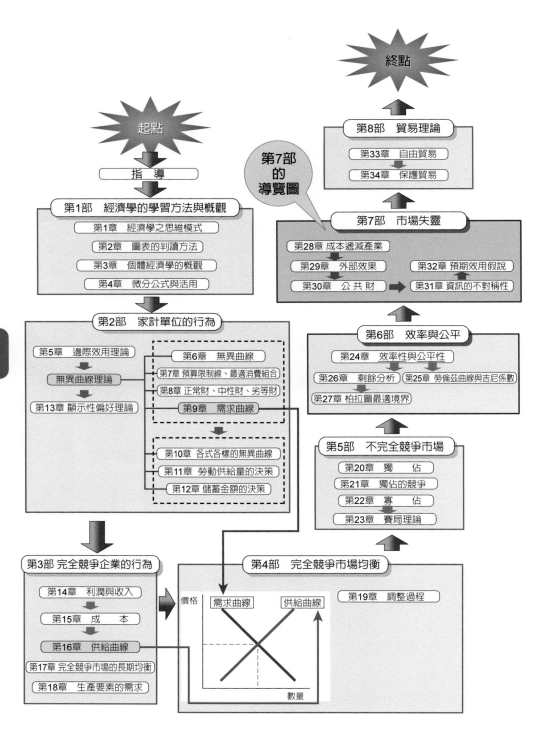

終點

Part 7

市場失靈

298

第7部的登場人物・舞台與故事

舞　　台

此部內容中，將以某特定財貨（物品與服務）的市場為舞台。

登場人物（經濟主體）

除供給者與需求者之外，政府也登場參與，扮演課徵稅金、給予補貼的角色。

復　習

所謂完全競爭企業即存在於完全競爭市場上的企業。所謂完全競爭市場，乃滿足以下4個條件的市場稱之。
① 存在眾多的供給者、需求者
② 產品具有同質性（不存在差異化）
③ 在長期間內可自由地進入・退出市場
④ 交易上所必需的資訊完全揭露

在個體經濟學概觀中的地位

在第2部已推導出需求曲線、第3部已推導出供給曲線，而第4部則是求出了完全競爭市場均衡。接著，在第6部中已學習若為完全競爭市場下，實現最適資源分配之福利經濟學的基本定理。

然而，在現實環境下，由於資訊不完全等原因，導致存在無法達到完全競爭市場的情況，或者即使處於完全競爭市場，卻仍無法達到最適資源分配的情況（成本遞減產業、外部效果與公共財）。在第7部裡，將學習關於這樣任憑市場運作仍無法實現最適資源分配的例子（市場失靈）。

故事的進展（構成）

在第7部裡，將思考即使是完全競爭市場，但任憑市場運作仍無法實現最適資源分配的例子。

在第28章中，將學習起初雖為完全競爭，但形成獨佔後導致非效率發生的成本遞減產業。我們所熟悉的電力、瓦斯、水力等事業均屬之。

在第29章中，將就對於作為交易當事人之需求者與供給者以外的對象，造成經濟相關影響之外部效果加以學習。公害及被認為近年日益嚴重的地球暖化問題均屬之。

在第30章中，將學習有關國防與治安維護等被稱為公共財的內容，其任憑市場運作仍無法獲得充足的供給。

在第31章中，將對逆向選擇與道德風險有所理解，其乃一旦出現資訊不完全時，將導致非效率發生的有名實例。

在第32章中，將學習關於預期效用假說，其乃歸因於資訊不完全，以致身處不確定的世界中，據以做出合理的意志抉擇之思考方式。

用 語

任憑市場運作也無法達到最適資源分配稱為市場失靈。此乃表示市場無法達到所期望發揮的功能而失靈的意思。原本即期待市場可以實現最適資源分配（效率性），但公平的所得分配並不被期待。由於如此，即使無法達到公平的所得分配，也不能說是市場失靈。此應可說是市場的極限所在。

Part 7

市場失靈

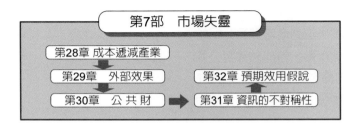

Chapter 28

成本遞減產業
一電力與瓦斯為何被認為獨佔呢？

難易度　A

Point

1 所謂成本遞減產業，乃指長期平均成本（LAC）隨生產量的增加而下降，具有此種成本函數之企業所構成的產業稱之。

2 成本遞減產業的長期成本曲線隨生產量而遞減。由於如此，最初市佔率擴大，連帶生產量變多的企業，其長期平均成本變低，因此在成本面位居優勢下，最後剩下1家【自然獨佔】。

3 一旦任憑自然獨佔，將導致剩餘的損失。

4 所謂邊際成本定價法則，乃指以長期邊際成本相等的價格水準所在生產量進行生產的思維稱之。雖然可實現最適資源分配，但有必須為了彌補企業的負利潤而給予補貼的缺點。

5 所謂平均成本定價法則，乃指以長期平均成本相等的價格水準所在生產量進行生產的思維稱之。雖然企業的利潤為0，有無須給予補貼【獨立核算】的優點，但仍有剩餘的損失而未能達到最適資源分配的問題。

6 所謂兩段定價法（two-part tariffs），乃指除徵收與消費量無關的一定金額（基本費）之外，另徵收因應消費量的費用（從量費）之方法。從量費以邊際成本定價法則之價格水準訂定，以基本費徵收來彌補負利潤的話，將可同時達到最適資源分配與獨立核算。

出題可能性

國家Ⅱ種	B
國稅專門官	B
地方上級、市政廳、特別區	A
國家Ⅰ種	B
中小企業顧問	B
證券分析師	C
註冊會計師	C
政府辦公室等記錄	B
不動產估價師	A
外務專門職務	A

*在財政學中也會出題的論點。

1. 何謂成本遞減產業？

【1】定義

　　所謂成本遞減產業，乃指長期平均成本（LAC）隨生產量的增加而下降，具有此種成本函數之企業所構成的產業稱之。

【2】為何平均成本會持續遞減呢？

　　一般而言，長期成本曲線如圖表28-1所示，長期平均成本曲線（LAC）呈U型，亦即假設直到某生產量（X*）為止呈遞減（逐漸減少），而自某生產量（X*）開始呈遞增（逐漸增加）。此乃想成直到生產量X*為止，為了增加生產量，擴大資本與勞動（擴大規模）有利，亦即有規模利益，惟一旦超過X*後生產量若持續增加，反而因規模的擴大而導致利益減損（規模利益減損）的部分變大之故。

　　然而，成本遞減產業的企業，規模利益可持續到相當規模為止，所以即使已達到滿足整體市場需求量之生產量，仍具有規模利益，以致長期平均成本（LAC）維持遞減的成本結構。由於成本結構乃取決於技術，所以這樣的成本遞減產業，即使達到相當規模的生產量，仍使用足以使平均成本遞減的技術之產業稱之。成本遞減產業的長期成本曲線，因為長期平均成本遞減之故，所以像圖表28-2所示向右下方傾斜。

　　此乃由於在成本遞減產業中，當事業開始時，必須花費一筆巨額的建置成本之故（巨額的初期成本）。

舉　例

諸如電力、瓦斯、自來水等事業。

圖表28-1　一般的長期成本曲線

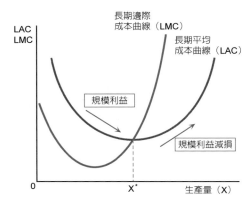

圖表28-2　成本遞減產業的長期成本曲線

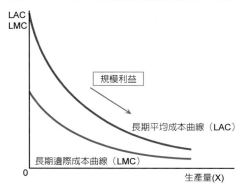

舉　例

　　試想電力市場的情況。供給電力必須有發電廠與電纜線。假設在首都區域內從事電力事業。首先，一開始必須設置發電廠與電纜線，將花費巨額的建置成本。假設此成本為1兆日圓。除此之外，雖然也要花費燃料費用與人事成本，但相較於發電廠與電纜線的成本來說，金額相對有限。

2. 自然獨佔

【1】何謂自然獨佔？

　　成本遞減產業在一開始，雖然在完全競爭市場中有眾多的企業相互競爭，但最初市場佔比（市佔率）擴大，連帶生產量變多的企業，其長期平均成本變低，因此在成本面位居優勢下，最後僅剩下1家。這樣的獨佔稱為自然獨佔。

　　比如說在東京的話，電力為東京電力、都市瓦斯為東京瓦斯，而自來水則由東京都水道局所獨佔。此乃由於這些產業為成本遞減產業，因而形成獨佔之故。至於在日本全國，電力公司除了東京電力以外，還有關西電力、中部電力及北海道電力等幾家企業。然而，假如東京地區的人即使認為「東京電力較貴，所以想換關西電力!」，但由於東京的電纜線為東京電力所有，因此只能接受來自東京電力的電力提供，而成為事實上的獨佔。

　　像這樣，在該區域內只有1家企業獨佔所有供給的情況，稱為區域獨佔。成本遞減產業雖為自然獨佔，但日本全國只存在1家企業作為供給者而獨佔的情況甚少，大多數屬區域獨佔。鐵路也是，在多數的情況下，僅在該區域形成獨佔。

【2】自然獨佔的弊害

　　由於自然獨佔為獨佔，因此在圖表28-3中，決定為MR＝LMC（長期邊際成本）所在生產量X_m，並設定價格為在該生產量之需求曲線上M點所對應的價格P_m。

　　總剩餘極大的生產量，乃是需求曲線與LMC的交點E之生產量X_e，與此時的總剩餘相比，總剩餘減少MCE，並未達到最適資源分配。

━━ 舉　例 ━━━━━━━━

　　對於住在位處高級住宅區，有名的東急電鐵東橫線田園調布車站附近的人而言，即使因為東急電鐵價格貴，所以想坐其他的電車通勤與通學也無法辦到。原因在於對於東急電鐵東橫線田園調布車站附近居住的人們來說，通勤到市中心只有東急電鐵東橫線提供服務而已。此亦為區域獨佔之一。

圖表28-3　自然獨佔的弊害

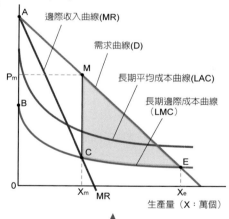

價格, 成本(日圓)

邊際收入曲線(MR)

需求曲線(D)

長期平均成本曲線(LAC)

長期邊際成本曲線（LMC）

生產量（X：萬個）

➕ 補　充

　　整體市場向右下方傾斜的需求曲線（D）為獨佔企業所面對的需求曲線。因為需求曲線向右下方傾斜，所以邊際收入曲線（MR）乃是位於代表價格的需求曲線（D）下方，相距跌價損失差額的位置。當委身市場後，獨佔企業為了追求利潤極大化，而決定MR＝LMC（長期邊際成本）所在生產量X_m，並設定價格為在該生產量之需求曲線上M點所對應的價格P_m。

【3】對策

一般而言，爲了避免獨佔導致資源分配的效率不佳，而達到最適資源分配的政策有①企業分割，②價格管制，③給予補貼，④成本遞減之技術革新。讓我們分別加以檢討。

①企業分割

將獨佔企業分割爲多家企業，供給者變多後理應可引起競爭。如此一來，商品若是同質的話，市場將成爲完全競爭市場，一般可達到最適資源分配。

然而，在成本遞減產業的情況下，由於大企業生產量愈多，平均成本愈低，所以是具有效率的。一旦將其分割成爲多家中小企業的話，單一企業的生產量變少，連帶平均成本增加，反而導致效率不佳，所以並非所願。

②價格管制

現實中常被使用的政策即價格管制。有關這部分將在稍後詳細說明。

③給予補貼

考慮給予獨佔企業每1單位生產補貼s日圓的例子。此時，由於企業每追加1單位生產即可獲得s日圓補貼，所以可以想成邊際成本減少s日圓。如圖表28-4所示，直到MR=LMC所在利潤極大的生產量X_e爲止，因補貼使長期邊際成本曲線下滑（LMC'）。此時，企業以利潤極大化的LMC'=MR所在C'點的生產量X_e，沿著需求曲線設定價格爲P_e。如此一來，將可以達到實現最適資源分配的生產量X_e。

➕ 補 充 ⋮▢⋮

因此，在先進國家中有反壟斷法禁止獨佔，獨佔企業將被分割。

➕ 補 充 ⋮▢⋮

因此，作爲成本遞減產業的區域獨佔企業，無論電力公司與瓦斯公司都不會被分割。

圖表28-4 對自然獨佔企業的補貼給付

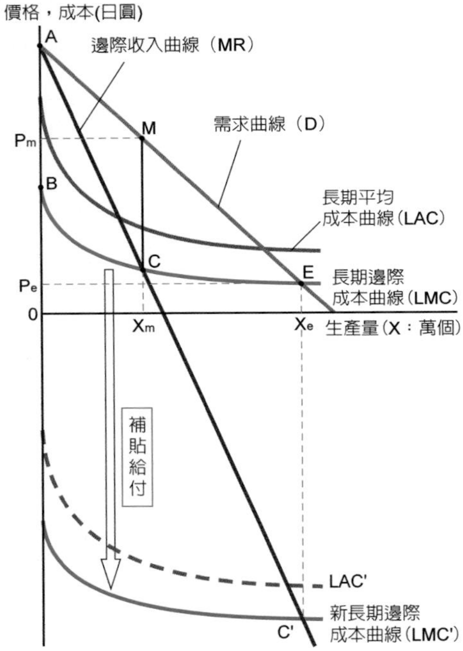

➕ 補 充 ⋮▢⋮

像這樣，雖然對獨佔企業給予補貼，可實現最適資源分配，但也存在問題。此即所得分配公平的問題。「爲何要將稅金作爲補貼給予獨佔企業呢？不公平，無法接受」會有這樣的批評。然而，此爲公平性（公正的所得分配）的問題，與效率性（資源分配的問題）乃不同觀點，這點請注意。

④成本遞減之技術革新

原本造成自然獨佔的原因，即是來自於擁有長期平均成本遞減的技術結構。成本遞減乃基於龐大的初期成本。然而，發生技術革新，若可免除龐大的初期成本的話，將不會形成自然獨佔。

政府提供技術革新支援，以免除龐大的初期成本，這樣的技術若可實現的話，將可終結獨佔，實現接近競爭又有效率之完全競爭市場的世界。然而，這需要漫長的時間，此外，不用說也知道未必能保證一定成功。

以上已對達到最適資源分配的政策加以檢討，可歸納如下。企業分割反而導致平均成本增加，因而效率不佳，所以就資源分配上亦非所願。給予補貼雖可達到最適資源分配，惟就公平的所得分配之觀點而言，現實中大多難獲得支持。成本遞減之技術革新則是著眼於長期來看，也欠缺確切性。因此，立即可確實地實現最適資源分配的政策，且就公平的所得分配之觀點也能認同的政策，即為價格管制。

在價格管制上，有邊際成本定價法則與平均成本定價法則2種思考方式。另外，有結合兩者優點的兩段定價法之管制方法。接著，讓我們分別加以說明。

■ 舉 例

試思考電信事業。以前，日本國內線通話為NTT，國際線通話為KDD所獨佔。此乃因為電信事業，如電話線路與交換機等，要花費龐大的初期建置成本，屬成本遞減產業。然而，隨著光纖的發明，電話線從銅線換成光纖，可以便宜地設置，再者，交換機也隨著通信技術的進步，可用非常便宜的價格取得，最後甚至不再需要。此外，也開發出手機與PHS這樣無須設置電話線，只要架設天線即可從事電信事業的技術。由於電信事業已不需要如以往一般要花費龐大的初期建置成本，亦即非成本遞減產業，因此，NTT與KDD以外的企業在評估與既有的獨佔企業競爭下仍有利可圖後，也加入該市場。最近電信事業獨佔的情況不再，乃印證了作為成本遞減原因的技術一旦改變，該產業將不再是成本遞減，自然獨佔亦逐漸消失。

此結果造成通話費用急速下滑，促使DOCOMO的i-mode等新型服務相繼推出。

成本遞減產業

3. 價格管制①邊際成本定價法則

【1】定義

　　所謂邊際成本定價法則，乃指以長期邊際成本相等的價格水準所在生產量進行生產的思維稱之。在圖表28-5中，假設在需求曲線與長期邊際成本曲線（LMC）的交點E所在價格P_e實施價格管制，生產量為X_e。在圖表28-5中，若在P_e實施價格管制的話，依需求曲線（D）可知需求量為X_e。

【2】優點

　　生產量X_e時總剩餘為極大，可達到最適資源分配。

【3】缺點

　　首先，有長期邊際成本無法正確地測量的問題點。

　　其他還有如下給付補貼的問題。當生產量為X_e時，依圖表28-5可知，因為價格P_e為E點的高度，長期平均成本（LAC）為F點的高度，所以平均利潤＝價格–長期平均成本，EF的差額為負值。如此一來，整體企業的利潤EFJK亦為負值。若利潤為負的價格管制下，企業理應撤出。

　　因此，為了避免企業退出，有必要給予補貼以彌補負利潤。然而，補貼存在以下問題點。

①是否應該將來自國民廣泛徵收的稅金用於特定產業。

②因為即使利潤為負，仍可獲得補貼作為彌補，將降低企業節省成本的意願。

圖表28-5　邊際成本定價法則

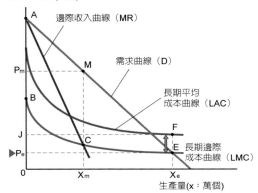

理　由

　　所謂利潤為負即相較於其他產業的利益還少，所以企業將從該產業退出而進入其他產業。

補　充

　　對未利用補貼給付對象產業的國民而言，可能會覺得不公平，從所得分配公正性的觀點，有其問題存在。

4. 價格管制②平均成本定價法則

【1】定義

　　所謂平均成本定價法則，乃指以長期平均成本相等的價格水準所在生產量進行生產的思維稱之。在圖表28-6中，假設在需求曲線與長期平均成本曲線（LAC）的交點G所在價格P_g實施價格管制，生產量為X_g。

　　在圖表28-6中，若在P_g實施價格管制，依需求曲線（D）可知需求量為X_g。當從事X_g的生產時企業的利潤為0。為何如此，乃因生產量X_g時的平均成本為G點的高度，其與價格P_g相同，亦即P_g＝LAC之故。

圖表28-6　平均成本定價法則

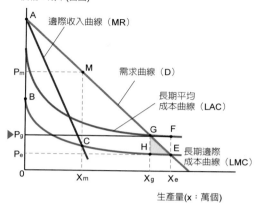

價格，成本(日圓)

生產量(x：萬個)

【2】優點

　　企業利潤為0，亦即與其他產業的利益相同，因此沒有必要為了留住企業而給予補貼等誘因。

【3】缺點

　　與當總剩餘為極大所在生產量X_e時的總剩餘相比，X_g的總剩餘為HGE（陰影部分）較少，未達到最適資源分配。

用 語

　　企業無須他方支援而能獲利，所以也稱為獨立核算制。

舉 例

　　電信、電力、瓦斯等均採用。

5. 價格管制③兩段定價法

【1】定義

　　所謂兩段定價法，乃指除徵收與消費量無關的一定金額（基本費）之外，另徵收因應消費量的費用（從量費）之方法。

【2】優點

　　此乃基於邊際成本定價法則，藉由

　　兼具邊際成本定價法則、平均成本定價法則兩個定價法則之優點。

因應消費量之費用設定，達到最適資源分配，同時對於利潤為負的部分，藉由基本費予以彌補，以確保獨立核算。

【3】問題點

然而，兩段定價法雖依邊際成本定價法則進行價格設定，惟現實中邊際成本難以掌握爲其問題點。

此外，一般而言，基本費無關需求量多寡，一律以固定金額徵收，對需求量少的使用者負擔較大爲其問題點。

再者，藉由基本費使利潤調整爲0，對激勵企業努力經營的獎勵（誘因）依然太少爲其問題點。

邊際成本 定價法則 （P＝MC）	平均成本 定價法則 （P＝AC）	兩段定價法
○：最適資源分配 ×：負利潤→給予補貼	○：獨立核算 ×：未達到最適資源分配	○：P＝MC→最適資源分配 ○：負利潤→基本費→獨立核算

6. X非效率

即使實施任何價格管制，獨佔企業在無其他競爭者的情況下，對於降低成本、客戶服務、技術開發等企業充分努力經營的刺激（誘因）普遍薄弱。此結果將存在成本上升與客戶服務劣化等效率降低的發生疑慮。

像這樣，獨佔企業在無競爭下，將使企業怠乎本身的努力，而導致效率降低，稱爲X非效率（X-inefficiency）。由於成本遞減產業爲自然獨佔，所以存在X非效率的問題。

因此，作爲激勵降低成本的方法，有標尺競爭（Yardstick Competition）。此即比較區域獨佔企業的成本結構，而公開受社會的監督。

的確，此標尺競爭雖有一定的效果，惟效果依然有限。

補　充

所謂標尺，乃衡量標準的意思。

舉　例

以電力而言，其他電力公司的成本都減少，僅1家公司成本增加的話，將受到社會輿論的批評，並被要求向政府說明。像這樣，藉由區域獨佔企業同業間經營狀況的競爭，將提高企業努力經營的動機。

理　由

爲何如此，乃因區域獨佔企業在區域各異之下，個別條件有所不同，以致無法單純地加以比較之故。此外，即使比較經營狀況，面對社會輿論與政府的批評，也不至於輸給競爭對手到一敗塗地的地步。以上所述，乃指就算與競爭對手相互比較，對企業的誘因依然薄弱的意思。

Chapter 29

外部效果

―以經濟學的角度思考地球暖化問題的話……

Point

1 所謂外部效果，乃對於交易當事人以外的第三者，給予利益或損害稱之。在此當中，對於交易當事人以外的第三者，給予利益稱為外部經濟，對於交易當事人以外的第三者，造成損害稱為外部不經濟。

2 若有外部不經濟，社會邊際成本（SMC）比作為私人邊際成本（PMC）的供給曲線（S）還要高出t日圓，而成為產能過剩【市場失靈】。

3 對於外部不經濟的市場失靈，藉由對每1單位的邊際外部成本差額課徵從量稅，可達到最適資源分配【皮古稅(Pigouvian Taxes)】。

4 若滿足①權利關係明確，②交涉的交易成本為0，或極微小可不考慮之假設的話，「當外部效果發生時，外部效果的施予方與接受方之經濟主體，無論何者負擔成本，均可藉由交涉達到最適資源分配」【高斯定理（Coase's theorem）】。

5 若有外部經濟，社會邊際成本（SMC）比作為私人邊際成本（PMC）的供給曲線（S）還要低t日圓，而成為產能短缺【市場失靈】。

6 對於外部經濟的市場失靈，藉由對每1單位的邊際利益差額給予生產者補貼，可達到最適資源分配【皮古政策】。

難易度　A

出題可能性

國家Ⅱ種　A
國稅專門官　A
地方上級、市政廳
　、特別區　A
國家Ⅰ種　A
中小企業顧問　A
證券分析師　A
註冊會計師　A
政府辦公室等記錄　A
不動產估價師　A
外務專門職務　A

*在財政學中也曾出題過。

1. 何謂外部效果？

所謂外部效果，乃對於交易當事人以外的第三者，給予利益或損害稱之。

在外部效果中，對於交易當事人以外的第三者，給予利益稱為外部經濟，對於交易當事人以外的第三者，造成損害稱為外部不經濟。

此外，當外部效果反映在市場價格上時，稱為金錢上的外部效果，當外部效果並未反映在市場價格上時，稱為技術上的（非金錢上的）外部效果。由於外部效果並未反映在市場價格上，所以藉由價格調整的資源分配，並未考慮外部效果而進行之故，以致無法達到最適資源分配，而導致市場失靈。

在經濟學中，若無特別聲明的話，提到外部效果（外部不經濟，外部經濟）時，乃指會導致市場失靈之技術上的（非金錢上的）外部效果。

舉 例

某種植美麗花朵的住家，其周遭的人也可看到該美麗花朵，由於受到正面影響，所以是外部經濟，反觀工廠生產作業所引發的公害，而使區域居民連帶受到負面影響，則是外部不經濟。

舉 例

若葡萄價格下跌，多數的人捨棄購買桃子，取而代之轉而購買價格變得便宜的葡萄，導致桃子的價格也下跌，諸如此種案例。

舉 例

工廠生產作業所引發的公害，而使區域居民連帶受到不好的影響，卻未給予補償等案例。

2. 外部不經濟

【1】定義

所謂外部不經濟，乃指對於交易當事人以外的第三者，造成利益減損稱之。此處考慮導致市場失靈之問題所在的技術上的（非金錢上的）外部不經濟。

【2】假設

假設X財貨市場為，

① 完全競爭市場

② 市場的需求曲線為向右下方傾斜

③ 市場的供給曲線為向右上方傾斜

復 習

所謂市場失靈，乃指無法憑藉市場運作達到最適資源分配的狀態。

④ 每追加1單位X財貨所造成的外部不經濟（此稱為邊際外部成本）固定為t日圓。

【3】市場失靈

由於企業乃考量本身所負擔的邊際成本（私人邊際成本：Private Marginal Cost略稱為PMC）而決定供給量，所以PMC構成市場的供給曲線（S）。然後，經濟狀況將在需求曲線（D）與供給曲線（S）的交點E（Q_e, P_e）達到均衡狀態。

現在依假設④，由於邊際外部成本花費t日圓，所以整體社會所負擔的邊際成本（社會邊際成本：Social Marginal Cost略稱為SMC）比作為企業所負擔的私人邊際成本（PMC）之供給曲線（S）還要高t日圓。

因為所謂總剩餘乃整體社會的利益，所以當計算總剩餘時，不只要考量企業所負擔的私人邊際成本（PMC），也有必要將考慮邊際外部成本的社會邊際成本列入考量。像這樣考量總剩餘後，當生產量為Q_e時，總剩餘將成為A'E'B−EE'F。

然而，總剩餘極大時的生產量，乃社會邊際成本曲線（SMC）與需求曲線（D）之交點E'點所在生產量Q_e'，此時總剩餘為A'E'B。如此一來，任憑市場運作將引起外部不經濟的發生，導致產能過剩，而造成剩餘的損失EE'F，連帶總剩餘未達極大，而無法實現最適資源分配。

【4】達到最適資源分配的方法

接下來，將就有何種方法可以達到最適資源分配加以檢討。

▶▶ 徹底解說 ◀◀

由於是完全競爭市場，正確來說，乃是將企業所負擔的邊際成本橫向加總而得。

圖表29-1　外部不經濟

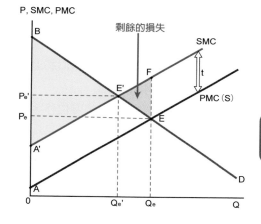

①皮古稅

　　最適資源分配無法達成的原因，乃由於發生外部不經濟導致私人邊際成本（PMC）與社會邊際成本（SMC）出現乖離之故。如此一來，若可實施使私人邊際成本（PMC）與社會邊際成本（SMC）相等的政策，則生產量Q_0'時將為最適資源分配。

　　為此目的，對於導致外部不經濟的原因之X財貨，有課徵邊際外部成本t日圓差額之從量稅的方法。如此一來，因為企業每生產1個必須支付t日圓稅金，所以企業所負擔的邊際成本PMC將上移t日圓，變得與SMC相同。

　　此結果使供給曲線向上方位移，變得與SMC相同，經濟狀況在E'點呈現均衡，而達到最適資源分配。

②補貼

　　對於導致外部不經濟的原因之X財貨，也有每減少1單位生產量給予t日圓補貼的方法。藉由此種給予補貼的方式，企業每生產1個時將損失t日圓的補貼，所損失的補貼t日圓為機會成本，企業所負擔的邊際成本PMC將上移t日圓，變得與SMC相同。

　　此結果使供給曲線向上方位移，變得與SMC相同，經濟狀況在E'點呈現均衡。如此一來，將達到最適資源分配。

用 語

　　這樣的課稅方法乃皮古所提出，稱為皮古稅。

關鍵人物 key person

皮古（Arthur Cecil Pigou）
（1877～1959）

　　與凱因斯同時代的代表性(新)古典派經濟學家。與凱因斯相同，在劍橋大學向馬歇爾學習經濟學。相較於凱因斯對老師馬歇爾的新古典派經濟學有所批判，而另創設凱因斯經濟學，皮古則是繼承新古典派，與凱因斯展開爭論。除了此處所提到作為將外部不經濟最適化方法的「皮古稅」之外，總體經濟學中的皮古效果也會在考試中出題。皮古也是作為思考想望經濟學分野「福利經濟學」的創始者。

補 充

　　然而，現實中對於帶來外部不經濟的企業給予補貼，認為不公平的情況很多。當然，此乃有別於資源分配＝效率性，而是公平性＝所得分配的議題。藉由此政策雖達到最適資源分配，但一般認知上，就所得分配公正的觀點而言，應是無法接受的。

　　此外，在公害上汙染者付費原則（Polluter Pays Principle；PPP）已確立，作為汙染者的企業對於外部不經濟帶來的負面影響，有承擔責任的規定。如此一來，並非給予企業補貼，而是讓企業負擔稅責，使①的皮古稅正當化。

【問題29-1】

某財貨隨著生產量所造成的公害，而使私人邊際成本曲線（MPC）與社會邊際成本曲線（MSC）如圖所示呈現乖離。需求曲線D乃對於此財貨的社會需求曲線。

為了達到社會上最適生產量的目的，對於此財貨的生產課徵環境稅，而作為企業將稅轉嫁至價格時的生產量、含稅價及稅額的組合，適當的為何者？

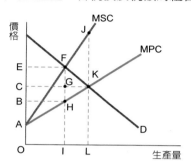

	生產量	含稅價	稅額
1.	O I	O B	A B
2.	O I	O B	B E
3.	O L	O C	A C
4.	O L	O C	H G
5.	O L	L J	K J

（國家公務員II種）

在計算上必要的知識

・外部不經濟

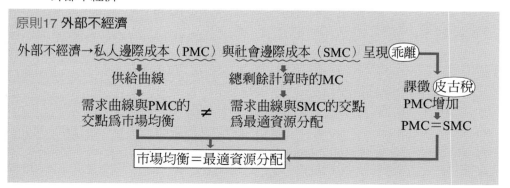

原則17 外部不經濟

外部不經濟→私人邊際成本（PMC）與社會邊際成本（SMC）呈現乖離

供給曲線　　　　　總剩餘計算時的MC　　　　課徵皮古稅
PMC增加
需求曲線與PMC的　≠　需求曲線與SMC的交點　　PMC＝SMC
交點為市場均衡　　　為最適資源分配

市場均衡＝最適資源分配

　　題目中有環境稅，將其以皮古稅思考，根據原則17判讀圖形。

陷　阱

　　在歐美已使用的環境稅並非皮古稅，而是鮑莫爾—奧茲稅（Baumol Oates tax）（P.323），在鮑莫爾—奧茲稅的情況下，與PMC、SMC無關，由於決定了公害排出減排量，所以無法解決此問題。因此，題目的環境稅若不想成皮古稅的話，將無法解決此問題。

解　法

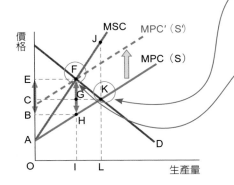

　　依原則17，市場均衡乃需求曲線與私人邊際成本曲線（MPC）的交點K，最適資源分配的點為需求曲線與社會邊際成本曲線（MSC）的交點F。

　　為了達到最適資源分配的F點，由於將MPC移至MPC'亦可，所以稅額為FH。由圖可知FH=BE，所以稅額為選項2的BE。最適資源分配所在F點之生產量為OI，含稅價為OE，因此選項2為正確解答。

正確解答　　2

3. 高斯定理

①定義

所謂高斯定理，乃指當外部效果發生時，無論汙染者、被害者之何者負擔補償金，均可藉由交涉達到最適資源分配之定理。

②假設

為使高斯定理成立，必須滿足以下2個假設。

@ 權利關係明確

ⓑ 交涉的交易成本為0，或極微小到可忽略

依上述假設，被害者、加害者究竟何者有權利，該關係明確，同時當事人雙方的交涉順利並達成協議。

③根據圖形說明

以圖表29-1為前提加以思考。

@ 當工廠（汙染者）有權利的情況

由於每生產1單位，居民將承受t日圓的邊際外部成本，所以給予工廠補償金以獲得減少生產之利。若減少1單位生產量的話，居民將減少t日圓的邊際外部成本，因此付給工廠t日圓作為補償金。

如此一來，當工廠每減少1單位生產量，居民即給予t日圓補償金的話，此與政府的補貼在實質上是相同的，因此工廠每增加1單位生產將損失t日圓的補貼，所失去的補償金為機會成本，作為企業所負擔之邊際成本的PMC將上升t日圓，與SMC相同。此結果，將使企業的供給曲線向上方位移，而與SMC相同，經濟狀況在E'點呈現均衡，達到最適資源分配。

補 充

此處，當公害這樣的外部不經濟發生時，考慮無論汙染者、被害者之何者負擔補償金，均可藉由交涉達到最適資源分配之情況。

理 由

若是未能決定交涉當事人之何者有權利、可獲得補償金的話，交涉將難以進行之故。

理 由

即使可得到適當的交涉結果，若是交涉者本身要付出龐大成本的話，不交涉反而更好，可能會導致這樣的結論。

Chapte
29
外部效果

圖表29-1（同前圖）　外部不經濟

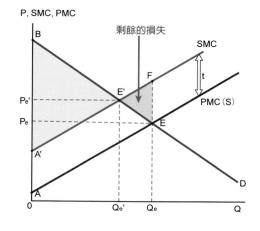

315

ⓑ當居民（受害者）有權利的情況

因爲工廠每生產1單位，將使居民徒增t日圓的邊際外部成本，侵害到居民的權利，所以生產方面須取得居民的允許。由於每生產1單位，居民將承受t日圓的邊際外部成本，所以企業每製造1個產品時，若不給予t日圓補償金的話，將不被允許生產。

因此，企業每製造1個產品時，要支付t日圓的補償金，因而作為企業所負擔之邊際成本的PMC將上升t日圓，變得與SMC相同。此結果，將使企業的供給曲線向上方位移，而與SMC相同，經濟狀況在E'點呈現均衡。如此一來，將達到最適資源分配。

④意義

如上所述，高斯指出，若滿足一定的前提下，即使政府不干預，也可憑藉當事人之間的交涉，達到最適資源分配。

然而，在公害的情況下，似乎無法滿足高斯定理的假設。

理　由

爲何如此，乃因權利關係基於汙染者付費的原則確立，所以居民顯然有權利，惟在公害的情況下，被害者大多要花費時間進行交涉，所以將無法滿足假設②之「交涉的交易成本爲0，或極微小到可忽略」。

✚　補　充

①權利關係（補償金由誰支付，由誰接受）明確，②在交易成本為0的前提下，無論加害者、被害者何者有權利，均可藉由主動的交涉達到最適資源分配之生產量。

 Point!

根據高斯定理，藉由主動的交涉，使最適資源分配，亦即「畜牧業者的利益–農家的損失」成為極大。

【問題29-2】

農場與牧場相鄰，畜牧業者在牧場內飼養牛，由於沒設圍籬，隨著牛的數量增加，農場的穀物遭到破壞，以致農家承受損失。牛的數量與因而連帶農家承受的損失金額如下表所示。在此情況下，畜牧業者與農家之間，對於牛的數量與對農家的補償進行主動的交涉，隨著兩者的意見漸趨一致，達到高斯定理所呈現的均衡狀態時，對於牛的數量適當的為何者?此處假設交易成本為0。

牛的數量	畜牧業者的收入金額	農家的損失金額
20頭	600萬日圓	0萬日圓
21頭	660萬日圓	20萬日圓
22頭	720萬日圓	60萬日圓
23頭	760萬日圓	120萬日圓
24頭	800萬日圓	200萬日圓

1. 20頭
2. 21頭
3. 22頭
4. 23頭
5. 24頭

（東京都廳Ⅰ類）

在計算上必要的知識

· 高斯定理

原則18 根據高斯定理決定生產量

高斯定理乃藉由加害者與被害者的交涉，在決定生產量的同時達到最適資源分配，亦即決定兩者的利益加總極大時的生產量。

戰　略

根據原則18，首先將題目中的表格中，畜牧業者的利益與農家的損失相減，計算出兩者利益的總和，以求出該利益極大所在生產量(數量)。

依下表，因為22頭時兩者的利益總和極大，所以在22頭達到均衡。

牛的數量	畜牧業者的收入金額A	農家的損失金額B	兩者的利益總和（A－B）
20頭	600萬日圓　－	0萬日圓　＝	600萬日圓
21頭	660萬日圓　－	20萬日圓　＝	640萬日圓
22頭	720萬日圓　－	60萬日圓　＝	660萬日圓　←極大
23頭	760萬日圓　－	120萬日圓　＝	640萬日圓
24頭	800萬日圓　－	200萬日圓　＝	600萬日圓

正確解答　3

4.　解決外部不經濟的其他對策

【1】合併對策

　　此次考慮某企業（A公司）每生產1個產品，將對其他企業（B公司）造成t日圓的外部不經濟之例子。

　　此時，隨著對A公司課徵邊際外部成本t日圓的皮古稅，A公司考量外部不經濟亦為成本而決定生產量，因而達到最適資源分配。

　　然而，此時即使政府不干預，可知A公司與B公司若合併成為1間公司，亦可達到最適資源分配。

> **復習**
>
> 也就是邊際外部成本為t日圓。

> **理　由**
>
> 　　A公司與B公司合併，假設為同一公司的A工廠與B工廠。此時，從A工廠給予B工廠t日圓，即非外部不經濟，而是公司內部成本增加，所以私人邊際成本的增加，與皮古稅具有同樣效果。

Part 7
市場失靈

【問題29-3】

閱讀以下的文章,回答下面的提問。

假設A企業的生產活動將造成B企業的外部不經濟。A企業生產x財貨、B企業生產y財貨,各自的成本函數被給定如下。

A企業：$C_a = x^2$　（C_a：A企業的總成本,x：A企業的生產量）

B企業：$C_b = y^2 + x^2$　（C_b：B企業的總成本,y：B企業的生產量）

x財貨與y財貨的價格乃由競爭市場所決定,分別為20與40恆為固定。

（提問1）

若企業間未交涉的話,兩企業的最適生產量分別為何種水準?請選出最適當的組合。

a	x=5	y=20
b	x=10	y=5
c	x=10	y=20
d	x=20	y=10

（提問2）

若兩企業交涉,假設達到雙方利益總和極大。假設此時未花費任何交涉相關成本,則兩企業的最適生產量分別為何種水準?請選出最適當的組合。

a	x=5	y=20
b	x=10	y=5
c	x=10	y=20
d	x=20	y=10

（提問3）

兩企業交涉後,假設未花費任何交涉相關成本,則最不適當的利益分配組合為何者?

a	A企業的稅益=95	B企業的稅益=355
b	A企業的稅益=105	B企業的稅益=345
c	A企業的稅益=115	B企業的稅益=335
d	A企業的稅益=125	B企業的稅益=325

（中小企業顧問）

・外部不經濟的2企業模型

本題中B企業的總成本函數　$C_b=$　　y^2　　$+$　　x^2

↑　　　　　↑
B的生產量　　A的生產量

因此B的總成本並非只有B的生產量，A的生產量一旦增加也將隨之增加。此即A企業的生產量增加對B企業造成負面影響，可以想成外部不經濟。

此時，可知藉由A企業與B企業的合併，可達到最適資源分配。爲何如此，乃因A與B合併的話，A對B造成的外部不經濟（邊際外部成本）將可視爲本身的成本，所以PMC與SMC趨於一致。這樣的解法方法稱爲合併對策，本題雖未合併，但雙方利益總和極大的意思與合併對策在本質上是相同的。

（具體實例）

作爲企業之間外部不經濟的例子，如新幹線通過所造成的些微振動，對於半導體製造帶來負面影響，導致不良率提高的例子。順道一提，在此例中，可在鐵道與半導體工廠之間設置管道，以管道阻隔些微的振動應可解決。

・交涉達成協議的條件

爲了使交涉達成協議，所有參與交涉的當事人之利益，有必要與交涉前相比至少相同或是增加。爲何如此，乃因就算只有1個人利益減少，則其他人也無法達成協議之故。

原則19 交涉達成協議的條件

　藉由交涉任何人的利益都不會減少，乃全體達成協議的必要條件。

・利潤極大所在生產量的計算　→ 原則6

戰　略

利用原則6 解決（提問1）（提問2），利用原則19 解決（提問3）。

Step 1 交涉前的最適生產量 ➡ 提問1　　　　Step 2 交涉後的最適生產量 ➡ 提問2

↓　　　　　　　　　　　　　　　　　↓
利益　　　　　　　　　　　　　　　　利益

Step 3 交涉達成協議的條件 ➡ 提問3

Step 1 交涉前的最適生產量

A企業的利益（π_A）$=P_x x - C_a$

$$= \boxed{20x - x^2}$$

A企業爲追求π_A極大而決定x，將決定$\dfrac{d\pi_A}{dx}$=0所在x。

$$\frac{d\pi_A}{dx} = 20 - 2x^{2-1} = 20 - 2x = 0$$

$$\boxed{x=10}$$

B企業的利益（π_B）$=P_y y - C_b$

$$= 40y - (x^2 + y^2)$$

$$= \boxed{40y - x^2 - y^2}$$

假設B企業認爲A企業將維持現有的生產量x不變，因而決定追求π_B極大化的話，

決定$\dfrac{\partial \pi_B}{\partial y}$=0所在y

$$\frac{\partial \pi_B}{\partial y} = 40 - 2y^{2-1}$$

$$= 40 - 2y = 0$$

$$\boxed{y = 20}$$

如此一來，x=10，y=20

提問1的正確解答　　c

交涉前的利益爲

$\pi_A = 20x - x^2 = 20 \times 10 - 10^2 = \boxed{100}$

$\pi_B = 40y - x^2 - y^2$

$\qquad = 40 \times 20 - 10^2 - 20^2 = \boxed{300}$

Step 2 交涉後的最適生產量

A企業與B企業的利益總和（π_{A+B}）

$$= 20x - x^2 + 40y - x^2 - y^2$$

$$= 20x - 2x^2 + 40y - y^2 \cdots\cdots ①$$

A企業決定將追求π_{A+B}極大，並假設y已決定且爲固定，將①以x偏微分，

決定$\dfrac{\partial \pi_{A+B}}{\partial x}$ = 0所在x。

$$\frac{\partial \pi_{A+B}}{\partial x} = 20 - 2 \times 2x^{2-1} = 20 - 4x = 0$$

$$\boxed{x=5}$$

B企業也追求π_{A+B}極大而決定y，並假設x已決定且爲固定，將①以y偏微分，

決定$\dfrac{\partial \pi_{A+B}}{\partial y}$ = 0所在y。

$$\frac{\partial \pi_{A+B}}{\partial y} = 40 - 2y^{2-1} = 40 - 2y = 0$$

$$\boxed{y=20}$$

如此一來，x=5，y=20

提問2的正確解答　　a

交涉後A與B的利益總和爲

$\pi_{A+B} = 20x - 2x^2 + 40y - y^2$

$\qquad = 20 \times 5 - 2 \times 5^2 = +40 \times 20 - 20^2$

$\qquad = \boxed{450}$

Step 3 交涉達成協議的條件

將π_{A+B}=450分給A與B時，根據原則19

$\qquad \pi_A \geqq 100 \quad \cdots\cdots ②$

$\qquad \pi_B \geqq 300 \quad \cdots\cdots ③$

　　若非以上情況，A、B的任一方之利益將較交涉前還少，因而無法達成協議。滿足②、③條件的爲b、c、d，只有a爲π_A=95，由於比交涉前的π_A=100還少，表示A將不會同意a提案，所以乃最不適當的選項。

提問3的正確解答　　a

Chapter
29

外部效果

【2】消除外部不經濟的方法

以上所說的皮古稅、高斯定理、合併對策等，完全是以X財貨的邊際外部成本t日圓為前提時的最適資源分配。然而，為了降低原本t日圓的邊際外部成本，推動技術開發也相當重要。公害防止技術的外部經濟（不經過市場，而給予其他經濟主體正面的影響）效果甚大，作為政府，有必要對其推動提供相關協助。

5. 地球暖化問題

【1】何謂地球暖化問題

所謂地球暖化問題，乃指二氧化碳為首的溫室效應氣體過量排放、累積，而造成大氣中的溫室氣體濃度上升，其結果將導致整個地球的平均氣溫升高、海平面也上升、低矮區域遭水淹沒，以及氣候變動連帶生態系的改變，以致對人類生活環境帶來負面影響的問題稱之。

大量排出二氧化碳為首的溫室效應氣體之國家，亦即造成外部不經濟的國家（中國、美國、印度、俄羅斯、日本、歐洲各國等），由於與受暖化影響甚大的國家（已遭水淹沒的島國等）有所不同，所以經濟活動對第三者造成的負面影響可被視為外部不經濟。

作為此地球暖化問題的對策，有國際上決議減排溫室效應氣體的京都議定書。在京都議定書中，每個國家都訂出相對於1990年溫室效應氣體排放量的減排量。

圖表29-2　各國CO_2排放量（2007年）

	排放量 （千公噸碳）	每1人 排放量 （公噸碳）
中國	1,783,029　21%	1.35
美國	1,591,765　19%	5.2
印度	439,695　5%	0.39
俄羅斯	419,241　5%	2.95
日本	**342,117　4%**	**2.71**
德國	214,872　3%	2.61
加拿大	151,988　2%	4.61
英國	147,155　2%	2.41
韓國	137,257　2%	2.82
伊朗	135,257　2%	1.88
其他**	3,002,624　36%	
全世界	8,365,000 100%	1.25

＊　　　　：不參與京都議定書CO_2減排義務條款的國家

＊＊「其他」中有紐西蘭、歐洲各國等減排義務條款參與國，以及不參與的發展中國家與澳洲。

出處：筆者依The Carbon Dioxide Information Analysis Center的資料來源製表

▶▶▶ 徹底解說 ◀◀◀

英國、法國、德國等國為8%，美國為7%，日本為6%等。此乃針對地球暖化問題，首度訂定全球規模化具體的溫室效應氣體排放量減排目標，有此層面的意義。然而，此京都議定書中，全球最大排放國的中國，以及包括第3大排放國印度在內的發展中國家並未參與，而全球第2大排放國的美國也中途退出。此外，也存在未達到排放量管制亦未明訂罰則的問題。

【2】鮑莫爾—奧茲稅

（皮古稅的問題所在）

　　由於地球暖化亦為外部不經濟，所以理論上，藉由課徵皮古稅可達到最適資源分配。

　　然而，現實中，並未採用皮古稅。在圖表29-1中，皮古稅乃課徵邊際外部成本（每增加1單位生產量時，外部不經濟的增加差額），惟實際上，政府並無法掌握邊際外部成本的金額。也就是說，如果資訊完整的話，如圖表29-1所示，可清楚地知道私人邊際成本曲線（PMC）、社會邊際成本曲線（SMC），但現實中，政府要掌握SMC相當困難。

　　因此，鮑莫爾與奧茲放棄了以達到最適資源分配的課稅方式，而設定以一定的排放量之縮減作為政策目標。此排放量縮減並不能保證是最適資源分配的減排量，但在不瞭解最適資源分配的狀態下，也是不得已的作法，為其抱持的立場。其後，提出鮑莫爾—奧茲稅，即為了達到一定的排放量縮減，對每1單位排放量課徵固定金額（t日圓）的稅。

　　因此，鮑莫爾—奧茲稅可定義為，為了以成本極小化、有效率的方式，達到一定排放量的縮減目標，而以每1單位排放量為基準，課徵固定金額（t日圓）的方法。

　　接著，將與強制各個經濟主體一律縮減排放量的情況加以比較，說明鮑莫爾—奧茲稅為何成本極小。

圖表29-1　外部不經濟（同前圖）

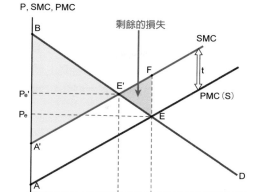

補　充

　　像這樣，放棄最適資源分配的最佳解決對策，雖非最好，但被認為是其次好的解決對策，稱為次善對策，或稱為次佳（second best）。

在社會上，存在縮減排放量的邊際成本高之經濟主體，以及縮減排放量的邊際成本低之經濟主體。如果各經濟主體一律強制縮減排放量的話，將必須使縮減排放量的邊際成本高之經濟主體，以及縮減排放量的邊際成本低之經濟主體一體適用排放量的縮減。

然而，每1單位排放量課徵t日圓的鮑莫爾＝奧茲稅時，縮減排放量的邊際成本高於稅額t日圓的各經濟主體，將不會縮減排放量而支付t日圓的稅。另一方面，對縮減排放量的邊際成本低於稅額t日圓之各經濟主體來說，與其維持排放而支付t日圓的稅，倒不如花費邊際成本以縮減1單位排放量的負擔較少，所以將縮減排放量。由上所述，只有縮減排放量的邊際成本比稅額還低的經濟主體會進行縮減，因此可達到低成本縮減排放量的目的。

【3】排放權交易

所謂排放權交易，乃是以排放量管制為前提，根據排放量管制值，當排放量較少時，該剩餘量可以在市場上買賣的制度。京都議定書中已採用。此外，此排放權交易市場並非如京都議定書那樣僅限於國家之間，即使在美國與英國的國內企業之間，亦可進行排放權的交易。

此排放權交易制度亦與鮑莫爾—奧茲稅相同，只有縮減排放量的邊際成本比排放權價格還低的經濟主體會進行縮減，因此可達到低成本縮減排放量。

舉　例

當稅額t=30日圓時，假設A企業為了縮減1單位排放量，將增加40日圓成本（邊際成本為40日圓）。此時，A企業與其花費40日圓來縮減排放量，不如支付30日圓的稅額，反而有10日圓的利得。因此，將選擇支付稅額。

舉　例

當稅額t=30日圓時，假設B企業為了縮減1單位排放量，將增加15日圓成本（邊際成本為15日圓）。此時，B企業與其支付30日圓的稅額，不如花費15日圓來縮減排放量，反而有15日圓的利得。因此，將選擇縮減排放量。

舉　例

京都議定書中，雖然日本的縮減目標為6%，惟應無法達成該目標，所以處於必須向其他國家購買大量排放權的狀況。

▶▶ 徹底解說 ◀◀

假設1單位的排放量，其排放權價格為P日圓。縮減排放量的邊際成本高於排放權價格P日圓的各經濟主體，將不實施排放量縮減，而是以P日圓購買排放權。另一方面，即使達到本身的排放量縮減目標，而縮減排放量的邊際成本低於P日圓的各經濟主體，將花費比P日圓還低的邊際成本，進一步縮減1單位的排放量，以釋出排放權，並將該權利以P日圓的價格出售。

6. 外部經濟

【1】何謂外部經濟？

所謂外部經濟，乃指對於交易當事人以外的第三者，給予利益稱之。

【2】假設

①完全競爭市場

②市場的需求曲線爲向右下方傾斜

③市場的供給曲線爲向右上方傾斜

④每追加1單位X財貨所帶來的外部經濟固定爲t日圓。

【3】市場失靈

由於企業乃考量本身的邊際成本（PMC）而決定供給量，所以PMC構成市場的供給曲線（S）。然後，經濟狀況將在需求曲線（D）與供給曲線的交點E（Q_e, P_e）達到均衡狀態。

依假設④，由於邊際外部利益可得到t日圓，所以整體社會所得到的邊際外部利益有t日圓的利益，當求出社會的邊際成本（SMC）時，可以將該差額減去。如此一來，社會的邊際成本（SMC）比作爲企業所負擔的私人邊際成本（PMC）之供給曲線（S）還要低t日圓。

當在市場均衡的生產量Q_e時，總剩餘將成爲A'FEB。

然而，總剩餘極大時的生產量，乃社會邊際成本曲線（SMC）與需求曲線（D）之交點E'點所在生產量Q_e'，此時總剩餘爲A'E'B。如此一來，任憑市場運作將引起外部經濟的發生，導致產能短缺，而造成剩餘的損失△EFE'，連帶總剩餘未達極大，而無法實現最適資源分配。

補 充

此處考慮導致市場失靈之技術上的（非金錢上的）外部經濟。

舉 例

像是當進行植林時，兼具治水效果，將有助位於森林山麓的村莊免於洪水，還有附近住宅的美麗花朵也可供其他住戶觀賞這樣的例子，即屬於外部經濟。

用 語

稱爲邊際外部利益。

圖表29-3　外部經濟

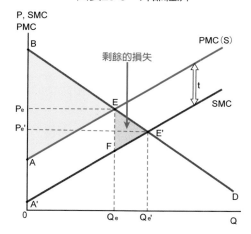

理 由

因爲所謂總剩餘乃整體社會的利益，所以計算總剩餘時，不只考量企業所負擔的私人邊際成本（PMC），也有必要將考慮邊際外部利益的社會邊際成本（SMC）列入考量。

【4】達到最適資源分配的方法

當發生外部經濟時，作爲達到最適資源分配的對策，一般將會給予補貼。

① 補貼

對於導致外部經濟的原因之X財貨，有每增加1單位生產量給予t日圓補貼的方法。藉由此給予補貼的方式，企業每生產1個產品時將獲得t日圓的補貼，所以企業所負擔的邊際成本PMC下移t日圓，變得與SMC相同。

此結果使企業的供給曲線向下方位移，而與SMC相同，經濟狀況在E'點呈現均衡。如此一來，將達到最適資源分配。

此次因對帶來外部經濟的企業給予補貼，所以認爲不公平的可能性較小，應該容易令人接受。

② 高斯定理

根據高斯定理，

ⓐ權利關係明確

ⓑ交涉的交易成本爲0，或極微小到可忽略

滿足上述條件的情況下，外部經濟的施予方與接受方之間，可藉由主動的交涉達到最適資源分配。

> **復　習**
>
> 所謂高斯定理，乃指滿足特定的假設下，當外部效果發生時，外部效果的施予方與接受方之經濟主體，無論何者負擔成本，均可藉由交涉達到最適資源分配之定理。

> **舉　例**
>
> 假設A公司給予B員每1個生產量10日圓的外部經濟（邊際外部利益爲10日圓）。此時，因爲B員獲得A公司每1個生產量10日圓的利益，所以就1個而言，願意付出最多10日圓，以促使A公司增加生產量。這對A公司來說，與政府給予邊際外部利益t日圓的補貼，具有相同的效果。

Chapter 30

公共財
─為何政府有其必要！？

Point

1 所謂公共財，乃指具有①消費的非排他性，②消費的非競爭性之特性的財貨。

2 私有財的需求曲線，橫軸表示在某價格的需求量，縱軸表示財貨的邊際評價。另一方面，公共財的需求曲線，橫軸並非表示在某價格的需求量，只有縱軸表示財貨的邊際評價。

3 私有財的市場需求曲線，可由個別家計單位的需求曲線橫向加總而求出【水平加總】。公共財的市場需求曲線，可由個別家計單位的需求曲線縱向加總而求出【垂直加總】。

4 在市場供給曲線與市場需求曲線（社會邊際評價曲線）之交點的數量時，公共財的總剩餘極大。此可用各家計單位的邊際評價加總＝邊際成本來表示【薩繆爾森（P. Samuelson）的公共財最適供給條件】。

5 公共財藉由消費的非排他性之特性，將發生免費乘車（free-riding）的現象。此結果導致任憑市場運作也無法達到最適資源分配【市場失靈】。

難易度　B

出題可能性

*國家Ⅱ種　B
*國稅專門官　A
*地方上級、市政廳
　、特別區　A
*國家Ⅰ種　A
中小企業顧問　B
證券分析師　B
註冊會計師　A
政府辦公室等記錄　A
不動產估價師　A
外務專門職務　A

*在財政學中也會出題。

　　與私有財比較的同時，逐漸瞭解公共財的特徵與需求曲線，進而有更深一層的理解。

1. 何謂公共財？

【1】定義

所謂公共財，乃指具有①消費的非排他性，②消費的非競爭性之特性的財貨稱之。具體例子有司法、國防、警察等。

①消費的非排他性

無法排除特定人使用此財貨，或是排除需要花費相當高的成本。

②消費的非競爭性

即使某人在消費的同時，其他人也可消費。由於多人可同時消費，亦稱為共享性。此外，因為多人可同樣地使用，亦稱為等量消費。

【2】與私有財（民間財）的比較

所謂私有財（民間財），乃指具有①消費的排他性，②消費的競爭性之特性的財貨稱之。

①消費的排他性

可以排除特定人使用此財貨。

②消費的競爭性

一旦某人在消費的話，其他人無法同時也消費。

具有以上2個特性的私有財，由於消費有競爭性，所以假設擁有者可以排除其他人使用。此外，私有財因為有排他性，實際上將排除非擁有者的使用。因此，想要消費的話，不得不自己購買。想要的人，透過市場交易，將想要的部分，以本身的金錢支付以取得需求。

舉 例

當受到導彈攻擊時，國防將保護有負擔費用的家，但無法細分隔壁的家未負擔費用便不保護。保護時乃是附近周遭均加以保護。「只要未支付費用的人就不加以防衛」，在國防上無法像這樣予以排除。

舉 例

國防乃是附周遭的所有人都保護到，所以當保護A員時，B員亦同時得到保護。

此外，在一般道路上，某人正在消費（走路）時，只要未有擁擠混亂的情況發生，其他人亦可同時使用（走路）。

舉 例

筆與記事本等私有財，要排除其他人使用相當容易。到目前為止，都是默認以私有財為前提。

舉 例

當某人在消費（使用）筆與記事本時，其他人便無法使用。

補 充

此外，欲購買第20個的人，若商品不跌價到50日圓，就不購買。此不外乎考量商品只有50日圓的價格。如此一來，第20個商品的單價（邊際評價）為50日圓。

2. 整體市場的供給曲線

此與私有財並無不同。公共財與私有財的差別，在於消費亦即需求端，供給側並無差異。供給曲線乃依個別企業的邊際成本曲線的形狀而決定。供給曲線由於是根據成本結構所決定，取決於該財貨的種類，所以無論作為私有財使用，或是作為公共財使用都無關緊要。如此一來，假設公共財也和私有財時相同，一般為向右上方傾斜的供給曲線。

3. 整體市場的需求曲線

【1】個別的需求曲線 —— 依可排他或不可排他而有所差異！

需求曲線在公共財與私有財（民間財）上的相異之處。

①私有財的個別需求曲線

就私有財而言，當願意購買的價格出現時，若不購買的話將無法使用，所以有需求者將會購買。如此一來，所謂需求曲線，乃表示在某價格時所需求的量。就圖表30-1來說，表示當價格為100日圓時，有10個需求，當跌價至50日圓時，則有20個需求。

同時，需求曲線表示追加1個生產將有多少價值（此稱為對商品的邊際評價）。例如，在圖表30-1中，在100日圓有10個需求。需要第10個的人，當100日圓時購買。此乃因為此人認為該商品具有100日圓的價值。如此一來，

—— 舉 例 ——

無論一般道路（公共財），還是私人停車場（私有財），同樣都是柏油路，因此供給曲線相同（共通）。

圖表30-1　私有財的個別需求曲線①

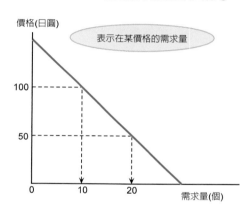

圖表30-2　私有財的個別需求曲線②

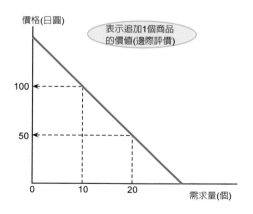

第10個商品的單價（邊際評價）為100日圓。

②公共財的個別需求曲線

相對於此，因為公共財為不可排他，所以**即使本身不付出對價購買，也可使用其他人購買的財貨滿足需求**。如此一來，需求者即使對某價格所在的量有需求，由於實際上可免費乘車（無償使用），所以也不再需要該認為有需求的量。也就是說，藉由購買行為，無法表明本身真正的需求。

因此，免費乘車（無償使用）將使購買量比實際有所需求的量還要少很多。此即「不表明真正需求，要求過少」等表現方式。如此一來，一般說到公共財的需求曲線時，表示在某價格對該數量的需求（＝有需要的量）之關係，但實際上並非表示購買（＝需要）的量（圖表30-3）。

然而，若是無法免費乘車（無償使用）的話，表示在某價格對該數量的需求（＝有需要的量）之關係的公共財需求曲線，即為公共財的邊際評價。也就是說，一般（私有財）中，所謂需求曲線，乃指價格與（表示想要消費同時也實際上購買的）需求曲線的關係，但**在公共財，並非表示價格與（實際上購買量的）需求量之關係**，而是表示價格與（若無法無償使用的話，想要消費時的）需求量之關係。

因此，公共財的需求曲線「若有排他性，而無法免費乘車（無償使用）的話，將表示實際上需求的量與價格之關係」，請以此方式思考。

圖表30-3　公共財的個別需求曲線①

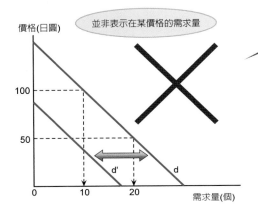

圖表30-4　公共財的個別需求曲線②

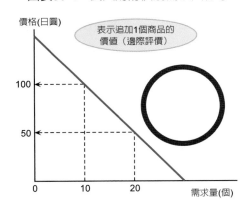

舉 例

　　將圖表30-5中的D_{a+b}以別的判讀方式，可想成用100日圓出售15個商品，當對第15個商品有需求的人，願意支付100日圓，即認為其具有100日圓的價值，如此一來，可解讀為第15個商品的邊際評價（商品的價值）為100日圓。同樣地，第35個商品的邊際評價為50日圓。此商品價值乃實際上購買當事人所支付的價值。

【2】整體市場的需求曲線
—消費是否競爭將有所差異！

　　此處為求議題單純化，假設在社會上只有A、B兩個需求者，進而推導出整體市場的需求曲線。

①私有財的整體市場需求曲線【圖表30-5】

　　當價格為100日圓時，A員想要10個、B員想要5個，A、B為了需求而必須各自購買，所以整體市場的需求量為10個＋5個=15個。像這樣，在某價格下A的需求量與B的需求量加總之後所得到的量，即為整體市場的需求量。

　　此外，在私有財中，由於消費為競爭的，所以只有購買的人才可使用。如此一來，私有財的社會價值，因為只有購買的人使用，所以乃購買者所認定的價值。

圖表30-5 私有財的市場需求曲線

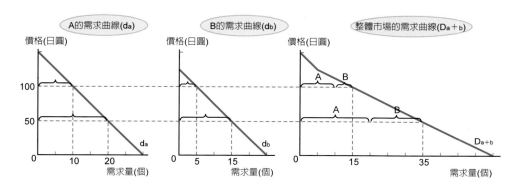

當價格為100日圓時，➡整體市場的需求量＝A的需求量10個＋B的需求量5個=15個
當價格為50日圓時，➡整體市場的需求量＝A的需求量20個＋B的需求量15個=35個

②公共財的整體市場需求曲線【圖表30-6】

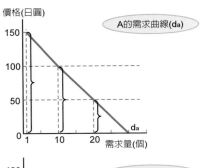

公共財個別的需求曲線，並非表示實際上的需求量。若排除使用，無法免費乘車（無償使用）的話，公共財的需求量將是相當於需求的量。然而，此需求曲線（的高）乃表示公共財的邊際評價。也就是說，公共財的個別需求曲線（的高），表示各需求者對公共財的邊際評價。

由於公共財無需消費競爭（消費的非競爭性），所以A與B可同時使用，亦可同時獲得利益。因此，新追加生產之公共財，其在整體社會的價格（社會邊際評價）為A的邊際評價與B的邊際評價加總而得。

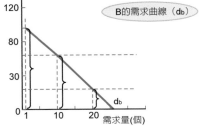

在某數量的邊際評價，可將其縱向加總而得，表示「個別需求曲線之垂直加總即整體市場的需求曲線」。

因為所謂垂直乃指縱向，所以垂直加總即縱向加總的意思。

例如，對於最初的第1個，由d_a可知，A有150日圓的邊際評價，由d_b可知，B有120日圓的邊際評價。由於單一公共財可供A、B同時消費，所以社會邊際評價乃將A 的邊際評價150日圓與B的邊際評價120日圓相加，而成270日圓。此外，在第10個時的社會邊際評價，乃是將A的邊際評價100日圓與B的邊際評價80日圓加總，而成為180日圓。

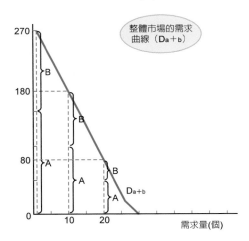

如此一來，表示社會邊際評價的需求曲線（D_{a+b}）如圖表30-6的下圖所示。

4. 最適供給量

整體市場的需求曲線，無論私有財與公共財，都表示社會邊際評價。此外，在完全競爭市場的話，供給曲線不外乎是該財貨生產所必要的邊際成本，而整體市場的供給曲線，由於是各企業的邊際成本曲線加總而得，所以不外乎是藉由該財貨的生產，以致整體市場所負擔的邊際成本。

如此一來，表示社會的利益（總剩餘）極大的最適供給量，即需求曲線與供給曲線之交點的供給量（圖表30-7、圖表30-8的Q_e）。為何如此，乃因生產量$Q<Q_e$的話，需求曲線將在供給線的上方，社會邊際評價將較邊際成本還高，以致社會的利益（總剩餘）將隨著追加生產1單位該財貨而增加。相反地，當生產量$Q>Q_e$的話，隨著生產1單位該財貨，需求曲線將在供給曲線的下方，相較於社會邊際評價，因為邊際成本較大，所以將發生社會的損失，導致總剩餘減少之故。

此點無論在私有財市場與公共財市場都相同（然而，如前一節3的【2】中所見，整體市場的需求曲線推導方法各不相同）。

此外，在公共財的情況下，市場需求曲線表示整體市場的邊際評價，乃各個家計單位的邊際評價縱向加總而得（總和）。如此一來，總剩餘極大，亦即最適資源分配所在數量，乃市場需求曲線與市場供給曲線的交點E（圖表30-

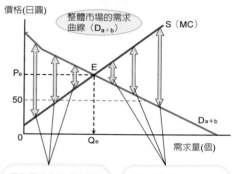

圖表30-7　私有財的最適供給量

因為需求曲線（社會邊際評價＝在社會上該商品1個的價值）比邊際成本還高，所以該差額（箭頭的部分）為增加1單位生產量時，社會的利益（總剩餘）的增加差額。

因為邊際成本比需求曲線（社會邊際評價＝在社會上該商品1個的價值）還高，所以該差額（箭頭的部分）為增加1單位生產量時，社會的利益（總剩餘）的減少差額。

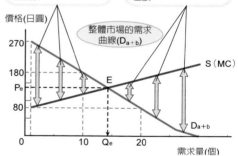

圖表30-8　公共財的最適供給量

8），此時，各個家計單位的邊際評價之總和與邊際成本相等。此「各個家計單位的邊際評價加總＝邊際成本」稱為薩繆爾森的公共財最適供給條件。

〈薩繆爾森的公共財最適供給條件〉
各家計單位的邊際評價加總＝邊際成本

接下來，試著解答求公共財的最適供給量之計算題。

【問題30-1】

某經濟由個人A與個人B所構成，對公共財X的需求曲線（邊際評價曲線）如下所示。

個人A：$X_A = \dfrac{10}{3} - 2P_A$

個人B：$X_B = \dfrac{5}{2} - 3P_B$

X_A：個人A的X財貨需求量

P_B：個人A對X財貨的邊際評價

X_A：個人B的X財貨需求量

P_B：個人B對X財貨的邊際評價

此外，此公共財的邊際成本如下所示。

$MC = \dfrac{1}{3} + \dfrac{1}{4} Xs$

MC：邊際成本，Xs：X財貨的供給量

此時，柏拉圖最適境界的公共財供給量為多少？從下列的1至5中，選出正確的選項。

1. 1
2. 2
3. 3
4. 4
5. 5

（國家公務員Ⅰ種）

Part
7

市場失靈

原則20 公共財的最適供給量

(1) 個別家計單位的需求曲線

A家計單位的需求曲線D_A：$P_A = a - bX_A$

（P_A：A的邊際評價，X_A：A的需求量，a, b為正常數）

B家計單位的需求曲線D_B：$P_B = c - dX_B$

（P_B：B的邊際評價，X_B：B的需求量，c, d為正常數）

此時，個別的需求曲線縱向加總，以求出市場需求曲線D。

D_{A+B}：$P = P_A + P_B = (a - bX_A) + (c - dX_B)$ ……①

此處，公共財A、B可同時等量消費，所以$X_A = X_B$，將其以x代入的話，

D_{A+B}：$P = (a - bX_A) + (c - dX_B)$

$P = (a - bx) + (c - dx)$

$P = a + c - (b + d) x$

(2)市場需求曲線與市場供給曲線（MC）的交點為最適供給量

陷阱

①公共財的市場需求曲線乃個別家計單位的需求曲線縱向加總而得（垂直加總）。所謂縱向加總，由於縱軸為價格，所以市場需求曲線的價格（P）＝A家計單位需求曲線的價格（P_A）＋B家計單位需求曲線的價格（P_B），如原則20（1）所示。

請注意，如果此以市場需求曲線的數量（X）＝A家計單位需求曲線的數量（X_A）＋B家計單位需求曲線的數量（X_B）計算的話，因為數量乃需求曲線圖形中的橫軸，所以將個別家計單位的需求曲線橫向加總，即成為私有財的例子（圖表30-5）。

戰　略

在本題中運用原則20計算。

A的需求曲線D_A為$P_A = \dfrac{5}{3} - \dfrac{1}{2} X_A$ ……①

B的需求曲線D_B為$P_B = \dfrac{5}{6} - \dfrac{1}{3} X_B$ ……②

此處因公共財可供所有人同時消費，所以將$X_A = X_B = X_S$設為x，而市場需求曲線D_{A+B}乃將①、②縱向加總，將此以圖表示的話，如下圖的ABC所示。

$0 \leq x \leq \dfrac{5}{2}$ 為止乃D_A與D_B縱向加總，而$\dfrac{5}{2} \leq x$則是維持D_A不變。

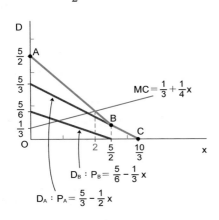

$MC = \dfrac{1}{3} + \dfrac{1}{4} x$

$D_B : P_B = \dfrac{5}{6} - \dfrac{1}{3} x$

$D_A : P_A = \dfrac{5}{3} - \dfrac{1}{2} x$

Point!

若是維持X_A、X_B、X_S不變，由於未知數過多將無法求解，所以有必要令$X_A = X_B = X_S$ = x，使其成為相同符號。

補 充

ＭＣ與需求曲線ＡＢＣ在ＡＢ（$0 \leq x \leq \dfrac{5}{2}$）相交，或是在BC（$\dfrac{5}{2} \leq x$）相交，有必要依情況區分。

當$0 \leq x \leq \dfrac{5}{2}$時

$$P = P_A + P_B = \left[\dfrac{5}{3} - \dfrac{1}{2} x \right] + \left[\dfrac{5}{6} - \dfrac{1}{3} x \right]$$

$$= \dfrac{5}{3} + \dfrac{5}{6} - \dfrac{1}{2} x - \dfrac{1}{3} x$$

$$= \dfrac{15}{6} - \dfrac{5}{6} x$$

$$= \dfrac{5}{2} - \dfrac{5}{6} x$$

當$\dfrac{5}{2} \leq x$時

$$P = P_A = \dfrac{5}{3} - \dfrac{1}{2} x$$

另一方面，$MC = \dfrac{1}{3} + \dfrac{1}{4}x$

最適供給點為需求曲線與邊際成本曲線（供給曲線）的交點，由於在交點上需求曲線的高（P）與邊際成本曲線的高（MC）相等，

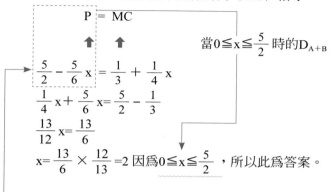

$$P = MC$$

當 $0 \leqq x \leqq \dfrac{5}{2}$ 時的 D_{A+B}

$$\dfrac{5}{2} - \dfrac{5}{6}x = \dfrac{1}{3} + \dfrac{1}{4}x$$

$$\dfrac{1}{4}x + \dfrac{5}{6}x = \dfrac{5}{2} - \dfrac{1}{3}$$

$$\dfrac{13}{12}x = \dfrac{13}{6}$$

$$x = \dfrac{13}{6} \times \dfrac{12}{13} = 2 \quad 因為 0 \leqq x \leqq \dfrac{5}{2}，所以此為答案。$$

正確解答　2

5. 市場均衡的效率性

【1】私有財市場

以私有財來說，若為完全競爭市場的話，市場乃需求曲線（D）與供給曲線（S）的交點E，生產量為圖表30-7的最適供給量（Q_e）。也就是說，若為完全競爭市場的話，任憑市場運作，將可達到最適供給量，亦即總剩餘極大而達到最適資源分配。

【2】公共財市場

在公共財的情況下，無法達到圖表30-8的最適供給量（Q_e）。為何如此，乃因公共財可免費乘車（無償使用），需求者對免費乘車（無償使用）抱持期待，所以反而不會要求真正想要的數量之故。大家都希望使用其他人的東西，連帶只有少量的需求，導致需求量相較最適供給量（Q_e）變得過少，如此一來，公共財相較於最適供給量（Q_e）只能處於供給過少的狀態，而無法達到最適資源分配，造成市場失靈。

6. 因應市場失靈的對策

即使任憑市場運作，公共財仍無法達到最適資源分配。因此，不放任市場運作，而是政府以Q_e的數量進行公家的供給，並採用租稅強制徵收的方法，回收該成本。然而，也有以下的問題點存在。

①政府未能掌握充分的資訊，不瞭解最適供給量。

②應該由獲得利益者負擔之受益者付費原則（Beneficiary-Pays Prinicple）無法適用。

▶▶ 徹底解說 ◀◀

的確，如果政府可以確實地掌握最適供給量（Q_e）的話，將透過公家供給達到最適資源分配。然而，若是政府未能確實掌握需求曲線（D）與供給曲線（S）的資訊，將無法以正確的Q_e供給公共財。公共財的需求者，由於可免費乘車（無償使用），所以並不會正確地表明實際想取得的數量。如此一來，政府要確實地掌握國民所需要的數量，被認為是相當困難的。如果政府未能掌握正確的Q_e，即使實施公家供給，亦無法達到最適資源分配。像這樣，透過政策干預仍無法達到最適資源分配的情況，稱為政府失靈。在公家供給的情況下，政府無法掌握確切的資訊，引發政府失靈，有其問題存在。

▶▶ 徹底解說 ◀◀

公共財的成本乃以租稅方式徵收，惟租稅普遍因應支付能力（所得）而負擔。也就是說，即使是大量使用該公共財的人，若是所得少的話稅金較少；反之，若是有錢人的話，就算未使用該公共財，仍須負擔高額稅金。亦即應該由獲得利益者負擔之受益者付費原則不成立。

7. 林達爾解法

由瑞典經濟學家林達爾（Lindahl）所提出，需求者將公共財的價值（邊際評價）確實地向政府申報，並依據該申報，政府供給最適供給量的公共財，也基於邊際評價決定必要的負擔【林達爾解法】。

然而，林達爾解法有需求者將邊際評價確實地向政府申報之前提，此前提不符合現實情況。

由於此交涉邊際評價愈高負擔愈多，所以現實中，有可能實際上邊際評價高，卻為了減輕負擔而申報較低的邊際評價，亦即「免費乘車（無償使用）」發生的可能性變大。如此一來，要表現出正確的需求曲線之可能性甚小。

8. 公共財的納許均衡

即使用林達爾均衡，仍無法解決免費乘車（無償使用）的問題。因此，將公共財的供給任憑市場運作的話，大家都認為無償使用其他人的財貨即可，而不購買公共財，導致公共財只能供給比預期的數量還少，或將有此疑慮。

這樣的狀況，也可用賽局理論的納許均衡加以解釋。此處考慮只有A、B兩人的經濟狀態，假設正在檢討是否應購買公共財。此公共財的價格為10萬日圓，只有1單位的話，A、B兩人都可同量消費，各得到7萬日圓的效用，若有2單位的話，則可得到其2倍的14萬日圓之效用。然而，當無公共財時效用為0。

▶▶ 徹底解說 ◀◀

因此，A、B的報酬可計算如下。

首先，2人皆需要且購買公共財的情況下，分別自2單位公共財獲得14萬日圓的效用，由於支付價格10萬日圓，故報酬為14−10=4萬日圓。而2人都不購買的情況下，無法得到需求以致效用為0，報酬亦為0。只有自己購買而對方無償取得需求的情況下，公共財為1單位故獲得7萬日圓的效用，因為支付價格10萬日圓，所以報酬為7−10=−3萬日圓。相反地，自己不購買而無償取得對方購買的公共財之需求的情況下，自1單位公共財獲得7萬日圓的效用，因本身未購買公共財故未有支出，所以報酬為7萬日圓。

由上所述，可做出A、B的報酬表如圖表30-9所示。

圖表30-9　公共財的納許均衡

(A的報酬，B的報酬)

		B	
		購買	不購買
A	購買	(4, 4)	(−3, 7)
	不購買	(7, −3)	(0, 0)

接著，試著從圖表30-9的報酬表中，求出納許均衡。

〈納許均衡的求法〉

流程① 首先，假設A採取「購買」。

此時，B的報酬在「購買」時為4，「不購買」為7 → B將採取「不購買」

流程② 當B採取「不購買」時，A會如何反應呢？

此時，A採取「購買」的話為–3，「不購買」的話為0 → A將採取「不購買」

（策略從「購買」有所變更）→如此一來，A在「購買」時並非納許均衡。

流程③ 接著，當A採取「不購買」時，是納許均衡嗎？

此時，B的報酬在「購買」時為–3，「不購買」時為0 → B將採取「不購買」

流程④ 當B為「不購買」時，A亦採取「不購買」（在流程②中已檢討過）

由上所述，B為「不購買」時A採取「不購買」、A為「不購買」時B採取「不購買」。亦即當（A為「不購買」，B為「不購買」）之策略組合時，對於對手的策略，雙方都採取了最適策略，而形成納許均衡。

然後，在圖表30-9中，A與B的報酬加總在A、B都購買的情況下，4＋4=8，在只有A購買的情況下為7–3=4，在只有B購買的情況下為–3＋7=4，在A、B都不購買的情況下為0＋0=0。

總言之，A、B都「不購買」的納許均衡，就A與B報酬加總所構成整體社會的報酬考量的話，並未達到極大。也就是說，任憑市場運作未達到最適資源分配，而導致市場失靈發生。

此外，圖表30-9的報酬表的例子，A、B兩者均為「不購買」形成支配性策略，而A、B兩者均為「不購買」的狀態雖呈現支配性策略均衡，但A與B的報酬加總並非極大，謂之囚徒困境。

圖表30-9 公共財的納許均衡（同前圖）

（A的報酬，B的報酬）

		B	
		購買	不購買
A	購買	(4, 4)	(−3, 7)
	不購買	(7, −3)	(0, 0)

Chapter 31

資訊的不對稱性

—在經濟學上如何看待懈怠……

Point

1 所謂逆向選擇（Adverse Selection），乃指在簽訂契約前由於雙方資訊的不對稱性，以致起初所期望的事物從市場上消失，而相反的事物卻在市場上流通的現象。

2 所謂道德風險（moral hazard），乃指簽約後資訊的不對稱性為其原因，變得過於疏忽、工作懈怠等，而導致資源的浪費。

在本章中，將學習有關作為完全競爭市場條件的資訊完整性崩壞，導致阻礙最適資源分配的達成，其具代表性實例的逆向選擇與道德風險。

難易度　A

出題可能性

國家Ⅱ種	B
國稅專門官	B
地方上級、市政廳、特別區	B
國家Ⅰ種	B
中小企業顧問	A
證券分析師	A
註冊會計師	C
政府辦公室等記錄	B
不動產估價師	A
外務專門職務	B

1. 逆向選擇

【1】何謂逆向選擇

　　所謂逆向選擇，乃指在簽訂契約前由於雙方資訊的不對稱性，以致起初所期望的事物從市場上消失，而相反的事物卻在市場上流通的現象稱之。

【2】中古車市場的逆向選擇

①何謂檸檬原理（Lemon Laws）？

　　所謂**檸檬原理**，乃指存在資訊的不對稱性，導致在中古車市場中，優等的中古車消失，只剩下次等的瑕疵品之原理。

②何謂資訊的不對稱性

　　假設供給者瞭解產品的品質，但需求者並不瞭解其品質優劣。此應用在中古車市場上，假設供給者因一直以來乘用，所以相當瞭解車的品質（性能），但買方並不瞭解的情況。

③說明

1) 在中古車市場上，假設只有2種車，其一為價值100萬日圓的優等車，另一為只價值50萬日圓的次等車。

2) 因為需求者不瞭解品質優劣，所以用介於優等車與次等車的價格（此處假設為70萬日圓）購買。

3) 以70萬日圓的市場價格出價，將使價值100萬日圓的優等車之供給量減少，而只價值50萬日圓的次等車若可以70萬日圓出售的話，將有利可圖，因此次等車的供給量將增加。

　　無論是需求者或任何人，一旦發覺次等車的供給增加，價格將從70萬日圓下跌，最終導致只有次等車流通，而市場價格應該也將變為50萬日圓。

🏷 用　語

　　像這樣，其中一方（供給者）掌握資訊，而另一方（需求者）未握有資訊的情況，稱為資訊的不對稱性。資訊的不對稱性為資訊不完整的其中一例。

▶▶ 徹底解說 ◀◀

　　若為完全競爭市場的話，由於資訊完全，優等車為100萬日圓、次等車為50萬日圓，在其他市場上亦可分別透過交易得到。然而，因為資訊的不對稱性，逆向選擇一旦發生，將導致優等車的市場消失。若優等車的市場消失的話，總剩餘將為0，以致無法達到最適資源分配。

　　此藉由在一定期間內，對優等車簽訂保證高品質的免費維修契約，即使資訊的不對稱性存在，仍可消除需求者方面的不安，使優等車市場得以維持，並可改善資源分配情況。為何如此，乃因為了改善需求者的資訊不完整，即使買到充當優等車的次等車，需求者仍可基於保證契約，要求維修與換貨等。像這樣給予品質保證的話，將可信賴而購買。此讓需求者瞭解的品質保證稱為信號（signal）。即使不瞭解品質，藉由所謂品質保證的信號，也可瞭解其品質。

4) 起初，當市場價格為70萬日圓時，需求者就算想選擇優等車，但最終只有次等車流通，稱為逆向選擇。

【3】在**醫療**保險市場上的逆向選擇

①概要

　　保險公司對投保者有關的健康狀態毫無資訊，而設定單一保險費的話，健康的人將會退出，而變得只有生病的人才會投保。

②資訊的不對稱性

　　假設作為**醫療**保險服務需求者的投保者，瞭解本身的健康狀態，但作為供給者的保險公司卻不瞭解投保者的健康狀態，導致資訊的不對稱性。

③說明

1) 為求單純化，假設在醫療保險市場上，只存在幾乎不需要醫療服務的健康需求者，以及每月需花費10萬日圓醫療服務之常生病的需求者2種。

2) 因為供給者不瞭解需求者的健康狀態，所以用介於健康需求者與常生病的需求者之間的價格（此處假設每月5萬日圓的保險費）提供保險。

3) 5萬日圓的市場價格（保險費），由於有利於花費10萬日圓常生病的人，所以投保者增加，而健康無花費的人因有所損失，所以將不投保。

4) 此結果導致投保者全部是常生病的人。對保險公司而言，健康的人所需支付的金額少，因此希望其投保，但結果卻相反，變得只有病人才投保，而成為逆向選擇。

▶▶▶ 徹底解說 ◀◀◀

　　若為完全競爭市場的話，由於資訊完整，所以健康者的保險市場與常生病者的保險市場，將區分為2個市場並分別決定保險費。然而，由於資訊的不對稱性，逆向選擇一旦發生，健康者的保險將會消失。此健康者的保險市場消失，將造成總剩餘為0，無法達到最適資源分配。

　　保險公司藉由投保時要求須做健康檢查，因應健康狀態設定保險費，將可維持健康者的保險市場，並可改善資源分配情況。

除此之外，只是因為資訊不完整，而設定單一價格的話，發生與當初期待相反情況的逆向選擇之例子所在多有。

【4】在勞動市場的逆向選擇

在勞動市場上，假設企業不瞭解勞動者的能力，面對像這樣的資訊不完整，因而以能力強的人之高薪（年薪1,000萬日圓）與能力差的人之低薪（年薪200萬日圓）的中值（年薪600萬日圓）敘薪。如此一來，能力強的人覺得600萬日圓太少而不願應徵，而能力差的人則認為600萬日圓具吸引力，以致只有能力差的人蜂擁而至。企業用相同的薪資水準，想要錄取優秀的人材，卻反而招致相反的結果。

▶▶ 徹底解說 ◀◀

學歷與證照等資料，可作為補救部分資訊的不對稱性之信號。

▶▶ 徹底解說 ◀◀

企業為了避免這樣的情況發生，以考試、面試確認能力，以化解資訊的不對稱性。

【5】在金融市場上的逆向選擇

其次，在金融市場上，假設銀行不瞭解貸款對象（借款人）的信用狀況，面對像這樣的資訊不完整，因而以信用良好者之低利率（4%）與信用不佳的人之高低利（16%）的中值（10%）放款。如此一來，信用良好的人覺得10%的利率太高而不願向此銀行借貸，而信用不佳的人則認為10%具吸引力，以致只有信用不佳的人蜂擁而至。銀行用相同的放款利率，想要放款給信用良好的人，卻反而招致相反的結果。

▶▶ 徹底解說 ◀◀

銀行為了避免這樣的情況發生，藉由調查貸款對象的信用狀況，以化解資訊的不對稱性。

2. 道德風險（moral hazard）

【1】何謂道德風險

　　所謂道德風險（moral hazard），乃指簽約後資訊的不對稱性為其原因，變得過於疏忽、工作懈怠等，而導致資源的浪費稱之。

【2】在汽車保險上的道德風險

①資訊的不對稱性

　　作為汽車保險服務的供給者之保險公司，無法得到有關保險人投保後的車禍發生率資訊之例子。

②說明

　　供給者（保險公司）雖基於投保前的車禍發生率而決定價格（保險費），但隨著投保後，因為車禍費用都由保險公司支付而感到安心，所以投保者疏於注意，導致投保後的車禍發生率增加。

　　若是保險公司能夠知道此事的話，由於保險費將會調高，投保者也為了避免保險費調高，也會因而提高專注力。然而，保險公司要是不知道此疏於注意的行為，則隨著投保者疏於注意的行為，造成車禍發生率上升，車禍將使資源分配浪費的程度增大。

【3】在醫療保險服務上的道德風險

①資訊的不對稱性

　　作為醫療保險服務的供給者之保險公司，對於有關投保者的生病機率之資訊不完整（＝不瞭解），而投保者則是多少瞭解的例子。

舉　例

　　由於上司未查覺而在工作上偷懶，上司對下屬的資訊不完整的話，將造成工作上的懈怠，故為道德風險之一。

▶▶徹底解說◀◀

　　相對於此，增加車禍造成的損害在一定金額以內，保險公司免費責任，而由投保者負擔的免責條項，要求投保者負擔部分的車禍費用，可藉此達到某種程度上防止疏於注意的目的。

②說明

假設供給者（保險公司）在基於投保前的生病機率而決定價格（保險費）。隨著投保後，因為治療費用都由保險公司支付而感到安心，所以投保者疏於注意，導致生病機率升高。若是保險公司能夠知道此事的話，由於保險費將會調高，投保者也為了避免保險費調高，也會因而提高專注力。然而，保險公司要是不知道此疏於注意的行為，將隨著投保者疏於注意的行為，造成生病機率升高。如此一來，原本不必要的治療反而成為必要，將造成資源分配的浪費。

【4】在存款保險上的道德風險

①資訊的不對稱性

若無存款保險保障存款的話，存款人所存款的銀行一旦破產，將失去存款之故，所以對銀行的經營抱持關心。然而，一旦有了存款保障制度後，即使銀行破產，存款人仍可藉由存款保險返還金額，因而感到安心，以致變得對銀行的經營狀況不感興趣，導致有可能出現資訊的不對稱性。

②說明

如果存款人對銀行的經營狀況抱持關心的話，銀行經營者將會持續受到監督，健全經營的可能性較大。然而，隨著有了存款保險而感到安心，以致變得不關心銀行的經營狀況，而銀行經營者在無存款人監督下，恐有經營鬆散的疑慮。此結果或有銀行發生破產，造成資源浪費的可能。

▶▶ 徹底解說 ◀◀

此外，藉由增加投保者負擔部分治療費用的免責條項，使其負擔部分治療費用，在某種程度上可防範疏於注意的情況。

▶▶ 徹底解說 ◀◀

存款人將其資金委託銀行代為運用的意思，存款人稱為委託人或本人（principal），而銀行稱為代理人（agent）。然後，委託人與代理人的關係稱為代理關係（agency）。代理人違反委託人的意願而作為，而造成委託人權益受損，稱為代理成本（agency cost）。

【問題31-1】

從以下A～E中，符合由資訊的不對稱性導致的道德風險之敘述的組合，適當的爲何者？

A. 大型垃圾的處理費用一旦漲價，非法傾倒將會增加。

B. 在中古車市場中，性能良好的中古車消失，只有剩下性能不佳的中古車。

C. 因爲投保汽車險，駕駛人會輕忽安全行駛。

D. 良幣被囤積，只有劣幣在市面上流通。

E. 由於導入公家資金，金融機構變得怠忽經營。

1. A, B
2. A, D
3. B, C
4. C, E
5. D, E

（地方中級）

解答・解說

C很明顯是道德風險（○），而A與D何者爲道德風險（○）則令人困惑。

A. ╳ 非法傾倒不被發現，亦即因資訊不完整才會去做，資訊完整亦即必定被發現的話，誰也不會去做，所以說不定也有人認爲是道德風險。然而，這樣想的話，認爲不會被發現而從事的犯罪行爲，也都將成爲道德風險。在經濟學裡所謂的道德風險的概念並非如此廣泛，僅侷限在汽車險投保、存款保險投保等契約（交易）後續的資訊不完整，所導致疏於注意等方面，所以錯誤。

B.D. ╳ 因爲是逆向選擇，所以錯誤。D稱爲格萊欣法則（Gresham's Law）。

C. ○ 道德風險中具代表性的例子。

E. ○ 當金融機構破產時，投入公家資金乃由金融相關法律所決定，將此視爲金融機構與政府的協議（與契約相近）的話，可以想成是道德風險。

正確解答 4

MEMO

Chapter 32

預期效用假說
―在賭局中豪賭人生的人、不願奉陪的人

1 預期效用假說（Expected utility hypothesis）乃在不確定的世界中，家計單位考量為了追求預期效用（考慮機率的效用平均值）極大化而作為。如此一來，當有2個選項時，將選擇預期效用較大者。

2 所得邊際效用遞減的人為風險趨避型，固定的人為風險中立型，遞增的人為風險偏好型。

由於預期效用假說常出現在單一選擇的計算題中，因此請努力確實地學會計算【問題32-1】。此外，問答題中，也會作為應用題出題，所以有必要注意。

所謂預期效用假說，乃在不確定的世界中，家計單位為了追求預期效用極大化而作為之考量稱之。

1. 何謂預期效用？

所謂預期效用，乃不確定的效用之期望值（平均值）稱之，由某結果發生的機率與該結果可得到的效用之積的加總求出，由於這樣不易理解，因此讓我們以具體實例加以思考。

首先，家計單位之所得為50萬日圓，假設以此購買彩券的話，中獎的機率與沒中獎的機率分別都是 $\frac{1}{2}$，若是中獎將得到2倍100萬日圓，若沒中獎則為0萬日圓。由於中獎時的效用為所得100時的效用，所以設為U（100），因為沒中獎時的效用為所得0時的效用，所以設為U（0）。也就是說，當購買彩券的時候，效用有 $\frac{1}{2}$ 的機率為 U(100)、$\frac{1}{2}$ 的機率為U（0），所以預期效用＝$\frac{1}{2}$ U（100）＋$\frac{1}{2}$ U（0）。另一方面，不購買彩券的話，將確定有所得50萬日圓，效用=U（50）。

要買或是不買彩券，由於是以購買彩券時的預期效用與不購買時的效用之大小關係所決定，因此如下面所示。

不購買彩券時的效用　　購買彩券時的預期效用
　　↓　　　　　　　　　　↓
$$U（50） > \frac{1}{2}U（100） + \frac{1}{2}U（0） \Rightarrow 不購買彩券。$$
$$U（50） = \frac{1}{2}U（100） + \frac{1}{2}U（0） \Rightarrow 購買或不購買彩券都相同。$$
$$U（50） < \frac{1}{2}U（100） + \frac{1}{2}U（0） \Rightarrow 購買彩券。$$

接下來，試著用預期效用假設來解答計算題。

Part 7 市場失靈

【問題32-1】

某農家的效用函數被給定如下。

$$u = X^{\frac{1}{2}}$$

此處u為效用水準，x表示相當於1年的農作物收入。假設此農家全年的農作物收入，受惠好天候的情況有900萬日圓，在天候不佳的情況下則有100萬日圓。此外，假設此農家為了追求預期效用極大而作為。

此處某保險公司所銷售的保險，契約內容為無論天候狀況如何，均保障一定金額的所得h（100萬日圓≦h≦900萬日圓），若農作物收入超過保障金額h的話，農家將付給保險公司（900萬日圓−h）的差額，若農作物收入低於保障金額h的話，保險公司將付給農家（h−100萬日圓）的差額。當天候良好的機率與天候不佳的機率各為50%的情況下，此農家在保障金額h為多少以上的話，將購買保險呢？請求出該極小值。

1. 250萬日圓
2. 300萬日圓
3. 350萬日圓
4. 400萬日圓
5. 450萬日圓

（國家公務員Ⅱ種）

在計算上必要的知識

· 預期效用的計算
· 投保與否的計算

原則21 投保的計算
當未投保的預期效用＝投保時的效用
即投保如同沒投保的情況一樣。

Step 1 依原則21

　　未投保時的預期效用之計算

Step 2 計算投保時的效用

Step 3 計算兩者相等之h

計　算

Step 1 預期效用（EU）的計算

　　將題目整理後，未投保時如以下所示。

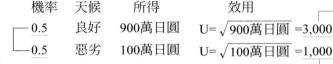

機率	天候	所得	效用
0.5	良好	900萬日圓	$U=\sqrt{900萬日圓}=3,000$
0.5	惡劣	100萬日圓	$U=\sqrt{100萬日圓}=1,000$

→ 預期效用（EU）

$=0.5×3,000+0.5×1,000$

$=\boxed{2,000}$　…①

Step 2 投保時的效用

　　另一方面，依題目當投保時

支付給保險公司

機率	天候	所得	效用
0.5	良好	900萬日圓－（900–h）=h	$U（h）=h^{\frac{1}{2}}$
0.5	惡劣	100萬日圓＋（h–100）=h	$U（h）=h^{\frac{1}{2}}$

→ 效用為 $\boxed{h^{\frac{1}{2}}}$ 的機率1　…②

來自保險公司的給付

Step 3 計算兩者相等之h

　　當①與②兩者相等時，因為是農家投保的最低限額時，所以乃是農家欲投保之所得保障額h的最低限額。如此一來，

$2,000= h^{\frac{1}{2}}$

兩邊皆平方

$h=2,000^2=400萬日圓$

正確解答　4

2. 對風險的偏好與邊際效用

接著，將運用預期效用假設的想法，並以具體實例思考，某家計單位對風險的偏好與否乃由於所得的邊際效用為遞減、固定或遞增而決定。

【1】風險趨避型（邊際效用遞減）

考慮家計單位的所得邊際效用為遞減的例子。在邊際效用為遞減的情況下，效用曲線乃如圖表32-1所示，為凸向左上方的曲線。

當如圖表32-1所示的效用曲線時，由於不購買彩券時的效用U（50）比彩券的預期效用$= \frac{1}{2}$U（0）$+ \frac{1}{2}$U（100）還要大，所以將偏好不購買彩券，因而不購買彩券。也就是說，邊際效用遞減的人將為了規避承擔風險（risk），所以稱為風險趨避型。

或許對風險趨避與邊際效用遞減的關聯性仍不太能理解，如下所示請試著將其做概略的思考。現確實持有50萬日圓。若購買彩券的話，說不定將進一步增加50萬日圓到100萬日圓，但也說不定反過來將減少50萬日圓到0。

邊際效用遞減的人，由於即使進一步增加50萬日圓，也將如凸型的效用曲線一般邊際效用遞減，所以效用不會大幅增加，而在減少50萬日圓到0的情況下，因為邊際效用位處較大的位階，所以效用應將大幅減少。如此一來，邊際效用遞減的人不偏好冒風險購買彩券，乃風險趨避型的行為模式。

補 充

所謂邊際效用，在圖表32-1中，乃指當橫軸上的所得增加1日圓時，縱軸上效用的增加差額。此為效用曲線的斜率，所謂邊際效用遞減，效用曲線的斜率也將遞減。

圖表32-1　邊際效用遞減—風險趨避型①

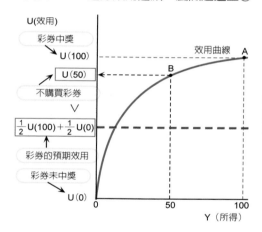

圖表32-2　邊際效用遞減—風險趨避型②

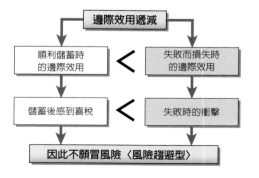

【2】風險中立型（邊際效用固定）

考慮家計單位的所得邊際效用為固定的例子。在邊際效用為固定的情況下，效用曲線乃如圖表32-3所示，呈現向右上方傾斜的直線。

當如圖表32-3所示的效用曲線時，由於不購買彩券時的效用U（50）與彩券的預期效用＝ $\frac{1}{2}$ U（0）＋ $\frac{1}{2}$ U（100）相等，具同樣的效用，所以無論購買或不購買彩券都一樣。也就是說，邊際效用固定的人無論承擔風險與否效用皆相同，所以稱為風險中立型。

對風險中立與邊際效用固定的關聯性，如下所示請試著做概略的思考。

現確實持有50萬日圓。若購買彩券的話，說不定將進一步增加50萬日圓到100萬日圓，但也說不定反過來將減少50萬日圓到0。

邊際效用為固定的人，當進一步增加50萬日圓時效用的增加，與減少50萬日圓變為0時的效用減少理應相等。如此一來，邊際效用為固定的人，當冒風險購買彩券時，中獎時的喜悅程度與沒中獎時的失望程度相等，所以無論購買還是不購買，其效用都一樣，而成為風險中立型的行為模式。

補　充

因為邊際效用乃效用曲線的斜率，所以若邊際效用為固定的話，效用曲線的斜率亦為固定而成為直線。

圖表32-3　邊際效用固定—風險中立型①

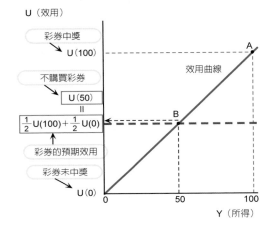

圖表32-4　邊際效用固定—風險中立型②

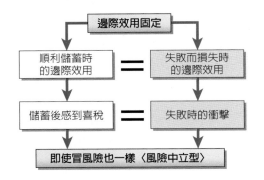

【3】風險偏好型（邊際效用遞增）

　　考慮家計單位的所得邊際效用為遞增的例子。在邊際效用為遞增的情況下，效用曲線乃如圖表32-5所示，呈現向右上方傾斜並凸向右下方的曲線。

　　當如圖表32-5所示的效用曲線時，由於相較於不購買彩券時的效用U（50），彩券的預期效用= $\frac{1}{2}$ U（0）+ $\frac{1}{2}$ U（100）較大，所以將購買彩券。

　　也就是說，邊際效用為遞增的人將偏好承擔風險，所以稱為風險偏好型。

　　對風險偏好與邊際效用遞增的關聯性，如下所示請試著做概略的思考。現確實持有50萬日圓。若購買彩券的話，說不定將進一步增加50萬日圓到100萬日圓，但也說不定反過來將減少50萬日圓到0。

　　由於是向下凸出的效用曲線，所以邊際效用為遞增的人，當進一步增加50萬日圓時效用的增加較大，而減少50萬日圓變為0時的效用減少較小。如此一來，邊際效用遞增的人，當冒風險購買彩券時，中獎時的喜悅程度比沒中獎時的失望程度還大，所以偏好購買彩券，而成為風險偏好型的行為模式。

補　充

　　因為邊際效用乃效用曲線的斜率，所以邊際效用為遞增的話，效用曲線的斜率亦為遞增。

圖表32-5　邊際效用遞增—風險偏好型①

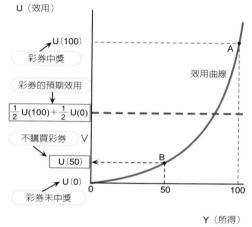

圖表32-6　邊際效用遞增—風險偏好型②

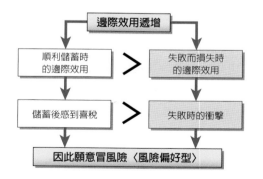

【問題32-2】

右圖爲A君與B君的效用函數。A君與B君可以持有兩者之一，其一是確定110數額之X資產，另一是50%的機率爲100數額與50%的機率爲120數額之Y資產。

有關A君、B君的行爲，請在以下的敘述中選出正確者。

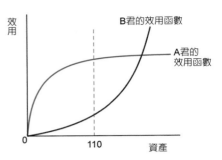

1. A君爲風險偏好型，所以將選擇X資產，而B君爲風險趨避型，所以將選擇Y資產。
2. A君爲風險趨避型，所以將選擇X資產，而B君爲風險偏好型，所以將選擇Y資產。
3. A君爲風險偏好型，所以將選擇Y資產，而B君爲風險趨避型，所以將選擇X資產。
4. A君爲風險偏好型，而B君雖爲風險趨避型，但兩個人均將選擇Y資產。
5. A君爲風險趨避型，而B君雖爲風險偏好型，但兩個人均將選擇X資產。

（地方公務員上級）

解答・解說

運用原則22。

原則22　邊際效用與對風險的態度
所得（資產）的邊際效用遞減　⇨　風險趨避型
固定　⇨　風險中立型
遞增　⇨　風險偏好型

A爲凸向左上方的效用曲線，隨著資產的增加，效用曲線的斜率，亦即邊際效用將呈現遞減。因爲邊際效用遞減乃風險趨避型，所以將選擇安全資產X。另一方面，B爲凸向右下方的效用曲線，隨著資產的增加，效用曲線的斜率，亦即邊際效用將呈現遞增。由於邊際效用遞減乃風險偏好型，所以將選擇風險資產Y。如此一來，選項2爲正確解答。

正確解答　2

3. 展望理論（prospect theory）

在股票投資等市場的世界中，一般為人所知「多數的人賺錢時，想立即獲利了結，但賠錢時卻猶豫不決，想討回損失」。

此乃由於賺錢時不願冒風險而獲利了結，所以是風險趨避型，惟賠錢時則是寧願冒風險以待贏回損失，所以是風險偏好型。

以往，這樣的行為模式並無一貫性，被認為是非理性的。然而，阿摩司‧特沃斯基（Amos Tversky）與卡尼曼（D. Kahneman），如圖表32-7所示，說明擁有當獲利時邊際效用遞減，當承受損失時邊際效用遞增之效用曲線的人很多【展望理論】。

圖表32-7　展望理論的效用曲線

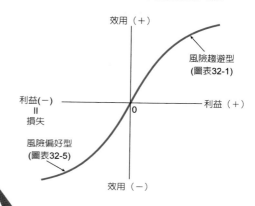

補　充

作為非理性的行為模式，乃分析以往在經濟學上未處理過的側面觀點，該學問範疇稱為行為經濟學。

MEMO

Part 8

貿易理論

一自由貿易促使世界
更趨幸福？

　　接下來，終於來到本書的尾聲了！此第8部中，將學習貿易不僅只對出口國有利，對進口國亦可帶來利益。此外，思考出口財貨與進口財貨是基於何種主要原因而決定。然後，在最後將學習加上制限後的自由貿易，所形成之保護貿易的思考方式，並從效率性的觀點加以評價。

　　由於是否參與TPP（Trans-Pacific Partnership：跨太平洋戰略經濟夥伴關係協議）的問題浮上檯面而成為重要課題，貿易問題應會日益受到重視。在這樣的時期，有鑑於出題可能性增加，所以要比以前更加注意。

　　特別是自由貿易的利益與關稅的經濟效果相關的剩餘分析、比較成本理論及赫克歇爾—奧林定理，應確實地學習。

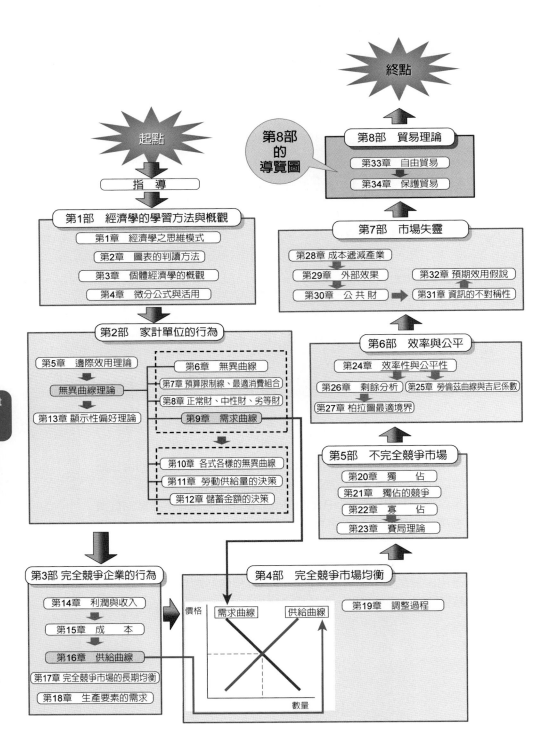

第8部
的
導覽圖

終點

第8部　貿易理論
第33章　自由貿易
第34章　保護貿易

起點

指　導

第1部　經濟學的學習方法與概觀
第1章　經濟學之思維模式
第2章　圖表的判讀方法
第3章　個體經濟學的概觀
第4章　微分公式與活用

第7部　市場失靈
第28章　成本遞減產業
第29章　外部效果
第30章　公　共　財 ➡ 第31章　資訊的不對稱性
第32章　預期效用假說

第2部　家計單位的行為
第5章　邊際效用理論
無異曲線理論
第13章　顯示性偏好理論
第6章　無異曲線
第7章　預算限制線、最適消費組合
第8章　正常財、中性財、劣等財
第9章　需求曲線
第10章　各式各樣的無異曲線
第11章　勞動供給量的決策
第12章　儲蓄金額的決策

第6部　效率與公平
第24章　效率性與公平性
第26章　剩餘分析　第25章　勞倫茲曲線與吉尼係數
第27章　柏拉圖最適境界

第5部　不完全競爭市場
第20章　獨　佔
第21章　獨佔的競爭
第22章　寡　佔
第23章　賽局理論

第3部　完全競爭企業的行為
第14章　利潤與收入
第15章　成　本
第16章　供給曲線
第17章　完全競爭市場的長期均衡
第18章　生產要素的需求

第4部　完全競爭市場均衡
第19章　調整過程
價格　需求曲線　供給曲線
數量

Part
8
貿易理論

舞　　台

此部內容中，將以超越國界之財貨的交易市場為舞台。

登場人物（經濟主體）

除國內的供給者與需求者之外，外國的供給者與需求者也登場參與。政府亦登場扮演課徵稅金、給予補貼的角色。

在個體經濟學概觀中的地位

目前為止，所考慮的都只限於國內經濟，在第8部中將思考與外國的交易。

當思考貿易的效率性時，將運用在第2部已學習的無異曲線理論，以及在第6部學過的剩餘分析。

用　語

為求議題的單純化，並未考慮與外國的關係，僅以國內經濟所思考的理論模型，稱為閉鎖經濟。

Part
8

貿易理論

故事的進展（構成）

在第8部裡，將就貿易相關議題加以思考。

在第33章中，首先，用剩餘分析、比較成本理論及無異曲線理論等3個方法，說明透過自由貿易不僅只對出口國有利，對進口國亦有利益。然後，學習要如何取決出口財貨與進口財貨（赫克歇爾－奧林定理等）。

> **用 語**
>
> 超越國界之財貨的交易稱之。

在第34章中，將學習有關保護貿易易。首先，對作為保護貿易手段之關稅、進口數量管制及生產者補貼加以學習。最後，學習作為保護貿易依據的幼稚產業保護、產業調整成本及外部不經濟等內容。

> **用 語**
>
> 對貿易加以管制的方式稱之。

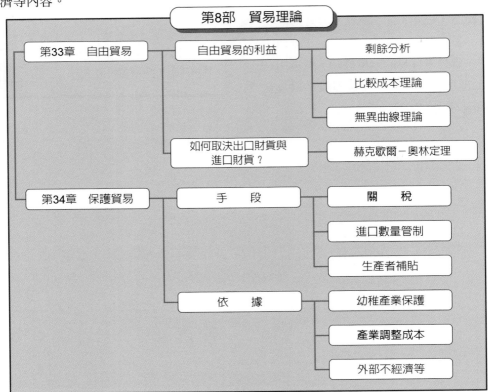

第8部　貿易理論

- 第33章　自由貿易
  - 自由貿易的利益
    - 剩餘分析
    - 比較成本理論
    - 無異曲線理論
  - 如何取決出口財貨與進口財貨？
    - 赫克歇爾－奧林定理
- 第34章　保護貿易
  - 手　段
    - 關　稅
    - 進口數量管制
    - 生產者補貼
  - 依　據
    - 幼稚產業保護
    - 產業調整成本
    - 外部不經濟等

Chapter 33

自由貿易
—農業自由化對日本有利益嗎？

Point

1 藉由剩餘分析、比較成本理論、無異曲線理論，可解釋出口國與進口國雙方均有利益【自由貿易的利益】。

2 所謂比較成本理論，乃大衛‧李嘉圖（David Ricardo）所提出的貿易理論，各國均對其他國家出口比較成本低（具比較優勢）的財貨，而進口本國未生產而比較成本高（具比較劣勢）的財貨，藉此擴大經濟利益的理論。

3 所謂赫克歇爾—奧林定理（Heckscher-Ohlin Theorem），乃指資本豐富的國家在生產資本密集財貨上擁有比較優勢，勞動豐富的國家在生產勞動密集財上擁有比較優勢的定理。

4 同一產業內的貿易稱為水平貿易（Horizontal Trade），相異產業間的貿易稱為垂直貿易（Vertical Trade）。

在本章裡，將就出口與進口等貿易如何發生，以及理想的貿易體制為何加以思考。

請確實學習自由貿易的利益與關稅的經濟效果相關之剩餘分析、比較成本理論、赫克歇爾—奧林定理。

1. 自由貿易的利益① 剩餘分析

在本章中，將說明藉由從事自由貿易，達到總剩餘極大、整體社會利益極大之理想狀態。

【1】定義

所謂自由貿易乃指未有國家干預的貿易稱之。

【2】假設

在以下的分析中，就某財貨X，對A、B兩小國加以分析。

① 假設A、B皆無法影響國際價格，乃只能接受國際價格的價格接受者（Price taker）〈小國模型〉。

② 假設國內市場為完全競爭市場
③ 假設市場的需求曲線為向右下方傾斜
④ 假設市場的供給曲線為向右上方傾斜
⑤ 假設貿易有關的運輸成本與各項成本為0
⑥ 假設A國的國內價格為P_a、B國的價格為P_b、國際價格為P_i，在閉鎖經濟時（貿易前）為$P_a > P_i > P_b$。

> ## 用 語
>
> 無法影響國際價格，僅具被動接受之存在地位的國家稱為小國。因此，訂定此假設的分析模型稱為小國模型。在小國模型中，國際市場上無論需求者及供給者皆為多數存在，A、B不過是多數國家中的其中2個而已。
>
> 另一方面，足以影響國際價格的國家的情況，稱為大國模型。

圖表33-1　在小國模型下的自由貿易利益

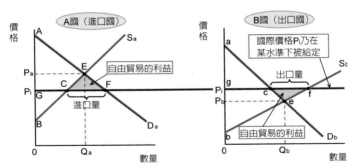

Part 8　貿易理論

【3】貿易前（閉鎖經濟時）

　　假設在閉鎖經濟時，A、B兩國在國內的需求曲線（D_a, D_b）與供給曲線（S_a, S_b）的交點E、e達到均衡，價格分別為P_a、P_b（圖表33-1）。總剩餘在A國為ABE，在B國為abe。

【4】自由貿易後

　　當自由貿易實施後，在A國因國際價格P_i比國內價格P_a還低，所以將引發進口，在B國因國際價格P_i比國內價格P_b還高，所以將引發出口，<mark>導致A、B兩國的價格皆成為P_i。</mark>

➕ 補　充

　　此外，由於A、B兩國皆為小國，所以無法影響國際價格P_i。

　　此結果，在A國（進口國）中，當價格P_i的需求量將為圖表33-1的GF。然而，當價格P_i時的國內供給量，從供給曲線（S_a）可知為GC。也就是說，在A國的價格為P_i時，相對於國內需求量GF，在國內供給量為GC，將發生國內超額需求CF。<mark>此CF將以進口，亦即用來自國外的供給來補足。</mark>

　　另一方面，在B國（出口國）中，當價格P_i的需求量將為圖表33-1的gc。然而，當價格P_i時的國內供給量，從供給曲線（S_b）可知為gf。

　　也就是說，在B國的價格為P_i時，相對於國內需求量gc，在國內供給量為gf，將發生國內超額供給cf。<mark>此cf將以出口，亦即將作為對國外的供給因應。</mark>

☠ 陷　阱

　　由於混淆A國的進口量CF與B國的出口量cf相等這樣的錯誤很多，所以務必留意！

　　在國際市場上，A、B兩國乃微小的存在，A國的進口量CF與B國的出口量cf未必相等。為何如此，乃因A並非僅由B國進口，B國亦非僅出口到A國之故。

　　藉由這些貿易，A國（進口國）的總剩餘為消費者剩餘（AGF）＋生產者剩餘（BCG）＝ABCF，相較閉鎖經濟時的ABE增加了CFE。此為A進口國的自由貿易利益。

　　另一方面，B國（出口國）的總剩餘為消費者剩餘（agc）＋生產者剩餘（bfg）＝abfc，相較閉鎖經濟時的abe增加了cfe。此為B出口國的自由貿易利益。

☝ Point!

　　像這樣，進口國、出口國雙方皆可享受自由貿易的利益。雖然一般常會認為，出口國將獲得利益，而進口國將承擔損失，但進口國也可從中獲得利益這點為重點所在。

〈2國模型【圖表33-2】〉

　　此外，在貿易當事國只有A、B兩國存在的「2國模型」之情況下，假設A為進口國、B為出口國，由於A的進口來自B的出口，所以當A的進口量＝B的出口量水準時，即決定了國際價格（圖表33-2）。

＋ 補　充

　　在這樣的2國模型中，因為進口國只有A國、出口國只有B國，所以A國的進口量、B國的出口量將對國際價格造成影響。也就是說，A國、B國都是影響國際價格的價格決定者（Price Maker）。

圖表33-2　在2國模型下的自由貿易利益

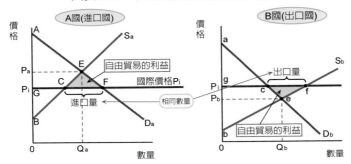

2.　自由貿易的利益② 比較成本理論

【1】概要

　　所謂比較成本理論，乃由李嘉圖所提出的貿易理論，各國均對其他國家出口比較成本低（具比較優勢）的財貨，而進口本國未生產而比較成本高（具比較劣勢）的財貨，藉此擴大經濟利益的看法。

用　語

　　所謂比較成本，乃指某財貨相較於其他財貨之相對生產成本。詳細內容將在稍後說明。

【2】假設

　　在說明時，先訂定以下的假設。

①為求單純化，假設只有A、B兩國，財貨也只有X、Y兩種財貨。

②假設生產要素只有勞動，而財貨的價值乃由勞動投入量所測量決定。

③假設X、Y在規模上收穫固定。

④假設財貨的運輸成本等為0。

＋ 補　充

此乃稱為「勞動價值論」的理論。

Part
8

貿易理論

366

現假設在A、B兩國，爲了生產1單位X、Y，必要的勞動力如圖表33-3所示。

【3】絕對成本理論

在比較成本理論之前，我們先就一般思考的絕對成本理論加以說明。

從圖表33-3中，就一般X財貨、Y財貨，在A國與B國的情況加以比較。也就是說，X財貨在B國可用較少的人進行生產，而Y財貨在A國可用較少的人進行生產，所以可知B應該生產X而A應該生產Y。

然而，此想法要是如圖表33-4所示，無論X財貨或是Y財貨，在B國的必要勞動力都較少，將使貿易變得無法進行。

【4】分析

像這樣，在絕對成本理論中，即使無法進行貿易的情況下，比較成本理論仍可解釋經由貿易，使兩國都可獲得利益（圖表33-5）。由於比較成本理論有3個步驟，所以以下將就每個步驟加以說明。

Step 1 求出比較成本

所謂比較成本，乃指在同一國內X財貨與Y財貨的成本之比較。

①A國

根據圖表33-4，在A國相對於X財貨的20人，Y財貨爲40人。X財貨成本（20人的工資）爲Y財貨成本（40人的工資）之$\frac{1}{2}$=0.5。因此，A國的X之比較成本爲0.5。另一方面，A國的Y財貨（40人的工資）爲20人的工資之X財貨成本的2倍（$\frac{40}{20}$），所以A國Y財貨之比較成本爲2。

圖表33-3　絕對成本理論

	A國		B國
X財貨	40人	＞	20人
Y財貨	15人	＜	30人

此不需特別用比較優勢也可瞭解！

圖表33-4　必要勞動力

	A國	B國
X財貨	20人	10人
Y財貨	40人	15人

用 語

這樣的例子從絕對的數字來看，誰都可瞭解，稱爲絕對成本理論。此外，絕對成本較低的稱爲絕對優勢，而較高的稱爲絕對劣勢。在圖表33-3中，A國在X財貨爲絕對劣勢，在Y財貨爲絕對優勢，B國在X財貨爲絕對優勢，在Y財貨爲絕對劣勢。在圖表33-4中，在X財貨、Y財貨兩者均爲A國具有絕對劣勢、B國具有絕對優勢，所以B國將變得難以再出口產品。

圖表33-5　絕對成本理論

	A國	B國
X財貨	$\frac{20}{40}=0.5$ ＜	$\frac{10}{15}=\frac{2}{3}$
Y財貨	$\frac{40}{20}=2$ ＞	$\frac{15}{10}=1.5$

Point!

並非直接比較A國與B國兩國的生產成本（絕對生產成本），這一點要注意。

②B國

　　根據圖表33-4，在B國X財貨成本（10人的工資）爲Y財貨成本（15人的工資）之 $\frac{10}{15} = \frac{2}{3}$。因此，B國的X之比較成本爲 $\frac{2}{3}$。另一方面，B國的Y財貨（15人的工資）爲10人的工資之X財貨成本的1.5倍（ $\frac{15}{10}$ ），所以B國的Y財貨之比較成本爲1.5。

▶▶ 徹底解說 ◀◀

　　所謂在B國Y財貨的比較成本爲1.5，乃指生產1單位Y財貨的話，由於將使用15個人，所以將無法生產1.5個X財貨的意思。也就是說，所謂比較成本，乃指生產1單位該財貨時，所必須放棄其他財貨的生產量稱之。

Step 2 　將比較成本與外國相比

　　X財貨的比較成本，A國爲 $\frac{1}{2}$ 比B國的 $\frac{2}{3}$ 還小。若X財貨的比較成本爲0.5之A國與 $\frac{2}{3}$ 的B國進行貿易的話，成本較低的A國將出口，而成本較高的B國將進口。

　　Y財貨的比較成本，B國爲1.5比A國的2還小。若Y財貨的比較成本爲2之A國與1.5的B國進行貿易的話，成本較低的B國將出口，而成本較高的A國將進口。

Point!

　　X財貨、Y財貨皆爲絕對成本較高的A國，將專門生產比較成本較低的X財貨，藉由貿易而獲得利益，此點爲重點所在。即使全部的產業都弱勢的國家，也可藉由貿易獲得利益。

▶▶ 徹底解說 ◀◀

　　此不限於貿易。例如，假設有影印與撰寫企劃書2種工作，並有新進員工與資深員工。資深員工對兩種工作都拿手，但資深員工並不會去做所有的事，而是藉由資深員工專心撰寫企劃書，而新進員工專職影印的工作，來讓彼此互蒙其利的意思是相同的。

Step 3 　貿易帶來的利益

　　若X財貨的比較成本爲0.5之A國與 $\frac{2}{3}$ 的B國進行貿易的話，X財貨的國際價格將決定在兩者之間。例如，假設是0.6（ $= \frac{3}{5}$ ）。A國以0.5的成本生產，而以0.6出口的話，將獲得0.1的利益。另一方面，B國也以 $\frac{2}{3}$ 生產而以0.6進口，將獲得其差額的利益。

　　若Y財貨的比較成本爲2之A國與1.5的B國進行貿易的話，Y財貨的國際價格亦將決定在兩者之間。因此，與X財貨一樣，無論進口的B國與出口的A國都獲得利益。

▶▶ 徹底解說 ◀◀

　　在比較成本理論中，具有以下的問題點。
①假設生產要素只有勞動，而未考慮資本。
②雖依勞動投入量決定商品的價值，但現實中商品的價值，乃以消費者可以獲得多少效用來決定（效用價值論）。

3. 自由貿易的利益③ 無異曲線理論

【1】概要

運用某國家的生產可能曲線（production possibility curve, PPC）與無異曲線，以求出一國效用極大時X財貨與Y財貨的數量。然後，用以說明與閉鎖經濟時相比，自由貿易的效用將變得較大。

【2】前提

首先，爲求單純化，假設只有X財貨與Y財貨。其次，假設A國社會的無異線爲一般的形狀。

假設A國生產X財貨與Y財貨，其邊際轉換率（Marginal rate of transformation, MRT）爲遞增。

所謂邊際轉換率，乃指爲了生產1單位X財貨，而必須放棄Y財貨的生產量。X財貨的邊際成本通常以日圓來表示，此以相當於多少Y財貨來表示。如此一來，所謂「邊際轉換率爲遞增」，以其概念而言，邊際成本並非日圓，而是以Y財貨的個數來表示，即隨著X的生產量提高而增加的意思。

根據邊際轉換率遞增的假設，如圖表33-6所示，生產可能曲線乃呈現凹向原點。

圖表33-6的A點爲A國，表示其放棄生產X而僅生產Y的話，可生產Y_0個。然後，隨著X增加1個，Y將以0.1個、0.5個、2個的數量減少。因此Z點表示放棄生產Y而僅生產X的話，可生產X_0個。

> **✚ 補 充**
>
> 具有①可畫出無限多條，②向右下方傾斜，③凸向原點，④任何兩條不相交，⑤位於愈上方(右方)的組合效用愈大之特性，假設如圖表33-7的U_0、U_1、U_2、U_3所畫。

圖表33-6　生產可能集合

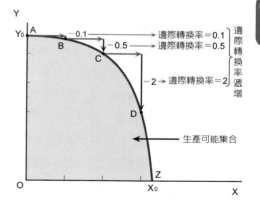

生產可能曲線AZ，由於是A國生產能力的上限，所以A國的生產可能集合爲陰影部分的扇型OZA。

【3】閉鎖經濟

在圖表33-7中，同時畫出了圖表33-6的生產可能曲線與無異曲線。A國在消費可能集合OAZ中效用極大，亦即將選擇最右上方的無異曲線U_1上之E點（X_e, Y_e）。

【4】自由貿易

此處假設A國從事自由貿易。假設X財貨與Y財貨在國際市場的交換比率（Merchandising Ratio）為1：2。

這表示當進行自由貿易時，相對於1個X，可以交換2個Y。

此即賣出（＝出口）1個X的話，可以獲得（＝進口）2個Y；相反地，賣出（＝出口）2個Y的話，可以獲得（＝進口）1個X的意思。此外，相對於1個X，可以交換2個Y，乃指在價格上，X的價格為Y價格的2倍之意。

如圖表33-8所示，在自由貿易時，當出口1個X的話，將可以獲得2單位Y的進口。如此一來，在圖表33-8中，假設F點上國內生產量為（X_f, Y_f），當沿著國際價格比的CD線，並重複出口1個X、進口2個Y的話，將達到E'點（X_e', Y_e'）。E'在無異曲線U_2上，位於通過閉鎖經濟學時最適消費組合E的無異曲線U_1之右上方，所以可知效用較大。也就是說，透過自由貿易，將比閉鎖經濟時的效用還大，可知存在自由貿易利益。

圖表33-7　閉鎖經濟

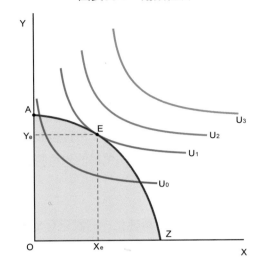

圖表33-8　自由貿易

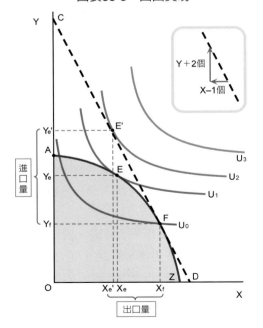

讓我們再一次說明以上內容。由於F點位於生產可能曲線上，對A國而言生產上是可行的。從F點開始，不斷重覆出口1個X而獲得2個Y之貿易方式的話，將從F點開始沿著國際價格比的CD線，造成X與Y的數量改變。也就是說，隨著貿易的進行，在F點生產的話，消費可能集合將成為△ODC。

此消費可能集合△ODC內之效用極大，亦即位於無異曲線最右上方的CD與U_2之切點E'。

此外，相對於生產組合F（X_f, Y_f），消費組合為E'（X_e', Y_e'），X的消費量比生產量還少，其差額=X_f-X_e'即X將出口，釋出海外的數量。另外，Y的消費量比生產量還多，其差額=$Y_e'-Y_f$即Y將進口，自海外取得的數量。

補　充

順道一提，E點（X_e, Y_e）乃閉鎖經濟時實行貿易前的消費組合，同時也是生產組合。在閉鎖經濟時，只能消費所生產的量，所以生產組合＝消費組合。

4.　赫克歇爾—奧林定理

【1】定義

所謂赫克歇爾—奧林定理，乃指資本豐富的國家在生產資本密集財貨上擁有比較優勢，勞動力豐富的國家在生產勞動密集財上擁有比較優勢的定理。

比較成本理論在生產要素上僅考慮勞動，而此定理則除了勞動之外，亦考慮資本。因此，就生產要素的豐富與否探求比較優勢的原因。

此外，假設勞動的租賃價格稱為工資率，資本（機械）的租賃價格稱為利率。

補　充

此利率的想法，乃古典學派的利率思考方式。

【2】理由

　　相較於資本，具有相對多勞動力的勞動豐富國家，由於工資率較利率相對來得低，所以勞動必要程度高的財貨（勞動密集財）之比較成本較低，具有比較優勢。另一方面，相較於勞動力，具有相對多資本的資本豐富國家，由於利率較工資率相對來的低，所以資本必要程度高的財貨（資本密集財）之比較成本較低，具有比較優勢。

【3】李昂鐵夫矛盾（Leontief paradox）

　　李昂鐵夫為身為資本豐富國家的美國，實際上卻出口勞動密集財做出了實證。此與赫克歇爾－奧林定理呈現相反結果，稱為李昂鐵夫矛盾。

　　然而，此李昂鐵夫矛盾並未完全否定赫克歇爾－奧林定理，而是單純就勞動者數量上，或許美國資本豐富而勞動力不足，但考量其熟練程度等能力後，可以解釋為並非絕對上的勞動力不足。

【4】赫克歇爾－奧林定理相關思考

①要素價格均等化（Factor price equalization）主張

　　勞動豐富國家的工資率相對低，在勞動密集財上具有比較優勢。如此一來，由於將出口勞動密集財，所以勞動需求增加，起初低廉的工資率將逐漸上升。另一方面，資本豐富國家的利率相對低，在資本密集財上具有比較優勢。如此一來，由於將出口資本密集財，所以資本需求增加，起初低廉的利率將逐漸上升。

➕ 補 充

　　在李昂鐵夫分析的當時，正值美國的黃金期，美國的勞動者生產性相當卓越。如此一來，儘管美國的勞動者人數較少，惟就實際的能力而言，由於等同其他國家勞動者之勞動能力的數倍，因此美國就能力方面加以考量的話，並非勞動不足國家，而是勞動豐富國家之看法。

🖉 用 語

　　像這樣，藉由貿易，各國的生產要素價格比$\left(\dfrac{工資率}{利率}\right)$將逐漸均等化。與其說這是要素價格均等化主張，不如說是赫克歇爾－奧林的第二定理。

②羅伯津斯基定理（Rybczynski
　　theorem）

　　當勞動力固定而資本金額增加的
話，將成為資本豐富國家，根據赫克歇
爾－奧林定理，資本密集財具有比較優
勢應會增加資本密集財的生產。相反
地，當資本金額固定而勞動力增加的
話，將成為勞動豐富國家，根據赫克歇
爾－奧林定理，勞動密集財具有比較優
勢應會增加勞動密集財的生產。

③斯托爾珀－薩繆爾森定理（Stolper-
　　Samuelson Theorem）

　　當資本密集財的價格一旦上漲，將
提高資本密集財的生產量，連帶資本需
求增加，且利率上升。相反地，當勞動
密集財的生產量一旦增加，將擴大勞動
的需求，連帶工資率上升。

用 語

　　像這樣，某生產要素的增加，將
提高大量使用該生產要素的財貨之生
產量，並降低大量使用其他生產要素
的財貨之生產量。此乃羅伯津斯基定
理。

用 語

　　像這樣，大量使用某生產要素的
財貨之價格上漲，將帶動被大量使用
的生產要素之價格也上漲。此稱為斯
托爾珀－薩繆爾森定理定理。

5. 垂直貿易與水平貿易

【1】定義

　　同一產業內的貿易稱為水平貿易，
相異產業間的貿易稱為垂直貿易。

　　前面已經提到過的，李嘉圖的比較
成本理論與赫克歇爾－奧林定理可以對
垂直貿易做出很好的解釋。

　　然而，像已開發國家之間的工業產
品貿易，這樣的水平貿易則難以解釋。
為何如此，乃因已開發國家雙方都屬資
本豐富國家，反而無法解釋為何雙方要
進行貿易之故。

　　作為解釋水平貿易的理論，具代表
性的理論有產品生命週期理論（Product
life-cycle theory）。

舉 例

　　已開發國家之間的工業產品相互
貿易為水平貿易，而已開發國家與發
展中國家的工業產品與農作物之貿易
為垂直貿易。

舉 例

　　如果發展中國家出口大量使用勞
動力的農作物，已開發國家則出口大
量使用資本之工業產品的話，「資本
豐富國家在資本密集財上具有比較優
勢，勞動豐富國家則在勞動密集財上
具有比較優勢」，可用赫克歇爾－奧
林定理解釋。

【2】產品生命週期理論

所謂產品生命週期理論，乃由雷蒙德·弗農（Raymond Vernon）所提出，藉由商品的導入、成熟、規格化等循環而開始貿易，為可以解釋貿易模式改變的理論。在產品的導入期裡，有必要高度的技術與嘗試錯誤，由開發產品的國家進行生產、出口。好不容易生產技術確立，可以進行大規模生產，其他已開發國家也逐漸生產並出口（成熟期）。然後，生產技術的規格化持續進展，將由成本較低的開發中國家進行製造、出口（規格化期）。藉由此理論，可以說明工業產品相互水平貿易，以及技術在國際間普及。

【3】代表需求理論

其他方面，林達爾（Lindahl）的代表需求理論亦可解釋部分的水平貿易。此理論，以假設規模利益與各國的需求者喜好上之差異為前提，為了擁有具有競爭力的某出口財，而從貿易開始前，該國必須有相當數量的需求（此稱為代表需求）之理論。

舉　例

彩色電視機起初在美國開發、生產，進入成熟期則在日本生產，而在規格化期的現在，則在馬來西亞、中國等發展中國家生產。此外，像次世代DVD錄影機等新商品，尚為導入期即在日本生產。產品生命週期理論可以對帶動各國經濟的主力產品之演變等情況，做出非常好的解釋。

舉　例

芬蘭的手機出口（在高山眾多的國家電話線無法架設，因此在區域內手機的需求較大之故）及澳洲的滑雪板出口（在常下雪的國家，區域內對滑雪板的需求較大之故），以及米國的航空產業（因為國土廣大，所以航空需求較大）等例證可以說明。

Chapter 34

保護貿易
一農業自由化對日本有利益嗎？

Point

1 在小國模型中，進口國對進口商品課徵關稅，則進口國的總剩餘將減少關稅收入左右兩個三角形的差額。

2 以等同關稅的進口商品數量實施數量管制的話，剩餘的損失仍為關稅不變【關稅與配額的等價性（equivalence of tariff and quota）】。

3 為了達到關稅與進口商品數量相同的國內供給量，而給付補貼時，剩餘的損失比關稅與進口商品數量管制還少。

4 現在雖為比較劣勢的產業，但未來可望成為比較優勢的產業，稱為幼稚產業。主張幼稚產業在未來將獲得利益，所以現在應該給予保護，乃保護貿易的依據【幼稚產業保護理論】。

難易度　B

出題可能性

國家Ⅱ種	B
國稅專門官	C
地方上級、市政廳、特別區	B
國家Ⅰ種	B
中小企業顧問	B
證券分析師	C
註冊會計師	A
政府辦公室等記錄	B
不動產估價師	B
外務專門職務	A

　　在本章裡，將學習有關保護貿易的根據與經濟效果。為了保護本國的產業，而對進口財貨課徵關稅的話，進口國的總剩餘反而會減少，此點請確實理解。

1. 保護貿易

【1】定義

所謂<u>保護貿易</u>乃指透過國家加以管制的貿易稱之。

補 充

乃相對於未透過國家加以管制的自由貿易之概念。

【2】保護貿易的手段

有進出口的數量管制、課徵關稅方式，以及給予國內生產者補貼以抑制進口的方法等手段。此外，提到保護貿易時，幾乎都是為了保護本國的產業，而實施進口管制，所以將就進口管制加以說明。

①全面禁止進口

作為進口國的A國，一旦全面禁止進口的話，等同閉鎖經濟一樣，所以總剩餘將如圖表34-1減少了進口國的自由貿易利益△CFE。

②關稅

在圖表34-1中，每1單位進口商品課徵t日圓關稅的話，進口商品以需求者最終購買的價格所課徵之關稅較高，為P_i+t日圓。此結果導致國內價格也上漲P_i+t日圓。

當價格上漲P_i+t日圓後，依需求曲線需求量為K點的Q_k，國內的供給量依供給曲線S_a，為J點的Q_j。進口數量為其該差額JK。然後，**消費者剩餘為△AHK、生產者剩餘為△BJH，兩者的加總為ABJK。**

此外，當課徵關稅時的進口數量為JK，每1單位相當於課稅t日圓，所以關稅收入（政府剩餘）乃在JK上課徵t，所以成為JLMK。

圖表34-1　關稅的效果（小國模型）

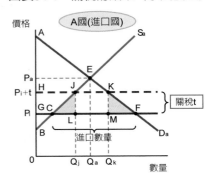

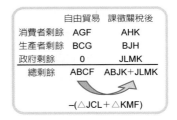

	自由貿易	課徵關稅後
消費者剩餘	AGF	AHK
生產者剩餘	BCG	BJH
政府剩餘	0	JLMK
總剩餘	ABCF	ABJK＋JLMK

$-(\triangle JCL＋\triangle KMF)$

如此一來，課徵關稅時的總剩餘＝ABJK＋JLMK，與自由貿易的總剩餘ABCF相比，發生了（△JCL＋△KMF）之剩餘的損失。也就是說，對進口國A國而言，課徵關稅實施保護貿易，並非令人滿意的結果。

　　此外，由於此處假設A國爲小國，所以與課徵關稅前A國的進口數量CF相比，課徵關稅後的進口數量減少了JK，但A國的進口數量減少並不會對國際價格（P_i）造成影響。

【3】進口數量管制

　　請思考以等同於圖表34-1的JK之進口數量加以管制的情況。

　　當以JK管制進口數量時，由國內的供給量與進口數量加總所得之供給曲線，將自國內供給曲線（S_a）向右位移進口數量（JK）的差額，成爲S_a'。

　　此結果導致新的市場均衡點爲需求曲線（D_a）與新的供給曲線（S_a'）之交點K，其價格爲$P_i＋t$、交易量爲Q_k（與圖表34-1課徵關稅時相同）。

　　此時，消費者剩餘爲需求曲線（D_a）與市場價格（$P_i＋t$）所圍成之△AHK，而（國內的）生產者剩餘爲國內供給曲線（S_a）與價格（$P_i＋t$）所圍成之△BJH。再者，進口此商品的進口業者，以國際價格（P_i）購買，而得以$P_i＋t$在國內銷售，每1個獲得t日圓的利益。由於進口數量爲JK，進口業者的利益加總爲t×JK＝JLMK的面積。

　　此外，當實施進口數量管制時的總剩餘＝ABJK＋JLMK，而與課徵關稅時

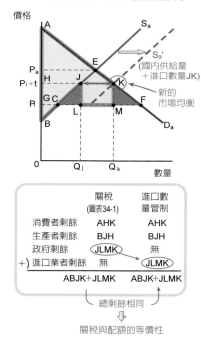

圖表34-2　進口數量管制

	關稅 (圖表34-1)	進口數量管制
消費者剩餘	AHK	AHK
生產者剩餘	BJH	BJH
政府剩餘	JLMK	無
＋）進口業者剩餘	無	JLMK
	ABJK＋JLMK	ABJK＋JLMK

↓ 總剩餘相同 ↓

關稅與配額的等價性

的總剩餘（圖表34-1）相同【關稅與配額的等價性】。

　　的確，就關稅而言JLMK雖爲政府剩餘，惟以進口數量管制而言，則是進口業者的利益（進口業者剩餘），此點有所不同。

【4】生產者補貼

此次考慮為了確保國內供給者的供給量，能與課徵關稅時相同達到HJ（＝GL），而給予國內供給者（生產者）補貼的例子。

此時，由於未課徵關稅，以致國內價格（P）跌價至國際價格（P_i）。當國內價格為Pi時，為了使國內的供給量達到HJ（＝GL），有必要使（國內的）供給曲線從S_a位移到S_a'。為此目的，政府有必要對每1單位的供給量給予JL的補貼。此補貼JL與關稅t相同。此乃因為藉由關稅使國內價格上漲t日圓的話，生產者將得到t日圓的利益，所以與獲得同額補貼一樣。

此時，消費者剩餘為需求曲線（D_a）與市場價格（P_i）所圍成之△AGF，而生產者剩餘為供給曲線（S_a'）與市場曲線（P_i）所圍成之△B'LG。再者，政府給予每1單位JL的補貼，其給付將提供達到國內的供給量GL（Q_j個）為止，所以補貼的總額＝JL×GL＝BB'LJ。此乃由政府來支付，所以政府剩餘為–BB'LJ。

也就是說，給予國內生產者（供給者）補貼時的總剩餘＝△AGF＋△B'LG–BB'LJ＝ABJLF。此相較課徵關稅與進口數量管制時，剩餘的損失減少了FKM，可以想成是令人滿意的（有效率的）結果。

圖表34-3　給予生產者補貼的效果

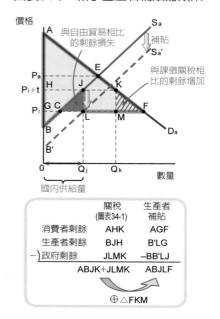

	關稅 (圖表34-1)	生產者 補貼
消費者剩餘	AHK	AGF
生產者剩餘	BJH	B'LG
－政府剩餘	JLMK	–BB'LJ
	ABJK＋JLMK	ABJLF

⊕△FKM

➕　補　充　⋯▯

所謂關稅，乃指對進口商品課徵的稅金。如此一來，由於國內的供給者無須支付，所以國內的供給者之邊際成本不變，供給曲線也不變。此乃與從量稅和從價稅在根本上有所差異之處。受關稅影響的只有進口商品的價格而已。

【問題34-1】

在某小國裡，X財貨的國內需求曲線如下列所示，

　　　P=100−2Q　　（P：價格，Q：數量）

X財貨的國內供給曲線如下列所示。

　　　P=Q＋10

此處X財貨的國際價格為20，實施自由貿易。

此時，如果此小國的政府對1單位X財貨課徵10的關稅時，政府的關稅收入為多少？

1. 100
2. 150
3. 200
4. 250
5. 300

在計算上必要的知識

・關稅的效果

原則23　**關稅的效果**

每1單位課徵t日圓的關稅 → 國產製品不課稅 → （國內供給者的）
供給曲線不變

└→ 進口產品課稅 → 進口產品價格＝國際價格提高＋t日圓

戰　略

Step 1 運用原則23以圖形確定關稅收入

Step 2 計算關稅收入的面積

Step 1 關稅收入的圖示

在起初的國際價格20上課徵10的關稅，將使進口產品的價格提高到30。此處因為在意P_e與30的大小關係，所以對P_e加以確認。

☠ 陷 阱

如果在進行貿易之前的國內價格P_e比30還低的話，進口數量將為0，結果將大不相同。

$$\overbrace{P = Q+10}^{S} = \overbrace{100-2Q}^{D}$$

$$Q = 30 \leftarrow Q_e$$

$$P = 30+10 = 40 \leftarrow P_e$$

因為$P_e=40$，所以可知P_e比課徵關稅後的進口價格30還要高。

藉由關稅而使進口價格上漲到30時，國內價格也從自由貿易時的20上升到30。此結果P=30的話，需求量為HK，（國內）供給量為HJ，JK為超額需求，此差額將以進口補足。

此JK的進口數量，由於每1單位將課徵10（=JL=KM）的關稅，所以關稅收入=進口數量（JK）×每1單位的關稅（10=JL=KM），而成為JLMK的面積。

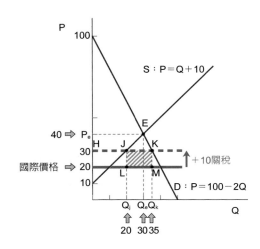

Step 2 關稅收入的面積之計算

由於K點通過需求曲線（P=100-2Q），而P=30，所以

$$P=30=100-2Q$$

$$Q=35 \leftarrow Q_k$$

由於J點通過供給曲線（P=Q+10），而P=30，所以

$$P=30=Q+10$$

$$Q=20 \leftarrow Q_j$$

由上可知，

長方形JLMK＝JL× LM

= （30-20）× （35-20）

= 10×15

= 150

2. 保護貿易的理論依據

我們已經學習過自由貿易所冀望的自由貿易利益，此處將就保護貿易所冀望的理論根據加以說明，並思考其評價。

【1】對經濟弱勢保護

進口國為了保護進口財貨的國內生產者，應該實施保護貿易，並給予進口管制之意見。

○評　價

為了保護弱勢的保護貿易，不僅造成出口國的利益減少，即使在進口國也將導致國內價格上揚，大幅損害消費者的利益，由於進口國整體的利益也將減少，所以對兩國而言，並非有利的策略。

在市場經濟中，若為了追求效率性的話，應該藉由競爭以淘汰弱者（＝失敗者）才對。

【2】幼稚產業

所謂幼稚產業，乃指現在雖為比較劣勢的產業，但未來可望成為比較優勢的產業稱之。就幼稚產業而言，因為未來將獲得利益，所以主張現在應該給予保護。

○評　價

作為幼稚產業，考慮有保護價值者應由民間企業持續推動，而由政府主導的保護貿易則無此必要。

【3】產業調整成本

進口財貨的國內生產業者停止營業，勞動者將不會加速移往生產出口財貨的企業，有可能造成多數勞動者長期間失業而無事可做。此時，大多的勞動

━━ 舉　例 ━━

美國為了保護競爭力變弱的美國汽車廠商，因而對日本的汽車之進口加以管制，而日本則為了保護競爭力較弱的農業，因而實施農作物保護之例子。

▶▶ 徹底解說 ◀◀

現在就算不賺錢，只要未來的利潤高，即使現在自由貿易造成赤字，民間企業為了未來獲得利益，仍應持續供給才對。現在，因為赤字而退出市場，乃企業預期未來的利益相對於現在的赤字較少之故，在此情況下，政府對幼稚產業並無保護的依據。

然而，民間企業受限於資本不足，雖然幼稚產業面臨赤字也想維持下去，卻無法忍受所面對赤字的情況下，存在將基於幼稚產業而實施之保護貿易正當化的意見。然而，此想法如果以資本不足為前提，只要適當，而資本不足本身是因國際資本移動管制而造成的話，應可使國際資本移動自由化，以化解資本不足。若國際資本移動是自由的話，該國企業即使資本不足，應有來自外國的資本流入，為了未來的獲利，而對當前面對的赤字提供支援，所以政府並無干預的必要性。

Chapter
34

保護貿易

━━ 用　語 ━━

這樣的狀態稱為「產業調整成本較大」。

381

力‧資本等生產要素將閒置化，而導致浪費。如此一來，在這樣的情況下，為了產業調整成本較少，效率提升之故，有可能促使保護貿易正當化。

○評　價

①在產業的調整成本較大的情況下，即使是<u>當前貿易體制的組織</u>，也認同例外的緊急進口管制（safeguard）作為保護貿易的依據。

②然而，此種情況為了不讓保護貿易常態化而成為既得利益保護，有必要規定限定期間。

【4】外部效果

　　對進口財貨產業有正的外部效果（外部經濟）之情況下，進口國保護進口財貨產業，藉由將生產留在國內，可使外部經濟在國內共享，並有可能提高自己國家的經濟利益。

○評　價

　　如此一來，為了提高進口國單一國家的經濟利益，外部經濟可以成為保護貿易的依據。

　　然而，在某國家裡帶來外部經濟的產業，在其他國家也帶來外部經濟的可能性應該很大。若是如此的話，從全球的經濟利益的觀點來看，該產業在哪個國家都無所謂，透過保護貿易導致自由貿易的利益減少的部分，將使全球的經濟利益減少。

用語

　　有作為推動自由貿易的國際機構世界貿易組織（WTO：World Trade Organization）。

補　充

　　當糧食與石油由自己國家生產的話，可以備萬一【安全保障】。然而，生產糧食與石油之目的並非為了以備萬一，因為真有萬一時，其利益不限於交易當事者，其他的國民亦可顧及，所以可想成是外部經濟。如此一來，雖然變為與外部效果相同的議論，但現實中國家為了安全保障的外部經濟，被認為是相當大的。

索　引

384

國家圖書館出版品預行編目資料

超圖解個體經濟學入門 / 石川秀樹著；徐先
正譯. -- 初版. -- 臺北市：五南，2018.07
　　面；　公分
譯自：速習!ミクロ経済学—試験攻略入門塾
ISBN 978-957-11-9701-2(平裝)

1. 個體經濟學

551　　　　　　　　　　107006168

1M0D

超圖解個體經濟學入門

作　　者 ─ 石川秀樹

譯　　者 ─ 徐先正

發 行 人 ─ 楊榮川

總 經 理 ─ 楊士清

主　　編 ─ 侯家嵐

責任編輯 ─ 黃梓雯

文字校對 ─ 許宸瑞

封面完稿 ─ 王麗娟

出 版 者 ─ 五南圖書出版股份有限公司

地　　址：106台北市大安區和平東路二段339號4樓

電　　話：(02)2705-5066　　傳　　真：(02)2706-6100

網　　址：http://www.wunan.com.tw

電子郵件：wunan@wunan.com.tw

劃撥帳號：01068953

戶　　名：五南圖書出版股份有限公司

法律顧問　林勝安律師事務所　林勝安律師

出版日期　2018年7月初版一刷

定　　價　新臺幣500元

試験攻略入門塾 速習! ミクロ経済学
Copyright©2011 Hideki Ishikawa
Original Japanese edition published by CHUOKEIZAI-
SHA, INC.
Complex Chinese translation rights arranged with
CHUOKEIZAI-SHA, INC. Tokyo through LEE's Literary
Agency, Taiwan.
Complex Chinese translation rights©2018 by Wu-Nan
Book Inc.